权威·前沿·原创

皮书系列为
"十二五""十三五""十四五"时期国家重点出版物出版专项规划项目

G
GREEN BOOK

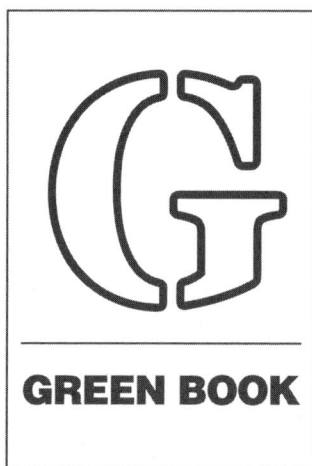

智 库 成 果 出 版 与 传 播 平 台

中国社会科学院创新工程学术出版资助项目

人口与劳动绿皮书

GREEN BOOK OF POPULATION AND LABOR

中国人口与劳动问题报告 *No.24*

REPORT ON CHINA'S POPULATION AND LABOR No.24

总人口达峰的影响与政策

主 编／蔡 昉 都 阳

社会科学文献出版社
SOCIAL SCIENCES ACADEMIC PRESS (CHINA)

图书在版编目（CIP）数据

中国人口与劳动问题报告 . No. 24，总人口达峰的影响与政策 / 蔡昉，都阳主编. -- 北京：社会科学文献出版社，2023. 11
（人口与劳动绿皮书）
ISBN 978-7-5228-2932-6

Ⅰ. ①中… Ⅱ. ①蔡… ②都… Ⅲ. ①人口-问题-研究报告-中国②消费-关系-经济增长-研究-中国
Ⅳ. ①C924. 24②F126. 1③F124. 1

中国国家版本馆 CIP 数据核字（2023）第 224591 号

人口与劳动绿皮书
中国人口与劳动问题报告 No. 24
——总人口达峰的影响与政策

主　　编 / 蔡　昉　都　阳

出 版 人 / 冀祥德
责任编辑 / 陈　颖　郭聪燕
责任印制 / 王京美

出　　　版 / 社会科学文献出版社·皮书出版分社（010）59367127
　　　　　　地址：北京市北三环中路甲 29 号院华龙大厦　邮编：100029
　　　　　　网址：www. ssap. com. cn
发　　　行 / 社会科学文献出版社（010）59367028
印　　　装 / 三河市东方印刷有限公司

规　　　格 / 开　本：787mm×1092mm　1/16
　　　　　　印　张：21　字　数：278 千字
版　　　次 / 2023 年 11 月第 1 版　2023 年 11 月第 1 次印刷
书　　　号 / ISBN 978-7-5228-2932-6
定　　　价 / 158. 00 元

读者服务电话：4008918866

主编简介

蔡　昉　中国社会科学院国家高端智库首席专家、学部委员，中国人民银行货币政策委员会委员，中国社会科学院原副院长，中国非洲研究院原院长，第十一、十二、十三届全国人民代表大会常务委员会委员，第十三届全国人民代表大会农业与农村委员会副主任委员。主要研究领域为中国经济改革和发展、人口经济学、劳动经济学、经济增长、收入分配和减贫等。著有《人口负增长时代：中国经济增长的挑战与机遇》《中国经济发展的世界意义》《中国经济增长展望：从人口红利到改革红利》等。近年获中国出版政府奖、中华人口奖、孙冶方经济科学奖、张培刚发展经济学优秀成果奖、中国发展百人奖、中国农村发展研究奖等。

都　阳　1999 年毕业于浙江大学，获博士学位。中国社会科学院人口与劳动经济研究所党委书记、所长、研究员，中国社会科学院大学教授、博士生导师，兼任中国社会科学院人力资源研究中心主任，担任《中国人口科学》与《劳动经济研究》主编。主要研究领域为劳动经济学、发展经济学、人口经济学。在国内顶级和权威期刊、国际知名期刊等学术刊物上发表论文 100 余篇。主持完成国家自然科学基金应急管理项目、国家自然科学基金专项项目、国家社会科学基金项目、中国社会科学院重大项目等多个科研项目，主持完成多项重大社会经济调查项目。2003 年获第三届"胡绳青年学术奖（经济学）"一等奖，2016 年获张培刚发展经济学优秀成果奖，多次获得中国社会科学院优秀科研成果奖和中国社会科学院优秀对策信息奖。入选国家百千万人才工程，获"有突出贡献中青年专家"荣誉称号，享受国务院政府特殊津贴。

前　言

2022 年，中国总人口较上年减少了 85 万人。总人口达峰是中国人口形势的又一次重要转折。人口形势的这一新变化引起了社会各界的高度关注。为此，中国社会科学院人口与劳动经济研究所的学者从多个角度对总人口达峰及以后的人口形势进行了分析与预测，并就人口发展与经济发展的相互关系、总人口达峰后人口政策与经济政策的调整方向等问题展开了深入的分析和研究，形成了这本年度报告。

从未来人口发展趋势看，总人口在经历一段波动后将呈现加速减少的态势。而随着总人口减少的程度加大，其对经济社会发展的影响也会越发明显。一方面，要深入分析中国人口转变的特殊性，尤其是要辨别制约生育的各类因素，形成长期且可持续的生育支持政策体系；另一方面，也要根据人口形势变化，更加重视人口总量因素变化对经济社会发展产生的影响，在推动人口高质量发展的同时，根据人口总量和结构发生的重大变化，及时调整经济发展政策，不断因应人口因素变化所形成的约束。这也是中国社会科学院人口与劳动经济研究所在今后一段时期将要持续关注的问题。

本研究得到了国家自然科学基金专项项目"中国人口转变的独特性、经济影响及政策研究"（项目批准号：72141310）的资助，中国社会科学院科研局对本书的出版给予了一如既往的支持。中国社会科学院人口与劳动经济研究所行政团队以及社会科学文献出版社在研究、出版过程中，也付出了辛勤的劳动，在此一并表示感谢！

2023 年 10 月

摘　要

　　2022年，中国总人口较上年减少了85万人。总人口达峰是中国人口形势的又一次重要转折。在人口转变阶段发生关键变化的时刻，需要从保持经济社会发展长期可持续性的视角，认识人口与发展之间的关系，以体制改革、政策调整和制度建设促进人口高质量发展，支撑中国式现代化。

　　中国总人口在达峰后将小幅波动，"十四五"时期稳定在峰值平台期，人口平均每年减少50万左右，"十五五"时期年均减少约200万人。2020~2022年的疫情直接或间接导致了初婚和生育的推迟，出生人口加速减少。女性与男性的受教育差距在缩小，但劳动力市场上和家庭内部的性别不平等状况没有显著改善。从宏观层面和家庭层面同时实现性别平等，有利于促进生育率回升。

　　从世界生育支持政策的实践看，灵活的工作安排和休假制度是提振生育水平的成本—效益型措施，低价、优质、覆盖全面的托育服务是支持和推动育龄人群实现意愿生育水平不可或缺的力量，生育奖励等直接的转移支付类措施对提振生育率的作用十分有限。文化仍然是影响生育行为的重要因素之一，生育率下降是生育文化现代化的必然趋势。中国须提供给人们充分选择婚育形式的空间，营造开放、包容的社会生育文化。生育支持政策体系的顶层设计要明确中央与地方之间的权责关系，抓住女性生育与劳动力市场发展冲突这一主要矛盾，优先选择既有利于生育又能够提高女性就业竞争力的政策工具，个人所得税抵扣是一举多得的政策。

人口达峰将影响技术进步方向、消费和投资需求，从而影响经济增长。中国人力资源规模将经历下降—上升—下降的过程，大约在2040年"二次达峰"。人力资源数量对教育回报率十分敏感，也受到退休年龄的显著影响。人口达峰后的技术进步方向将转向以创新提高技术效率和资源利用率，促进消费率的提升。应推动企业突破现有的生产技术前沿，实现科技创新。进入"十五五"之后，人口数量减少将直接带来消费需求的下降，并且随人口负增长规模的增加而不断扩大。人口负增长引发的服务消费需求减少规模最大，工业制成品和大宗商品次之。消费需求的减少还会导致投资需求下滑。

进入人口负增长阶段，养老医疗等社会保障支付压力激增，生育养育等家庭支持政策的需求急切。实施积极应对人口老龄化国家战略、加强顶层设计、完善社会支持体系、积极探索新的政策工具，对于应对人口达峰带来的问题至关重要。

关键词： 人口达峰　老龄化国家　高质量发展

目 录 ⤵

Ⅰ 总报告

Ⅱ 人口达峰与生育率

Ⅲ 生育文化与生育支持政策

皮书数据库阅读**使用指南**

总 报 告

General Report

G.1
如何推动实现人口高质量发展？

蔡 昉*

摘 要： 二十届中央财经委员会第一次会议提出以人口高质量发展支撑中国式现代化的要求。人口高质量发展主要体现在以下几个方面：第一，符合所处发展阶段的适度生育水平和稳定的人口规模；第二，符合国土空间优化要求的人口区域分布及动态均衡；第三，适应科技革命新趋势和高质量发展需要的现代化人力资源；第四，按照共同富裕目标不断提高的人民生活品质。促进人口高质量发展，需要在以下几个方面着力：第一，从全生命周期提高居民的生育意愿和生育率；第二，挖掘人口红利的潜力和开启人才红利；第三，促进人口发展质量与人民生活品质的同步提高。

---

* 蔡昉，中国社会科学院国家高端智库首席专家、学部委员、研究员、博士生导师，主要研究方向为中国经济改革和发展、人口经济学、劳动经济学。

关键词： 人口发展新常态　人口高质量发展　中国式现代化

一　引言

党的二十大报告做出了优化人口发展战略的重大部署。二十届中央财经委员会第一次会议做出人口发展新常态的重要判断，提出以人口高质量发展支撑中国式现代化的要求①。无论是国际发展经验还是中国在不同时期的实践，都表明了人口发展与经济社会发展之间，既可以具有相互促进的关系，也可能产生相互制约的局面。因此，在人口转变阶段发生关键变化的时刻，在人口发展进入新常态的条件下，需要从保持经济社会发展长期可持续性的视角，认识人口与发展之间的关系，以体制改革、政策调整和制度建设促进人口高质量发展，支撑中国式现代化。

世界银行按照人均国民总收入（GNI）把国家和地区进行分组②，人们经常会引用相应的数据。实际上，该机构还按照人口机会窗口，即利用人口红利具有多大的潜力对国家和地区进行分组。这两种分组划分的国家和地区，从人均 GDP 指标反映的发展阶段来看，大致可以被视为一一对应，即低收入组一般对应着前人口红利组，中等偏下收入组对应着早期人口红利组，中等偏上收入组对应着晚期人口红利组，高收入组对应着后人口红利组（见图 1）。无论是按照人均收入基准，还是按照人口窗口基准，处在不同分组中的国家和地区，平均而言都对应着一个相对稳定的 GDP 增长速度，如低收入组和前人口红利组均为 3.9%，中等偏下收入组和早期人口红利组分别

---

① 参见《人民日报》2023 年 5 月 6 日，第 1 版。

② 对中国来说，GNI 与国内生产总值（GDP）基本上是一致的，所以本文一般使用人均 GDP 这个指标进行国际比较。

为 5.1% 和 4.0%，中等偏上收入组和晚期人口红利组分别为 5.2% 和
5.5%，高收入组和后人口红利组分别为 1.6% 和 1.5%。

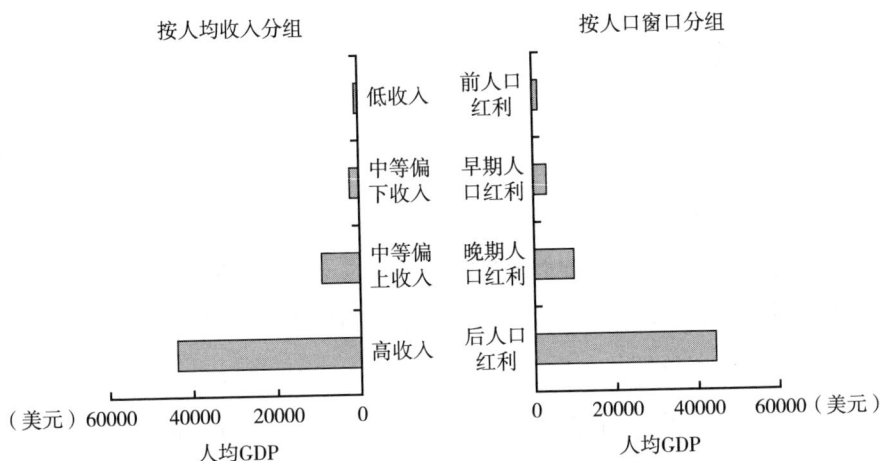

图1　经济发展阶段与人口转变阶段的对应关系

资料来源：世界银行数据库，https://data.worldbank.org/。

统计规律显示，当一个国家从中等偏上收入（晚期人口红利）
国家进入高收入（后人口红利）国家行列时，会遭遇一个明显的经
济增长减速。例如，在这一阶段转换中，GDP 平均增长速度分别会
下降 69.6% 和 73.5%。Eichengreen 等人的一项研究，主要针对中等
收入国家向高收入阶段转变中的经济增长减速，发现那些经历较快老
龄化、出口优势不可持续、预计消费率偏低的国家，增长减速更可能
发生并且更为显著[①]。具体针对一个特定的国家而言，如果这个减速
来得过早、幅度过大，并且长期不能回归到正常增长的话，则会陷入
所谓"中等收入陷阱"。虽然中国预计在 2023 年人均 GDP 能够超过
高收入国家的门槛水平，意味着已经不再是中等收入国家，但是，在

---

① Eichengreen, B., D. Park & K. Shin, "When Fast Growing Economies Slow Down: International Evidence and Implications for China," *NBER Working Paper* 16919 (2011).

经历人口转变的重要转折点的时刻，仍然需要特别关注人口负增长和老龄化加深给经济增长带来的挑战。

改革开放以来，中国人口经历过多年的劳动年龄人口增长、人口抚养比下降、新成长劳动力受教育程度提高等有利的变化，这意味着相应时期的高速经济增长受益于人口红利。然而，这个人口机会窗口不会是永恒的。早在20世纪90年代初，总和生育率就降低到2.1这一保持人口稳定的更替水平以下，中国的人口转变随之进入新的阶段，注定终究要达到峰值并进入负增长阶段。此后，人口发展经历了2012年以来劳动年龄人口的负增长，进而从2022年开始了总人口的负增长。从国际经验看，人口达到峰值从而转向负增长，一方面会产生一个瞬间的冲击，另一方面，也意味着经济发展进入一个新常态，需要应对新的和常态性的挑战。

与2021年人口峰值相伴发生的，是中国的人口老龄化程度进一步加深，进入一个新的标志性阶段。我们可以根据国际上的老龄化程度阶段，描述这些年中国人口转变的历程①。早在2000年，随着65岁及以上人口占比（即老龄化率）达到7%，中国即已进入老龄化社会（aging society）。2013年15~64岁人口达到峰值，随后以加速度绝对减少：每年分别以万、十万、百万到千万的量级减少。2021年老龄化率进一步提高到14.2%，进入老龄社会（aged society）。与此相应，随着人口负增长的来临，劳动年龄人口将加快减少。2011~2022年，中国15~59岁劳动年龄人口每年减少的速度为0.14%，2022~2035年，每年减少的速度预计将大幅度提高到0.83%。

---

① United Nations, Department of Economic and Social Affairs, 1956, "The Aging of Populations and Its Economic and Social Implications," *Population Studies*, No. 26; Okamura, Y., Presentation at a side event to the High Level Political Forum "Mainstreaming Gender and Aging in the SDGs", July 13, 2016: https://www.un.emb-japan.go.jp/jp/index.html, 2021年12月15日浏览。

可见，中国经济增长正处于一个跨越中等收入阶段，或者说稳定高收入国家地位的关键时期，面对一系列严峻挑战。一方面，中国经济在一个新的起点上，要求以尽可能接近年平均5%的增长速度，实现"十四五"期末进入高收入国家行列（这已无悬念），以及2035年成为中等发达国家的目标；另一方面，中国的人口转变进入一个新阶段，人口进入负增长阶段，老龄化进入更高阶段，保持经济增长在合理区间，受到供给和需求两侧制约，难度显著加大。由于疫情对中国经济的冲击不可避免会对未来增长构成不利的"疤痕效应"，这些挑战在疫情后的经济复苏过程中不仅凸显，而且可能形成一种加重的效果。为了应对这些挑战、实现确定目标，我们需要把深化供给侧结构性改革同实施扩大内需战略有机结合，特别是要应对消费疲弱的新制约，在高质量发展中提高人民生活品质，促进全体人民共同富裕。

根据中央财经委员会会议精神，我们可以认识到，中国人口发展新常态的主要表现，是人口发展呈现少子化、老龄化、区域人口增减分化等趋势性特征。因此，按照党中央的战略安排，完善新时代人口发展战略，认识、适应、引领人口发展新常态①，要求研究者在理论上进行深入的探讨，在国内外经验总结提炼上有所贡献，在政策上提出有针对性的建议。本文基于人口与经济发展关系的研究，阐释人口高质量发展的内涵及对于中国式现代化的重要意义，结合国内和国际经验，针对促进人口高质量发展的政策着力点提出建议。

二　认识、适应、引领人口发展新常态

人口对于经济社会发展可以产生重要的影响，并且可以与后者形

---

① 参见《人民日报》2023年5月6日，第1版。

成相互促进或彼此制约的关系，这不仅已经成为学术界和政策研究界的共识，而且在对于人口与发展关系的性质和方向等认识问题上，也得到了足够的正本清源。改革开放后的最初 30 年中，正是由于有利的人口结构特征，尤其是劳动年龄人口增长和人口抚养比下降，中国经济享有劳动力充足、人力资本改善迅速、储蓄率和投资回报率高，以及劳动力转移带来资源重新配置效率等优越条件，从而独一无二地实现了同期全世界最快的增长速度。

随着人口年龄结构变化趋势发生重大转折，例如，2012 年劳动年龄人口开始负增长，2022 年总人口开始负增长，原来有利于经济增长的诸种因素都趋于弱化，经济增长经历了速度逐渐下行的趋势。人口转变阶段变化对经济增长的影响，表现在经济运行的不同侧面。从供给侧来看，表现在生产要素供给和劳动生产率提高的能力减弱，因而潜在增长率趋于降低。从需求侧来看，表现在人口减少和老龄化产生对社会总需求的抑制，特别表现为居民消费下降成为制约经济增长的常态因素。从理论和现实两重维度来认识供需两侧的变化，有助于更好地适应和引领这一新趋势。

人口红利是特定时期的增长源泉，不会一成不变。在更高的发展阶段上，随着传统增长动能的减弱乃至消失，经济增长的减速也具有客观必然性。GDP 增长速度的国际比较，可以清晰揭示这个规律性现象。跨国数据显示，一个国家从中等偏上收入阶段到高收入阶段的过渡中，突出表现为达到一个特定水平的人均 GDP 时，经济增长通常会遭遇减速。根据一些研究的比较[①]，这个可能遭遇增长减速的特定人均 GDP 水平，大体与中国目前的发展阶段接近，即人均 GDP 跨越 13000 美元这一中等偏上收入到高收入阶段的门槛。

---

① Eichengreen, B., D. Park & K. Shin, "When Fast Growing Economies Slow Down: International Evidence and Implications for China," *NBER Working Paper* 16919 (2011).

因此，我们应该承认这个阶段性变化特征，即在以人均收入界定的更高发展阶段上，经济增长速度平均来说会更低。在前述一般规律的基础上，这里再补充一点经验和说明，2009~2019 年，主要处于人口红利后期的中等偏上收入国家，GDP 年均增长率为 5.4%，而主要处于后人口红利时期的高收入国家，GDP 年均增长率平均仅为 2.1%。不过，既然各国经济增长减速的时间不尽相同，减速幅度也可以差异较大，那些政策应对更为恰当的国家，要么可以延长人口红利，要么可以赢得新的发展动能，因而经济增长的减速更加平缓。下面，我们进一步来看人口发展新常态对于中国经济社会发展的多重挑战，或者说经济社会发展新常态的宏微观表现。

首先，从供给侧看，中国经济的潜在增长能力进一步降低。这是经济发展到达一定阶段必然发生的，主要原因是人口红利的式微乃至加快消失。用更新后的人口数据，我们对 2021~2035 年 GDP 的潜在增长率进行了重新估算，从估算结果可以看到，中国经济潜在增长率从原来预测的 4.84%，预计可能降低到只有 4.53%[①]。不过，这个有所降低的增长速度，总体上仍然可以让中国在 2035 年前保持差强人意的增长速度，确保如期成为中等发达国家目标的实现。并且，如果通过改革释放出制度红利，则因人口负增长损失的潜在增长率完全有望得到抵消。

其次，从需求侧看，在净出口、资本形成（投资）和最终消费这"三驾马车"中，国内需求部分，特别是其中居民消费需求因素，越来越成为经济增长的常态制约。人口负增长意味着消费者人数的负增长，这种绝对意义上的消费抑制效应，是以往从未发生过的情况。也就是说，如果不能稳定和扩大居民消费，进而打破瓶颈制约，

---

① 蔡昉、李雪松、陆旸：《中国经济将回归怎样的常态》，《中共中央党校（国家行政学院）学报》2023 年第 1 期，第 5~12 页。

潜在增长率的实现也会受阻。新冠疫情前 5 年中，居民消费平均对经济增长做出 43.4% 的贡献。新冠疫情后，在这个因素日益重要的同时，却遭遇人口因素的不利冲击。如果不能挖掘已经降低的增长速度潜力，实现预定的现代化目标就会遭遇较大的困难。因此，必须把开启消费能力和消费意愿新动力，置于政策制定和执行的最优先位置。

再次，从社会发展的角度来看，老年人口抚养比加速提高，必然带来一系列不利影响和严峻挑战。从趋势来看，在 2035 年之前，中国的老年人口赡养比将一直以前所未有的速度提高。根据联合国的人口预测，中国 60 岁及以上人口与 20~59 岁人口之间的比率（我们可以将其视为实践中更有意义的老年人口抚养比），将从 2022 年的 0.32 提高到 0.57，提高幅度高达约 80%。这将使"现收现付"式的社会养老保障制度难以为继，可能导致公共养老金的支付危机，同时加大照料高龄老年人的难度。

最后，居民的消费行为会发生较大的变化。在人口发展和经济发展的双新常态下，以下效应均可能使居民消费趋于保守。其一，年龄结构效应。老年人具有较低的消费能力和倾向，在职人员受三重负担的压力——作为现收现付养老保险制度缴费者、家庭老年人赡养者、未雨绸缪的预防性储蓄者，消费倾向也趋于降低。其二，收入效应。经济增长减速后，居民收入增速也趋于下降，这种趋势及其相应的预期转弱，会导致消费意愿减弱和过度储蓄。其三，就业效应。从劳动力市场来看，以下因素不可避免地导致中国的结构性就业难度趋于加大，自然失业率上升：（1）就业随经济减速而减慢，雇主更加挑剔，劳动力市场更具选择性；（2）技术和产业变革淘汰低生产率行业，就业破坏趋于大于就业创造；（3）技能供需不匹配矛盾加剧，农村转移和延迟退休的大龄劳动力、各级毕业生、转岗低技能人员等具有技能劣势的群体，越来越占据劳动力市场主体；（4）劳动力市场非正规化、市场主体活跃期短、工人跳槽率高等，都倾向于加大结构性就业矛盾。

这些严峻的挑战和现存的难点，并非不可克服。实际上，中国仍然存在着独特的潜力，可以成为新的供给侧动能和需求侧源泉。中国的人口转变和经济发展结合形成的一个特征，即广为人知的所谓"未富先老"揭示出，老龄化水平显著超越了以人均收入表达的经济发展阶段。例如，2021 年和 2022 年，中国的人均 GDP 连续超过 12000 美元，大体上为世界的平均水平。然而，在这个人均收入水平上，中国的人口年龄结构，显现比世界平均水平老得多的特征（见图 2）。这个特征也成为一个新国情，既意味着挑战的特殊严峻性，也意味着中国仍有独特的潜力可供挖掘。譬如说，缩小在一些现代化相关指标上，中国与发达国家之间的差距，可以成为挖掘增长潜力的空间，并通过庞大人口规模的放大效应，产生意想不到的发展机遇。

充分认识到人口发展的新趋势，适应和引领人口发展新常态，既要克服人口发展中的诸多不可持续性表现，也要应对人口发展新常态给经济增长带来的不利因素。通过深化改革和扩大开放，着力转变发展方式和培养增长新动能，中国仍然面临新的发展机遇。在这方面，中国具有的一个得天独厚表现是，通过优化和升级产业结构、推动新型城镇化和促进乡村振兴，庞大人口规模可以展现出巨大潜力，从供给侧和需求侧来保障经济增长得以长期处于合理区间。

依照 2035 年成为中等发达国家的要求，我们可以把人均 GDP 在 20000~25000 美元的国家作为一个参照系，看一看通过缩小重要的结构方面差距，中国可以挖掘的人口红利潜力。从结构性调整中可以挖掘的巨大规模潜力，并以其支撑中国式现代化，最显著地表现在以下方面。第一，农业就业比重有足够的空间降低 18.8 个百分点，大约可释放出 1 亿多农业剩余劳动力，有助于通过增加非农产

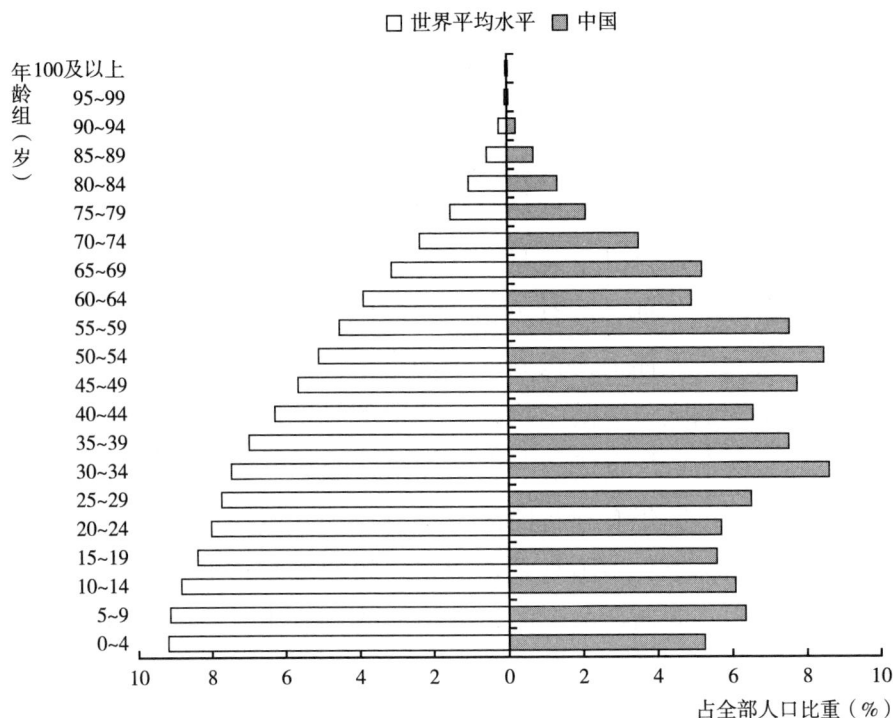

□ 世界平均水平 ■ 中国

图2 与世界平均水平相比的中国人口未富先老特征

资料来源：United Nations，Department of Economic and Social Affairs，Population Division，*World Population Prospects 2022*，Online Edition，2022。

业劳动力供给和提高资源重新配置效率，从而显著提高潜在增长率。第二，城市化率有足够的空间提高7.8个百分点，这就意味着可以增加1亿多城镇人口，从而有效扩大城市建设和居民消费需求。第三，居民消费率（消费占GDP比重）有足够的空间提高19.2个百分点，由此可以产生巨大的居民消费增量，按照2021年中国居民消费支出总额来推算，这个消费增量比意大利这样的发达国家一年的消费总量还要大。

三　人口高质量发展的内涵和意义

通过以上分析可知，推进和实现中国式现代化，不仅需要应对人口发展新常态带来的新挑战，引领这个人口发展新常态，还可以从人口高质量发展上获得有力的支撑。事实上，中国式现代化是 14 亿多人口共同富裕的现代化，而这个人口规模可以在高质量发展的条件下，为现代化建设提供强大的动能。从中国面临的现代化任务目标出发，从中国特有的人口挑战着眼，我们可以从以下几个方面，概括人口高质量发展的本质内涵和现实意义。

首先，符合所处发展阶段的适度生育水平和稳定的人口规模。第七次全国人口普查表明，中国目前的总和生育率，即妇女平均终身生育的孩子数为 1.3，大大低于世界平均 2.4 的水平，甚至低于中等偏上收入国家 1.8 和高收入国家 1.6 的平均水平。如果这个已经很低的生育率持续下去，甚至进一步降低，难免导致总人口的加快减少和老龄化加速，还可能陷入低生育率陷阱。生育率下降总体上是经济社会发展的结果，中国实行 30 多年的计划生育政策，从管理机制上和社会观念上，也造成了一个抑制生育水平的独特效应。此外，一系列抬高生育、养育和教育孩子成本的因素，也抑制了面临工作和"三育"双重压力的育龄人群的生育意愿。

这也意味着中国居民的期望孩子数，应该不会显著低于更替水平生育率，生育潜力远未挖掘殆尽。通过完善基本公共服务，降低生育、养育和教育成本，生育水平仍有希望向更可持续的水平回归。一般来说，以更替水平生育率作为期望孩子数的基准，实际生育率无论是向上偏离还是向下偏离，都意味着有可能在一定的条件下向更替生育水平回归。国际经验也表明，在人类发展水平和性别平等程度都达到极高水平的条件下，一些国家已经降低的生育率可以并且已经产生回升的趋势①。

其次，符合国土空间优化要求的人口区域分布及动态均衡。中国人口变化的一个趋势性特征是区域人口的增减分化。在图3中，我们把31个省级区划按照东部、中部、西部和东北部四类地区的顺序进行排列，给出了每个地区2021年的人口自然增长率和人口机械增长率。区域人口增减分化的这个格局特征，总体上符合经济发展特定阶段的规律，也凸显了区域发展中存在的问题。并且，这种区域人口增减分化趋势，系近年来区域经济发展的差异性在人口分布上的一种折射。

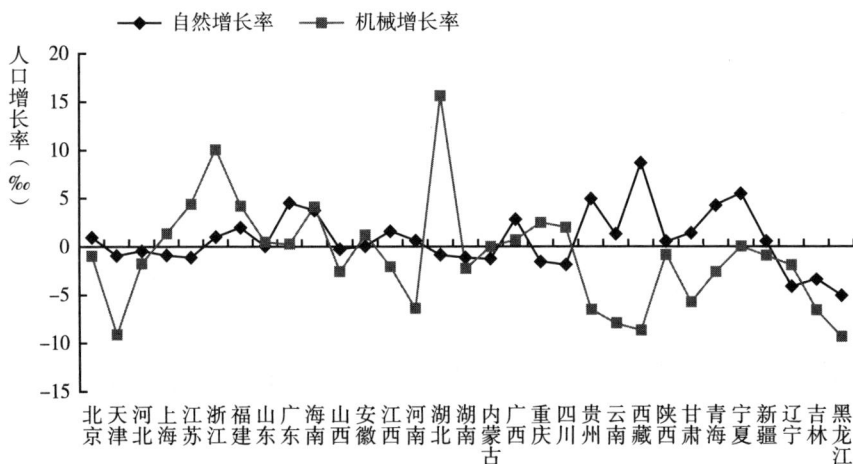

图3　2021年31个省区市人口自然增长率和机械增长率

资料来源：国家统计局"国家数据"，https：//data. stats. gov. cn/easyquery. htm？cn＝E0103。

---

① Myrskylä, M. , H. Kohler & F. Billari, "High Development and Fertility：Fertility at Older Reproductive Ages and Gender Equality Explain the Positive Link," *MPIDR Working Papers* WP－2011－017（2011），Max Planck Institute for Demographic Research, Rostock, Germany.

从人口自然增长率和机械增长率的区域差异可见，区域人口增减分化，与近年来区域经济发展分化有着密切的联系。显著特点是：其一，沿海地区自然增长率较低，但强劲的经济增长和更多的就业岗位，产生较大的劳动力吸引力，所以大多为人口净迁入地区；其二，中西部有些省份的人口仍有较高的自然增长，同时在一些省份，也出现了经济加快赶超和外出劳动力回流的势头；其三，东北地区和少数其他北方省市，则成为人口低出生率和劳动力高流出率最突出的地区。为应对这一新趋势，要求在促进区域均衡发展时，从经济和人口领域同时用力。

再次，适应科技革命新趋势和高质量发展需要的现代化人力资源。人口红利并不仅仅限于劳动力数量丰富这个因素，实际上，有利的人口年龄结构特征，也表现为具有更高受教育程度的新成长劳动力不断进入就业市场，带来人力资本的整体改善。可见，劳动力的数量和质量既是相互替代的关系，也是相互补充的关系，从数量和质量两方面加大力度培育现代化人力资源，是促进人口高质量发展的关键领域。随着人口负增长和老龄化加深，人力资本积累也面临着挑战，不利于创新驱动的高质量经济发展。一是新成长劳动力减少，劳动力素质的整体改善相应放慢。二是占比日益提高的大龄劳动力受教育程度低，技能难以适应产业和技术急剧变化的新要求。三是人工智能的最新发展，对劳动者的传统技能甚至传统认知能力构成竞争，实现充分就业必须克服日益严峻化的结构性就业困难。

作为承载着人力资本增量的青年就业群体，也面临着诸多不利于技能提升的体制障碍，其中之一就是仍然发挥着阻碍基本公共服务均等化供给的户籍制度。在中国现行统计中，农民工可以说是"被城镇化"了，即被统计在城镇常住人口中，但实则其户口问题并未得到解决。例如，即便剔除"市辖区内人户分离"后，中国城市中户籍在外乡镇街道的人口比重仍然接近 40%，而中青年人群的这一比重更高，其中 16~24 岁人口组的该比重高达 60.5%。这意味着，无论是外出农民工还是大学毕业生，都需要面对人户分离的现实窘境。青年劳动力的就业水平和质量，均与户籍身份密切相关，也就是说户籍制度会阻碍其稳定劳动关系、获取就业岗位、接受技能培训等长期就业行为。目前表现出来的青年失业率高和劳动参与率低，都与此有着很大的关系。

生产要素总量增长乏力时，往往需要更多依靠结构变化来释放要素供给和提高劳动生产率，以支撑经济增长，这对人力资本的要求进一步提高。结构性改革措施会推动技术和产业结构的不断变革，人工智能等行业的发展也倾向于淘汰低生产率岗位，造成就业创造数量不足以抵偿就业被破坏数量的现象。

我们可以从两个指标的关系来看就业创造与就业破坏。一个指标是就业的毛增长量。政府每年都要做出预期并且在事后予以报告的一个指标，被称为"新增城镇就业"。在统计口径上，这个指标仅考虑了新创造的岗位数，而未考虑丧失的岗位数，因而它是一个毛增长的概念，与新增市场主体的统计概念相类似。另一个指标是每年城镇就业的净增加数量，即年末城镇就业存量与上一年的数字之差。用每年的净增就业减去毛增就业，即可得出就业的被破坏数。尽管这个计算无法囊括全部丢失的岗位，但可以大致显示被技术进步、产业竞争等破坏掉的就业数量趋势。如图 4 所示，过去就业被破坏的数量相对还算少，但新冠疫情发生之后，特别是 2022 年，就业创造已经无法弥补就业破坏的趋势。我们并不是说，这个趋势在今后必将持续，也就是说新创造的岗位完全可以抵消或者大于消失的岗位，但是，实际结果如何，在相当大的程度上取决于劳动者的素质改善状况。

最后，按照共同富裕目标不断提高的人民生活品质。以人口高质

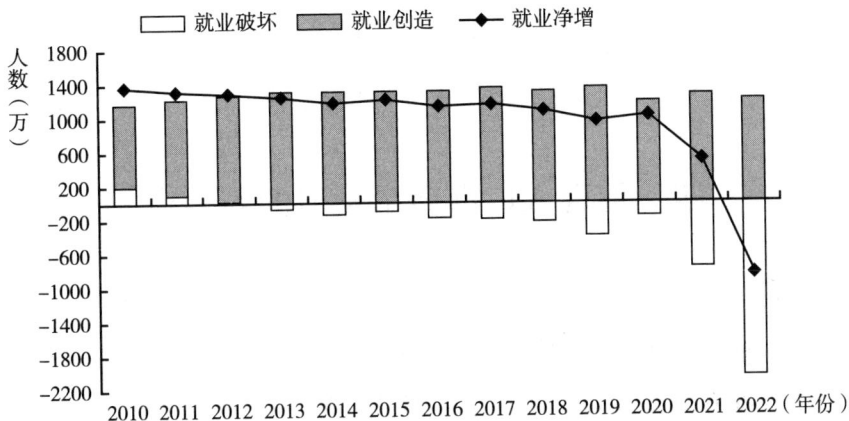

图4　2010~2022年中国城镇的就业创造与就业破坏

资料来源：国家统计局"国家数据"，http：//www.stats.gov.cn/sj/。

量发展支撑中国式现代化能够最好地说明，中国式现代化的目标同实现手段之间，可以形成有机统一的关系。也就是说，挖掘人口红利潜力和促进形成人才红利，既是保持经济持续增长的必由之路，也同时促进发展成果的共享。例如，促进形成生育友好型社会的相关举措，都与基本公共服务体系的改善要求完全一致；创造更多更高质量的就业岗位，既使人力资源得到充分利用，也是保障和改善民生之本；提升人力资本的相应举措，也有助于促进社会流动和实现人的全面发展。

中国的城乡收入差距和整体收入差距仍然较大，反映了在促进共同富裕和提高人民生活品质方面，与期望水平存在着差距。在过去十余年中，中国的收入分配状况有所改善，但尚未实现根本好转。国际比较表明，中国具有过高的收入不均等现象，其中城乡收入差距尤其明显。例如，中国2021年居民人均可支配收入基尼系数为0.466，城乡收入差距大约在2.45这个水平，基尼系数比152个有数据国家的中位水平高24%，比平均值高22%[1]；城乡收入差距对整体不平等贡献了大约一半，至少比大多数高收入国家都大。例如，经济合作与发展组织（OECD）的城乡收入差距一般都在2以下[2]。

四　促进人口高质量发展的着力点

人口发展的新趋势和新常态是发展的必然，也是客观规律的反映，一方面需要理性认识和主动适应，另一方面也需要通过有针对性的政策部署和制度建设，积极应对挑战和抓住机遇，进而引领这个新趋势和新常态。在本文阐释的基础上，特别是在准确把握人口高质量发展的内涵和根本要求的基础上，促进人口高质量发展的政策路径和着力点得以更加清晰。下面，本文在揭示预期产生红利的改革领域的同时，简述几个关键的政策着眼点和着力点。

首先，从全生命周期提高居民的生育意愿和生育率。联合国在世界各地进行意愿调查时发现，虽然各国实际生育水平大相径庭，但是，生育意愿却出乎意料地相似，平均的意愿生育水平大体上相当于2.1这个更替生育率[3]。也就是说，在不受任何约束的条件下，特别是消除家庭"三育"超额负担的情况下，人们希望的家庭孩子数，从宏观意义上恰好可以保持人口稳定。可见，提高低于更替水平的生育率，公共政策仍有很大的作用空间。以中国家庭为例，年轻夫妻面临着十分拮据的家庭收入和时间预算约束、在职业

① 参见 https：//hdr. undp. org/human-development-report-2021-22。

② 郭燕、李家家、杜志雄：《城乡居民收入差距的演变趋势：国际经验及其对中国的启示》，《世界农业》2022年第6期，第5~17页。

③ United Nations, Department of Economic and Social Affairs, Population Division (UNPD) (2019) *World Population Prospects 2019*：*Highlights* (ST/ESA/SER. A/ 423).

发展和家庭发展之间的焦虑取舍，往往导致生育意愿的降低。

人口再生产职能的重要环节和内容，通常是以家庭为基本单位实施的。也就是说，在共同的财务收支预算和时间安排基础上，家庭成员从事消费、储蓄、生育、养育和教育子女、就业，以及针对"一老一小"和患病及残疾家庭成员的照料等活动。家庭的预算约束状况，相当于家庭从事这些活动的资源禀赋，通过对这些活动的影响，分别起到促进或阻碍家庭发展的作用。其结果在很大程度上反映了社会流动性和居民生活质量的高低，以及共同富裕的成色。

因此，创造生育友好型社会环境的努力，可以分为以下几个步骤。第一步，把目前家庭成员承担的家务劳动，尽可能转化为社会化供给，在解除家庭负担的同时，还可以扩大经济活动，提高国民总收入。第二步，把目前家庭或者市场承担的部分职能，纳入政府为主承担支出责任的基本公共服务供给体系。直接降低"三育"成本的相关举措固然是有益和有效的，从生育、养育、教育、就业、社会保障和养老等全生命周期入手，建立健全覆盖全民的基本公共服务供给体系，更能从根本上解除后顾之忧，在提高社会福利水平的同时释放生育潜力。第三步，营造家庭友好型的政策环境和社会氛围，同时涉及政府、社会、社区和企业各方面的努力，与通过初次分配、再分配和第三次分配等领域促进共同富裕的目标和途径都是一致的。

其次，挖掘人口红利的潜力和开启人才红利。如果仅看劳动年龄人口的负增长，中国似乎难再形成庞大的新成长劳动力规模，但是，农业剩余劳动力转移，以及非农产业中生产率较低领域劳动力的重新配置，仍可释放出新的非农劳动力供给。从这个意义上，旨在挖掘人口红利潜力的改革，可以创造出真金白银的改革红利。户籍制度改革这样有利于要素流动和重新配置的改革，既有社会各界的共识，党中央和政府也已经部署多年。然而，在户籍人口城镇化率与常住人口城镇化率之间，仍然存在着高达 18 个百分点的差距，也就是说进城务工农民工及其随迁家庭成员，尚未成为城镇户籍人口，则意味着该项改革尚未完成。

户籍制度改革推进的难点，在于地方政府与中央政府之间存在着激励不相容的问题。也就是说，虽然户籍制度改革可以产生真金白银的制度红利，但一个地方局部并不能获得全部的改革收益，地方政府却要支付推进改革所必需的成本。此外，对于地方政府来说，无条件允许外来人口落户，还存在着诸多机会成本，譬如减少城市政府售卖商品房的收益。因此，推进改革应该着眼于合理分担改革成本和分享改革收益，增强改革参与各方的激励相容性，进而加大改革力度和加快改革进度。

此外，为了加大人力资本这一可持续要素的培育，以人才红利支撑高质量发展，应该利用在 2035 年之前，中国的青少年人口占比下降、公共教育经费较快增长这一时间窗口，延长义务教育年限，以及提高教育质量和教育均等化水平。根据预测，以 4~18 岁人口与 19~64 岁人口的比率来表达的"义务教育负担率"，预计将从 2022 年的 0.28 下降到 2035 年的 0.20，年均下降 2.2%；由于同期 GDP 的潜在增长率在 4.5%~4.8% 这个区间，按照公共教育支出占 GDP 的 4% 这一要求，公共教育经费支出实际增长可达 70% 以上，年均增长率为 4.3%。可见，教育负担的下降和支出能力的提高，足以支撑延长义务教育的必要举措。

最后，促进人口发展质量与人民生活品质的同步提高。人口发展质量和人民生活品质之间的一致性关系，既符合现实逻辑，也具有政策含义。一方面，两者反映出相同的以人民为中心的发展内涵。联合国开发计划署编制的反映居民生活品质、与幸福感高度正相关的人类发展指数，包括人均 GDP、教育水平和健康水平三个板块，可以说与人口高质量发展的内涵完全相同。另一方面，所有旨在提高人类发展水平的举措，同样具有提高生育意愿和生育率的效果。

　　事实上，瑞典等国家的福利国家建设实践，其初衷就是应对生育率下降和人口停滞危机。20世纪30年代，围绕应对瑞典人口危机所进行的理论和政策讨论中，经济学家缪尔达尔和妻子艾尔娃，以一系列学术著述、政策报告、大众演讲和政策游说，推动了在这个问题上的认识范式和政策取向的转变，为福利国家建设奠定了关键性的理论基础，搭建了配套性的政策框架，也成功提高了生育率①。最新研究也表明，在人类发展和性别平等都达到极高水平的条件下，生育率可以产生反弹的趋势②。从这一历史经验中得到的启示是：走向现代化过程中的中国，保持合理适度生育水平的政策举措，完全可以与社会福利体系建设统一起来。

---

① Barber, W. J., (2008) *Gunnar Myrdal: An Intellectual Biography*, Houndmills, Basingstoke, Hampshire and New York: Palgrave Macmillan.

② Myrskylä, M., H. P. Kohler & F. C. Billari, "High Development and Fertility: Fertility at Older Reproductive Ages and Gender Equality Explain the Positive Link," *MPIDR Working Papers* WP – 2011 – 017 (2011), Max Planck Institute for Demographic Research, Rostock, Germany.

人口达峰与生育率

Population Peaking and Fertility Rate

G.2

人口达峰后的人口发展趋势

郑真真　封　婷*

摘　要： 中国人口在 2022 年达峰后将在 14.1 亿人左右小幅波动，"十四五"时期稳定在峰值平台期，人口平均每年下降 50 万人左右。"十五五"时期速度加快，年均下降约 200 万人，预计 2020~2030 年总人口累计下降 1% 左右。劳动年龄人口自 2022 年进入迅速下降阶段。不同年龄组人口的达峰时间不同，少年儿童人口规模首先于 1977 年达峰，随后是劳动年龄人口达峰，15~49 岁育龄妇女人口在 2011 年达峰，老年人口则将于 2050 年之后达峰。快速的出生人口减少是中国人口达峰的主要推动力，低生育率和健康长寿共同推动人口年龄结构进一步老化。低生育率、人口老龄化和人口负增长将是 21 世纪全球人口发展的大趋势。

---

* 郑真真，中国社会科学院人口与劳动经济研究所研究员，主要研究方向为人口学；封婷，中国社会科学院人口与劳动经济研究所副研究员，主要研究方向为人口统计学。

关键词： 人口峰值　人口规模下降　人口老龄化

一　引言

在人口发展历史中，2022 年是值得关注的年份，中国人口在 2022 年达到了 14.1 亿人的峰值。同年，全球人口超过了 80 亿人。包括中国在内的东亚和东南亚地区人口将于 2034 年前后达到 24 亿人的峰值，中亚和南亚人口则将持续增长，至 2072 年前后达到 27 亿人的峰值。这两个地区的总人口在 2022 年占全球总人口的 55%。世界其他一些地区的人口也将在 21 世纪先后达到峰值，如欧洲和北美洲人口将于 2038 年前后达到 11.3 亿人，拉丁美洲和加勒比地区的人口将于 2056 年前后达到 7.5 亿人。总的趋势是全球人口增长进一步放缓，并将在 21 世纪后半叶达到峰值，转而步入长期缓慢的人口下降时代。中国人口变化与全球变化规律一致，不过由于人口规模巨大，人口转变和老龄化进程快于全球变化速度，人口达到峰值早于预期，人口负增长会长期持续，因而中国将承受人口变化带来的更大影响。

本文应用第七次全国人口普查结果，根据 2021 年和 2022 年国家统计局公布的出生和死亡数据，预测自中国人口达到峰值后至 2100 年的人口变化，包括人口总量和各年龄组人口规模的变化及变化速度、人口年龄结构变化及主要影响因素。文中引用的国际人口数据均来自联合国《世界人口展望 2022》①。

---

① United Nations, Department of Economic and Social Affairs, Population Division, *World Population Prospects 2022*, Online Edition, 2022。本文应用中方案预测结果。

二 达峰后的人口总量变化和变化速度

2022 年，中国人口在达到 14.1 亿人后停止增长，人口自然增长率为 -0.60‰，与 2021 年相比下降 0.94 个千分点，减少 85 万人。中国人口达峰时间早于近 30 年来的几乎所有预测，人口峰值则低于绝大多数预测。快速的出生人口减少是中国人口达峰的主要推动力。2022 年中国出生人口降至 1000 万人以下，比 2021 年减少 106 万人，与 2016 年、2017 年（全面两孩政策实施的头两年）相比几乎减半。

为考察未来中国人口变动的可能范围以及对人口发展趋势的影响，本文设置了高、中、低三种方案，差别在于总和生育率的假设水平。中方案预测假设 2023 年总和生育率为 1.2，2024~2035 年为 1.3，此后逐渐小幅度回升，2050 年达到 1.39，至 2100 年达到 1.48；高方案和低方案的总和生育率参照《世界人口展望 2022》的设置，在预测期前 5 年（2023~2027 年）与中方案分别相差 0.25，后 5 年（2028~2032 年）与中方案相差 0.4，2033 年及之后年份相差 0.5。高方案和低方案的假设考虑到生育率变化的可能范围，亦即有较大把握高方案是可能达到的高水平上限，而低方案是可能出现的低水平下限。预测结果见图 1，三种方案显示了相似的人口规模变化总体趋势。本文的描述和分析采用中方案预测结果。

未来 5~10 年中国出生人口和死亡人口数量均在 1000 万人上下波动，总人口规模变动将主要取决于出生人数变化。育龄妇女数量持续减少①，婚育年龄继续推迟，导致时期生育率低迷。考虑到 2020~

---

① 2022 年，我国 15~49 岁育龄妇女人数比 2021 年减少 400 多万人，其中 21~35 岁生育旺盛期育龄妇女减少近 500 万人。

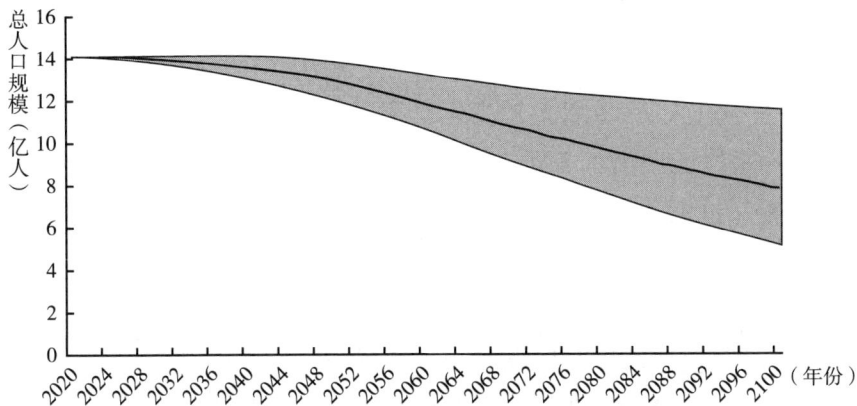

图 1　2020~2100 年我国总人口规模的多方案预测结果

资料来源：2020 年数据来自《中国人口普查年鉴 2020》；2021 年数据来自《中国统计年鉴 2022》；2022 年数据来自国家统计局网站（https：//www.stats.gov.cn）；2023~2100 年数据来自课题组预测。黑色曲线代表本文使用的中方案预测结果，灰色阴影的上、下边界分别代表高、低方案预测结果。

2022 年三年疫情对育龄人群的初婚和生育时间推迟有明显影响，如果 2023~2025 年能够释放大部分婚育堆积，出生人口数量有可能小幅提升，从而减缓总人口下降的速度。不过总的来说，出生人口数量的长期变化趋势将是逐渐减少，总人口达峰后的徘徊波动，主要是长寿带来的老年人口增长的贡献。

　　事实上，2021 年起中国人口总量即在零增长区间徘徊，估计未来 5 年还会处于这种小幅度波动状态，"十四五"时期是总人口峰值平台期，平均每年减少约 50 万人，预计单年下降幅度均不会超过 100 万人。"十五五"时期变化速度加快，年均减少 200 万人左右，2020~2030 年累积降幅约为总人口的 1%。人口达峰后的 2023~2035 年从 14.08 亿人减少到 13.79 亿人，年均减少 247.45 万人（年均变化率为-1.8‰），2035~2050 年下降速度逐渐加快（见图 2），年均下降 572.77 万人（-4.3‰），到 2050 年降至 12.93 亿人。

　　2016 年起全面二孩政策实施增加的出生人口，到 2043 年生育潜能已经释放过半，出生人口数将再现下降趋势，2043 年之后总人口下降速度明显加快。同时，由于 1949~1970 年出生人口规模较大，2043 年基本进入 75 岁以上较高死亡率区间，死亡人口数量将快速增长，进一步拉大了出生人数和死亡人数的差距，致使人口减少的幅度显著加大（见图 2）。

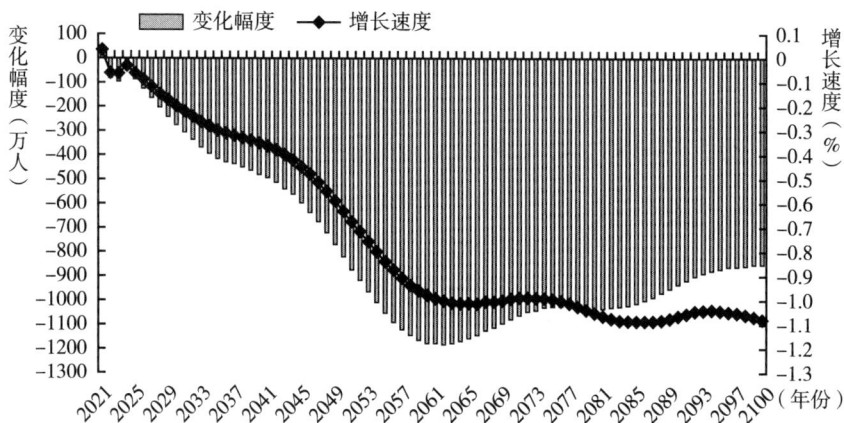

图 2　2021~2100 年人口变化幅度和增长速度

资料来源：2021 年数据来自《中国统计年鉴 2022》；2022 年数据来自国家统计局网站（https：//www.stats.gov.cn）；2023~2100 年数据来自课题组预测。

与发达国家和其他发展中人口大国相比，中国在相对较短的时期内发生了一系列在时间和空间上大大压缩的人口变动，在经历高速增长之后达到人口规模的峰值。尽管 20 世纪末人口学者已经意识到生育率下降会导致数十年后的人口增长明显减速，也对 21 世纪中国人口负增长的前景有所认识[1]，但人口达峰显然早于所有预测。21 世纪以来，随着更多人口数据的发布，学者对中国人口变动的长期趋势有

---

[1]　例如，林富德和路磊曾于 1994 年预测，如果普遍按照政策生育，中国人口将在 2030 年前后达到 14.41 亿的峰值；李建新在 1997 年的预测认为，按当时生育政策，中国人口将于 2024 年达到 14.27 亿的峰值。

了更为清晰的认识。王丰等学者的研究发现①，早在 1990 年中国人口的内在增长率就已由正转负，根据人口发展的内在规律，数十年的低生育率已经逐渐积累人口负增长惯性，中国人口下降将是 21 世纪不可逆转的趋势。

三 不同年龄组的人口达峰与变化趋势

人口变动具有自然规律，不同年龄组人口的达峰时间不同（见图 3）：少年儿童人口规模首先达峰，随后是劳动年龄人口，最后是老年人口。

城市生育率自 20 世纪 60 年代中期下降，全国城乡生育率在 20 世纪 70 年代快速下降，0~14 岁少年儿童人口于 1977 年达峰，峰值为 3.76 亿人。当前少年儿童人口处于快速减少阶段，2035 年后下降速度减缓，呈稳步下降趋势。

15~59 岁劳动年龄人口于 2011 年达到峰值 9.28 亿人，2011~2022 年维持在高位。自 2022 年进入迅速下降阶段，2022~2050 年大约每年减少 926 万人，年均变化率为-12.2‰，其中 2022~2035 年变化速度为-8.6‰，平均每年减少 732 万人，2035~2050 年变化速度加快至-15.3‰，平均每年减少 1095 万人。

15~49 岁育龄妇女人口在 2011 年达到峰值 3.73 亿人，其中 21~35 岁生育旺盛期育龄妇女则在 1998 年达到峰值 1.76 亿人。

65 岁及以上老年人口达峰将在 2050 年以后（2057 年左右），当前至 2036 年将为加速上升阶段，2027~2036 年老年人口平均每年增长 1000 万人以上。

---

① 王丰、郭志刚、茅倬彦：《21 世纪中国人口负增长惯性初探》，《人口研究》2008 年第 6 期，第 7~17 页。

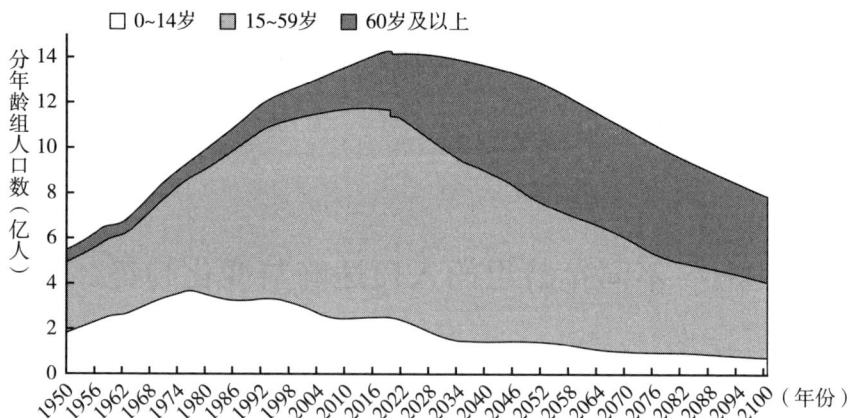

图3　1950~2100年分年龄组人口数量变动

资料来源：1950~2019年数据来自《世界人口展望2022》；2020年数据来自《中国人口普查年鉴2020》；2021~2100年数据来自课题组预测。

图3的劳动年龄人口分组为15~59岁，不过随着高中阶段和高等教育升学率提高，初次就业人口的年龄不断增长，以20岁为劳动年龄起始可能更适合作为劳动力资源的参考。至于劳动年龄的结束，由于健康状况的改善以及退休和养老金制度改革，未来有望延长工作年限，因此，20~64岁可作为具有前瞻性的劳动年龄分组。图4比较了15~59岁、20~59岁和20~64岁三个不同年龄分组的劳动年龄人口规模的变动。其中，20~59岁组的年龄区间窄，人口规模始终小于其他两个年龄组，2014年达到峰值8.39亿人。由于15~59岁人口规模在2000年后不断萎缩，所以20~59岁年龄组达峰时间晚于15~59岁年龄组，且在达峰后的2014~2040年人口数量下降速度缓于15~59岁组。由于两个年龄组的差距快速缩小，2040年后两组人口规模下降趋势接近，差距稳定在低水平。20~64岁人口则在2016年达峰，峰值为9.16亿人，相比15~59岁年龄组达峰时间晚了5年，峰值也略低。然而，由于60~64岁年龄组储蓄了60年前较大出生规模的能量，20~64岁年龄组人口规模达峰后的下降速度明显慢于15~

59 岁年龄组，其规模在 2100 年之前始终大于 15～59 岁年龄组。2048～2052 年，由于 1987～1992 年出生高峰人口进入 60～64 岁，两个年龄组的差距扩大到 0.6 亿人左右。总体来说，相比 15～59 岁劳动年龄人口的快速下降，20～59 岁和 20～64 岁年龄组达峰时间晚，且达峰后下降速度略缓，意味着较高受教育程度或较年长的劳动力蕴藏的潜能较大。

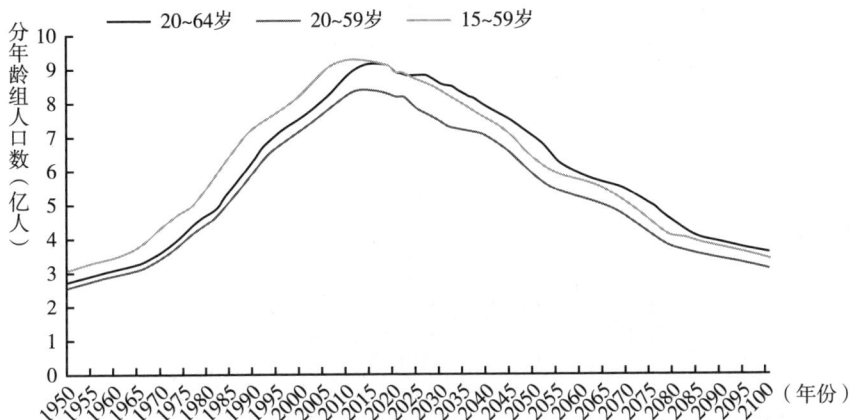

图 4 1950～2100 年不同劳动年龄分组人口数量变动

资料来源：1950～2019 年数据来自《世界人口展望 2022》；2020 年数据来自《中国人口普查年鉴 2020》；2021～2100 年数据来自课题组预测。

四 达峰后的人口年龄结构变化及主要影响因素

中国人口总量在达到峰值后的一段时期内变化比较缓慢，但是人口年龄结构的老化不断加速。人口年龄中位数将从 2022 年的 40.5 岁升至 2035 年的 46.9 岁，再升至 2050 年的 51.7 岁。这意味着 2050 年的人口中至少有一半人年龄在 51 岁以上（图 5 中深色部分）。

（a）2022年

（b）2035年

（c）2050年

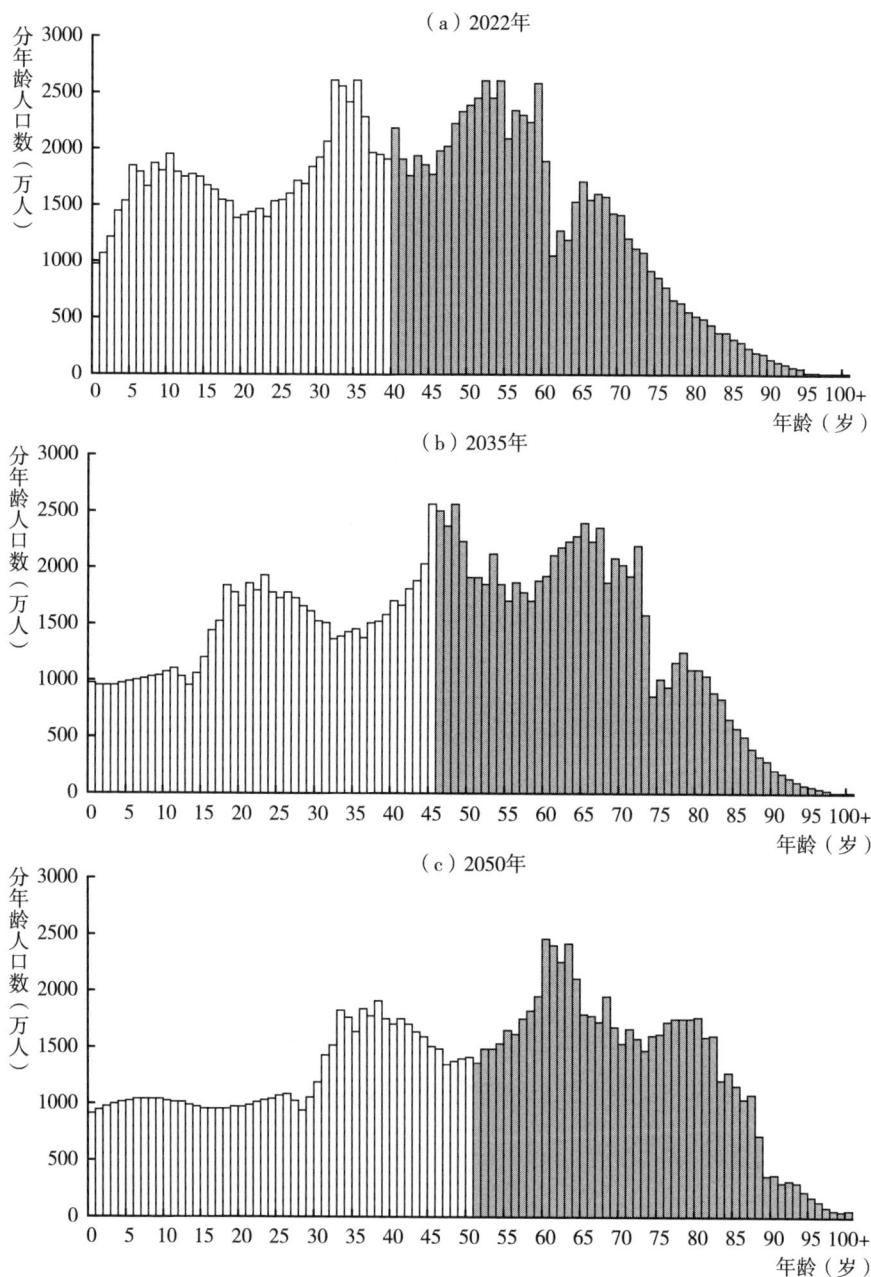

图5　2022年、2035年、2050年的人口年龄分布

资料来源：课题组预测。

　　人口年龄结构的演进遵从自然规律，因而具有相当的确定性。存活人口的年龄增长与年代推移同步。因此，纵向比较图5（a）至图5（c）的人口年龄分布，最明显的变动规律是年龄结构不均衡的"锯齿"状特征向右平移，平移的年龄距离正是年代之差。影响年龄结构变化的主要是出生和死亡数量。死亡率具有鲜明的年龄特征，即在婴幼儿阶段比较高，其后在很长年龄区间都维持在非常低的水平，到了老龄阶段重新升高。由此，在图5（a）推移至图5（c）的过程中，年龄结构的"锯齿"特征并不是原样平移，而是在死亡的作用下变矮变平。高龄阶段的死亡作用更为凸显，如图5（a）中2022年60～65岁的"V"形低谷，到2050年88～93岁已经几乎无法辨认〔见图5（c）〕。出生人口则是每年从0岁开始加入人口变动过程。较早年代人口年龄结构的高峰和低谷会在较晚年代出现类似但稍弱的变动，因为他们的子代数量也会相应偏高或偏低，这种现象被称为人口年龄结构的回响（echo）。回响的间隔受女性平均生育年龄影响，约为25年。

　　在过去百年间，中国出生人口数量曾经由低水平升高再降低，死亡率整体来看从高水平不断降低，过去的出生和死亡过程塑造了中国当前的人口年龄结构，而人口年龄结构形成的人口惯性将影响未来的出生和死亡数量，并在出生和死亡过程的共同作用下塑造未来的人口年龄结构。

　　低于更替水平的生育率在中国已经持续30年，育龄女性规模持续减少，即使生育率维持在当前水平或有小幅度回升，新增少年儿童人口也将持续减少，同时50岁以上人口规模持续增加（见图6）。以女性人口为例，2022年的50～69岁女性人口规模远小于25～49岁女性人口规模，2035年前者接近后者，至2050年前者已经超过后者。不同年龄组人口规模的增长或减少，将会改变该年龄组在总人口中的占比。

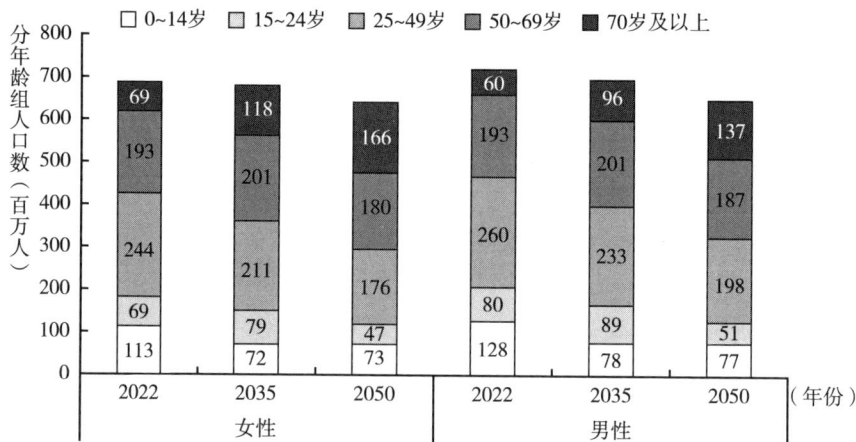

图6 2022~2050年分年龄组人口规模的变化

资料来源：课题组预测。

随着20世纪60~70年代出生高峰队列进入老年人的行列，老年人口数量不断增加，65岁及以上人口占比在未来30年将快速上升，少年儿童人口占比将让位于老年人口占比（见图7）。且由于健康状况改善和寿命延长，80岁及以上的高龄人口数量及占比均上升显著。

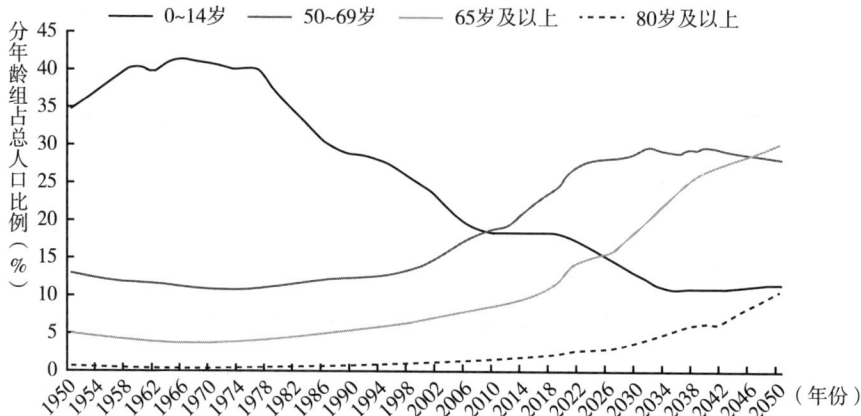

图7 1950~2050年不同年龄组人口占比的变化

资料来源：1950~2019年数据来自《世界人口展望2022》；2020年数据来自《中国人口普查年鉴2020》；2021~2050年数据来自课题组预测。

除了老年人占比和人口平均年龄不断提高，老龄化还有一个重要表现是劳动力人口的不断老化，图 8 显示了总人口和劳动年龄人口年龄中位数的变动。总人口年龄中位数从 1969 年的 19.0 岁开始升高，此后几乎一路上行，直到 2077 年达到峰值 57.7 岁。相比之下，不同劳动年龄分组人口的年龄中位数变动具有更强的阶段性：最近 30 年劳动年龄人口老化速度最快，年龄中位数在 1995 年前后开始升高，滞后总人口年龄中位数升高年份约为 25 年；2022 年前后出现停滞，此后 30 年左右稳定于平台期；2050 年之后进入升降波动阶段。以 2035 年和 2050 年进行阶段划分，2022～2035 年 3 种劳动年龄组的中位数年龄皆有所升高，但其变化幅度远不及总人口年龄中位数的变化幅度大（见表 1）。2035～2050 年，3 种分组的年龄中位数保持不变或略有下降。总之，尽管总人口达峰后劳动年龄人口的数量快速下降，但这种下降是由于过去的出生高峰人口退出劳动年龄，劳动年龄人口的老化将保持稳定。

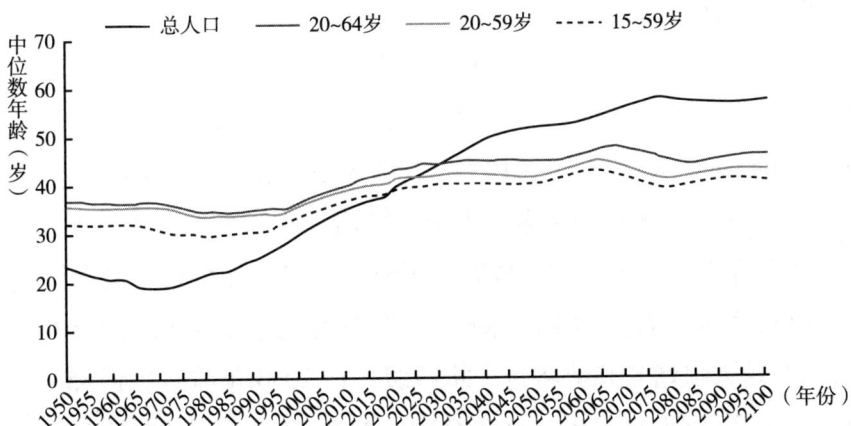

图 8　1950～2100 年总人口和不同劳动年龄分组人口的中位数年龄

资料来源：1950～2019 年数据来自《世界人口展望 2022》；2020 年数据来自《中国人口普查年鉴 2020》；2021～2100 年数据来自课题组预测。

表1　2022~2050 年总人口和劳动年龄人口中位数年龄变化

单位：岁

年龄组	2022~2035 年	2035~2050 年	合计（2022~2050 年）
总人口	6.5	4.8	11.3
15~59 岁	0.4	0.0	0.4
20~59 岁	0.8	-0.9	-0.1
20~64 岁	1.7	-0.2	1.5

资料来源：课题组预测。

五　低生育率和人口负增长的全球趋势

2022 年全球人口超过了 80 亿人。尽管全球人口仍在增长，但增长速度持续放缓。亚洲、欧洲、北美洲、拉丁美洲和加勒比地区的人口将陆续在 21 世纪达到峰值，全球人口将在 21 世纪后半叶达峰后缓慢下降（见图9）。

虽然目前全球人口还在增长，但与 50 年前相比，人口增长的主要驱动力不是出生，而是死亡率降低和长寿。全球人均预期寿命从 1990 年的 64.0 岁已增至 2019 年的 72.8 岁，至 2050 年有望提高至 77.2 岁。这也意味着未来老年人对人口增长有越来越大的贡献。

当生育率还保持在相对较高水平时，人口自然增长率仍会持续为正，但当总和生育率普遍下降，全球平均低于 2.1 后（2050 年左右），全球人口增长趋势将进一步减缓，在 2030 年前后达到 85 亿人，2050 年前后达到 97 亿人。此前全球人口在 11 年间从 70 亿人增长到 80 亿人，联合国中方案预测，全球人口将历时 16 年在 2038 年达到 90 亿人，并在 2086 年达到略高于 104 亿人的峰值。虽然其他机构的预测稍有不同，有的预测认为全球人口将更早达到不足 100 亿人的峰

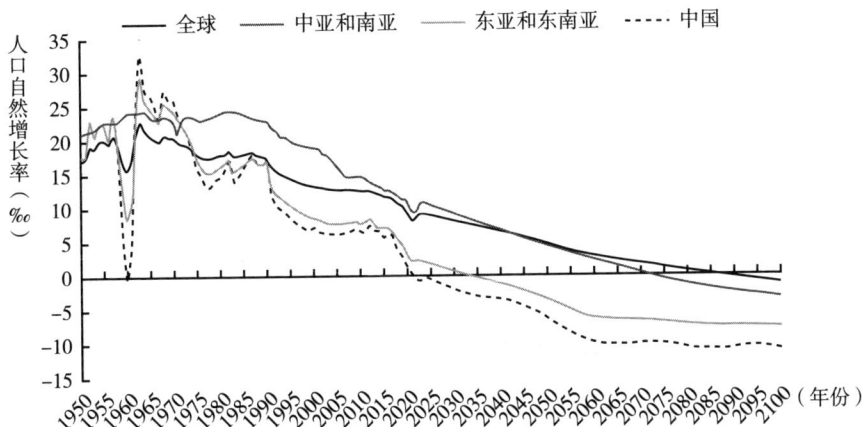

图9　1950~2100年全球和亚洲地区的人口自然增长率

资料来源：中国1950~2020年自然增长率以及全球和地区数据来自United Nations, Department of Economic and Social Affairs, Population Division, *World Population Prospects 2022*, Online Edition, 2022；中国2020年人口总量数据来自《中国人口普查年鉴2020》；2021年人口总量数据来自《中国统计年鉴2022》；2022年人口总量数据来自国家统计局网站（https://www.stats.gov.cn）；2023~2100年数据来自课题组预测。

值，不过可以确定的是，21世纪不会发生下一次人口数量翻番，也许全球人口永远不会达到120亿人。将地球视为没有迁入和迁出的封闭空间，且人类健康将持续改善，从而人口预期寿命的延长是较为确定的大趋势，不同预测的差异仅在于对未来生育率变化的判断。不过，所有预测都认为全球生育率将会呈下降趋势或保持在低水平，至2100年只有少数非洲国家的总和生育率可能还在2.1以上。

　　发达国家人口增长速度已趋近于零，并将在略低于零的水平上徘徊。预计2022~2050年61个国家/地区将有至少1%的人口减量，约65%的国家/地区至2100年会经历人口负增长。由于人口增长速度有差异，各国人口总量的世界排名将在未来30年间发生较大变化。从表2可知，虽然中国人口规模在名次上降至第二，但其体量

仍与全球第三差距巨大。值得注意的是，几个非洲国家的人口规模
排名上升。1950 年时非洲人口占全球比重为 9.1%，预计至 2050 年
将升至 25% 以上；而欧洲人口占全球人口的比重则从 1950 年的
21.6% 下降到 2050 年的 7%。这是不同地区在不同时期先后经历人
口转变的必然结果，这种区域性的人口规模变动必然会影响全球地
缘政治的格局。

表 2　2022~2050 年世界人口数量前十名国家的人口规模排名变化（中方案预测）

单位：亿人

排序	2022 年		2050 年	
	国家	人口规模	国家	人口规模
1	中国	14.26	印度	16.68
2	印度	14.12	中国	13.17
3	美国	3.37	美国	3.75
4	印度尼西亚	2.75	尼日利亚	3.75
5	巴基斯坦	2.34	巴基斯坦	3.66
6	尼日利亚	2.16	印度尼西亚	3.17
7	巴西	2.15	巴西	2.31
8	孟加拉国	1.70	刚果共和国	2.15
9	俄罗斯	1.45	埃塞俄比亚	2.13
10	墨西哥	1.27	孟加拉国	2.04

说明：考虑到排名的可比性，中国与其他国家使用同一来源数据。

资料来源：United Nations Department of Economic and Social Affairs, Population Division. 2022. *World Population Prospects 2022*: Summary of Results. UN DESA/POP/2022/TR/No. 3。

增长惯性将是至 2050 年人口增长的另一个驱动力，因此无论生
育率如何下降，人口增长仍将持续。不过由于生育率降低，人口增速
将在 2050 年后进一步放慢，直至停止增长。

　　低生育率、人口老龄化和人口负增长往往是同时共存的人口现象。人口老龄化并不必然导致人口负增长，低生育率对人口负增长的作用既受制于人口惯性，也需要长期的累积。然而如前所述，老龄化伴随着老年人寿命延长和数量增多，低生育率带来人口增速下降，都将改变人口年龄结构。相比人口规模达峰过程常常在平台期徘徊波动，人口年龄结构的变动更为确定，也更值得关注。21世纪以来，全球10~20岁人口不断减少，65岁及以上老年人口的增长速度最快，新生人口对人口增长的贡献已经让位于老年人口增长的贡献。发达国家90岁及以上人口增长率最高，发展中国家50~70岁人口增长率最高。1960~2011年全球增长人口主要在亚洲，主要来源于年轻人口的增长；而未来增长的人口主要在非洲，全球人口增长将以老年人为主。

　　持续的生育率降低和虽然缓慢但持续改善的人口健康，特别是老年人的健康改善，使大部分国家在21世纪先后进入老龄社会。65岁及以上老年人口在总人口中的比重将从2022年的9.7%上升到2050年的16.4%。2018年65岁及以上老年人口数量有史以来首次超过5岁以下儿童数量，至2050年前者将增长至后者的2倍，65岁及以上老年人口将与12岁以下儿童数量相当。这段时期，80岁及以上的高龄人口规模也将大幅度上升。

　　中国和印度等发展中人口大国的生育率降低较快，发展中国家的人口老龄化速度要快于发达国家，这也意味着全世界老年人中有更多人生活在发展中地区。以65岁及以上老年人口占比从7%增长到14%所需年数为例，法国用了115年，澳大利亚为63年，俄罗斯为50年，英国和德国为40余年，而中国仅用了23年，许多东亚、东南亚国家均不到25年。东亚和东南亚65岁及以上老年人口占比将从2022年的12.7%上升到2030年的16.3%，然后进一步上升到2050年的25.7%（见表3），接近欧洲和北美洲的水平，其后将成为老年人口占比最高的地区。国际组织呼吁①，各国应采取措施适应日益增长的老年人口数量和占比，包括改善社会保障的可持续性和养老金系统，建立普惠性医疗保健服务和长期照料体系。

表3 2022年、2030年和2050年全球和不同地区65岁及以上老年人口占比（中方案预测）

单位：%

地区	2022年	2030年	2050年
全球	9.7	11.7	16.4
撒哈拉以南非洲	3.0	3.3	4.7
北非和西亚	5.5	7.0	12.5
中亚和南亚	6.4	8.1	13.4
东亚和东南亚	12.7	16.3	25.7
拉丁美洲和加勒比地区	9.1	11.5	18.8
澳大利亚/新西兰	16.6	19.4	23.7
大洋洲*	3.9	5.1	8.2
欧洲和北美洲	18.7	22.0	26.9

＊不包括澳大利亚和新西兰。

资料来源：United Nations Department of Economic and Social Affairs, Population Division. 2022. *World Population Prospects 2022*：Summary of Results. UN DESA/POP/2022/TR/No. 3.

人口增长率最早降至1%以下的是欧洲和北美洲（1965年），随后是东亚和东南亚地区（1997年）、拉丁美洲和加勒比地区（2016年）。2020年全球人口年增长率降至1%以下，为1950年以来的新低。20世纪70~80年代，西欧一些国家人口增长停滞，趋近零增长，个别国家出现人口负增长。21世纪初，人口负增长主要发生在欧洲，

---

① 如：United Nations Department of Economic and Social Affairs, Population Division. 2022. *World Population Prospects 2022*：Summary of Results. UN DESA/POP/2022/TR/No. 3.

负增长国家的数量逐渐增多。如果不考虑移民的影响，在人口规模过亿的国家中，俄罗斯最早进入人口负增长，其人口自然增长率在1992年便由正转负，随后是日本（2005年）。进入21世纪，随着越来越多的欧洲国家经历人口负增长，对人口快速增长的焦虑很快转变为对人口停止增长、人口老龄化及其社会经济后果的担忧。越来越多的发达国家制定应对政策，缓解人口负增长的主要途径为引进移民和提高生育率。1996年有23%的发达国家采取政策措施提升人口增长率，2013年该比例上升至49%[①]。

高收入国家往往通过引进移民应对低生育率导致的人口负增长。例如，德国的人口自然增长率在1972年便由正转负，但由于引入大量劳动年龄的经济类移民，2000年后采取了更为积极和开放的移民政策吸引移民，成为仅次于美国的全球第二大国际移民接收国，其人口数量在此后的多数年份仍保持了小幅度正增长（见图10）。至

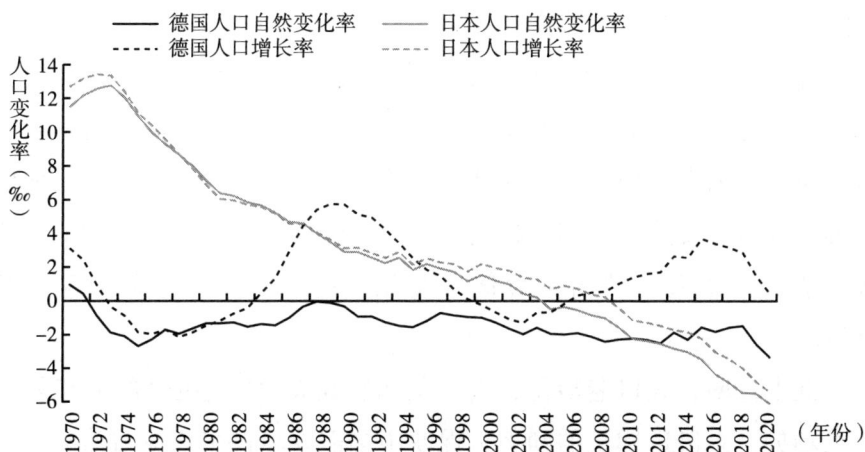

图 10　1970~2021 年德国和日本人口的自然变化率和增长率

资料来源：United Nations, Department of Economic and Social Affairs, Population Division, *World Population Prospects 2022*, Online Edition, 2022。

---

① United Nations. 2013. World Population Policies 2013. https：//www.un.org/en/desa/world-population-policies-2013.

2018 年，德国 1/4 的人有移民背景①，移民已经成为德国人口增长和劳动力的重要来源。相对而言，日本对国际移民控制较为严格，移民政策主要面向有专业技术知识的"高级人才"。虽然日本人口自然增长率降至零以下远远晚于德国，但日本人口数量在 2010 年后持续加速减少，面临老龄少子化社会的劳动力短缺问题。

提高生育率是应对人口负增长的另一途径。发达国家中采取各种措施提高生育率的国家所占比重在 21 世纪大幅度上升，从 1996 年的 33%提升到 2013 年的 69%②。虽然这些国家持续努力实施旨在提升生育率的干预政策，但政策收效不尽相同，且往往仅可见短期效果甚至无效。此外，由于负增长惯性已经积累了数十年，因而即使生育率短期回升也不会对人口负增长有显著的扭转作用。

回顾 21 世纪以来发达国家的经验，还需要意识到，发达国家的人口老龄化和人口增长停滞有相当长的发展历程，因而有相对较长的时间制定应对策略、采取措施缓解人口变化带来的冲击。然而，多数在 21 世纪才进入低生育率和人口老龄化阶段的发展中国家，需要在短时期内适应人口的快速变化，这些国家大多处于中等收入水平或刚迈入高收入国家行列，往往在社会保障方面尚未发展成熟，在争取国际移民方面与发达国家相比缺乏竞争力。由此可见，人口规模低增长或负增长以及人口结构老龄化等变化，将给发展中国家带来更大挑战。

低生育率、人口老龄化、人口负增长将是 21 世纪全球人口发展的大趋势。人口负增长的到来，促使中国需要尽快采取应对策略。与人口增长早已停滞、率先进入老龄社会的发达国家相比，中国处于后

---

① 宋全成、甘月童：《德国移民截面数据的社会学分析》，《世界民族》2022 年第 1 期，第 74~88 页。

② United Nations. 2013. *World Population Policies 2013.* https：//www. un. org/en/desa/world-population-policies-2013.

起劣势。与亚洲相邻国家相比，中国生育率下降虽然起步相对较晚，但下降速度较快，在完成人口转变后迅速进入低生育率时代，现在已经迈入老龄社会。周边国家大多已处在或将要进入与中国类似的人口发展阶段，在应对人口变化的影响方面与中国有相似的需求，从而可能形成竞争。且中国人口规模巨大，很难指望依靠跨境劳动力弥补任何"缺口"，未来应主要依靠自身的适应和调整来应对挑战。

G.3
疫情对生育行为的影响

郑真真　封婷*

摘　要： 2010 年以来，中国生育率一直在低位运行并在 2020 年降
至极低生育率，出生人口在 2017 年以后逐年下降。
2020～2022 年的新冠疫情直接或间接造成了初婚和生育的
推迟，出生人口加速减少。估计 2023～2025 年会有一定
数量的补偿性生育，生育率和出生人口可能有小幅回升，
但仍将延续初婚和生育推迟的大趋势。

关键词： 低生育率　初婚　生育行为　推迟效应

一　2010年以来的出生人口和生育率变动

根据 2020 年第七次全国人口普查（以下简称"七普"）结果估
算，2010～2020 年总和生育率平均为 1.64①。自 2013 年生育政策调
整以来，二孩生育限制放宽，二孩出生量明显上升，政策效果在
2016 年和 2017 年尤为显著，但在 2017 年以后出生人数和生育率明

---

* 郑真真，中国社会科学院人口与劳动经济研究所研究员，主要研究方向为人口
学；封婷，中国社会科学院人口与劳动经济研究所副研究员，主要研究方向为
人口统计学。
① 王广州、胡耀岭：《从第七次人口普查看中国低生育率问题》，《人口学刊》
2022 年第 6 期，第 1～14 页。

显下降。尽管国家统计局根据七普结果调高了前几年的出生率,出生人数也有相应增加,但变化幅度不大（见表1）。除了2012年明显偏高外,总和生育率大致在1.5~1.8波动①。七普结果显示,2020年总和生育率为1.292,为近年来最低;40~49岁女性曾生子女数为1.6个,可视为育龄妇女的终身生育水平。出生人口数量、出生率和总和生育率明显下降,主要受到初婚初育年龄推迟的影响,出生人口数量下降还受到育龄女性规模缩减和年龄结构老化的影响。至2018年,全面二孩政策实施后生育堆积已经基本释放,进入出生人口下行阶段,2020年下半年至2022年还叠加了新冠疫情的负面影响。

表1　2011~2022年出生人口数和出生率

年份	调整前		调整后	
	出生人数（万人）	出生率（‰）	出生人数（万人）	出生率（‰）
2011	1604	11.93	1785	13.27
2012	1635	12.10	1973	14.57
2013	1640	12.08	1776	13.03
2014	1687	12.37	1897	13.83
2015	1655	12.07	1654	11.99
2016	1786	12.95	1883	13.57
2017	1723	12.43	1765	12.64
2018	1523	10.94	1523	10.86
2019	1465	10.48	1465	10.41
2020	1200	8.52	—	—
2021	1062	7.52	—	—
2022	956	6.77	—	—

资料来源:调整前2011~2022年数据来自国家统计局网站（https://www.stats.gov.cn）;调整后数据来自国家统计局编《中国统计摘要2021》和陈卫《中国的低生育率与三孩政策——基于第七次全国人口普查数据的分析》,《人口与经济》2021年第5期,第25~35页。

---

① 陈卫:《中国的低生育率与三孩政策——基于第七次全国人口普查数据的分析》,《人口与经济》2021年第5期,第25~35页。

二 疫情对生育行为的直接和间接影响

（一）新冠疫情影响下的生育波动

稳定的社会环境和可预期的经济保障是适龄人员结婚组建新家庭和生育都必须考虑的条件，长期经济衰退、全球金融危机，以及恶性事件、自然灾害、影响广泛的流行病等社会、经济、环境突发事件尤其对生育行为有明显的负面影响，生育推迟或减少的幅度和持续时间取决于事件冲击程度及其后果的影响时期。2020 年初突发的新冠疫情导致多国出生人口数量明显下降，死亡人数呈阶跃式上升，致使2020 年和 2021 年的全球人口自然增长率连续下降 1 个千分点[1]。疫情对出生的影响因怀孕期而滞后至少 9 个月，2020 年下半年有些国家的出生人数明显减少。据分析[2]，2020 年的最后 3 个月与上年相同月份相比，欧盟 15 国的出生人数分别下降了 3.0%、5.0% 和 8.1%，美国 2020 年 12 月的出生人数同比下降了 7.7%。出生减少幅度最大的是西班牙，2020 年 12 月和 2021 年 1 月分别同比下降了 20.4% 和20.0%。由于疫情传播的严重程度、疫情的疾病负担、疫情传播与控制对经济收入的影响程度以及育龄夫妇的风险认知不同，各国受疫情影响的持续时间也不相同（见专栏 1）。有些地区如北欧和荷兰的出生人口没有受到疫情的明显影响，出生人数保持稳定。

---

[1] United Nations, Department of Economic and Social Affairs, Population Division, *World Population Prospects 2022*, Online Edition, 2022.

[2] Sobotka, T., Aiva J., Ainhoa A. G., Krystof Z., Laszlo N. and Dmitri J. 2021. Baby Bust in the Wake of the COVID-19 Pandemic? First Results from the New STFF Data Series. SocArXiv, March 24.

专栏 1 新冠疫情对部分国家出生人数的影响

人类生育数据库的出生波动数据显示，一些国家的出生人口在 2020 年下半年明显受到疫情影响而减少，2021 年初的出生人口减少幅度最大，2022 年疫情对出生人数的影响延续。除以色列外，其他国家尚未显示出生反弹的迹象。

新冠疫情对不同国家的影响各异，取决于不同国家疫情传播的严重程度、疫情的疾病负担、疫情传播与控制对经济收入的影响程度以及育龄夫妇的风险认知。有些国家的出生人数基本没有受疫情影响，如丹麦、芬兰、荷兰、瑞典；有些国家的疫情影响明显持续时间相对较短，2020 年末和 2021 年初的出生人数陡然下降，但较快恢复或呈现补偿性生育势头，如澳大利亚、法国、匈牙利、以色列。社会福利政策和劳动力市场的波动或变化则对生育具有较为复杂的作用，如有调查发现，为了控制疫情传播而实行的远程办公，有可能促进了计划中生育的实现。综合来看，受疫情影响的生育出现了大起大落的"过山车"现象，即出生数量在 2020 年底和 2021 年初急剧下降，2021 年出现补偿性回升，2022 年再次大幅下降。与欧美国家相比，日本和韩国的出生波动具有亚洲国家的特点，其影响幅度大，持续时间长，至 2022 年上半年尚未观察到补偿生育的迹象。

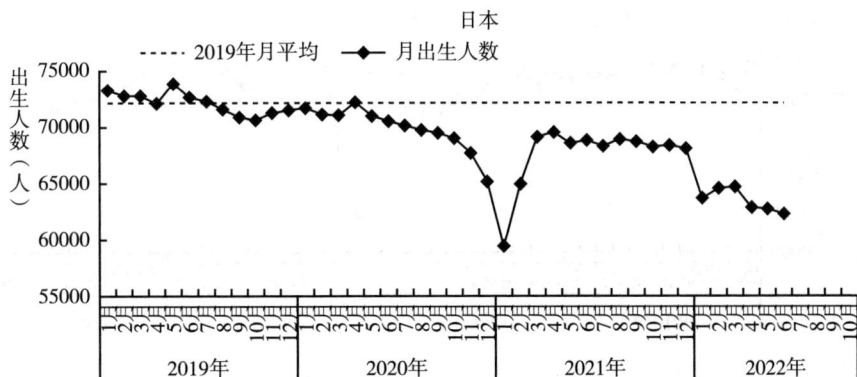

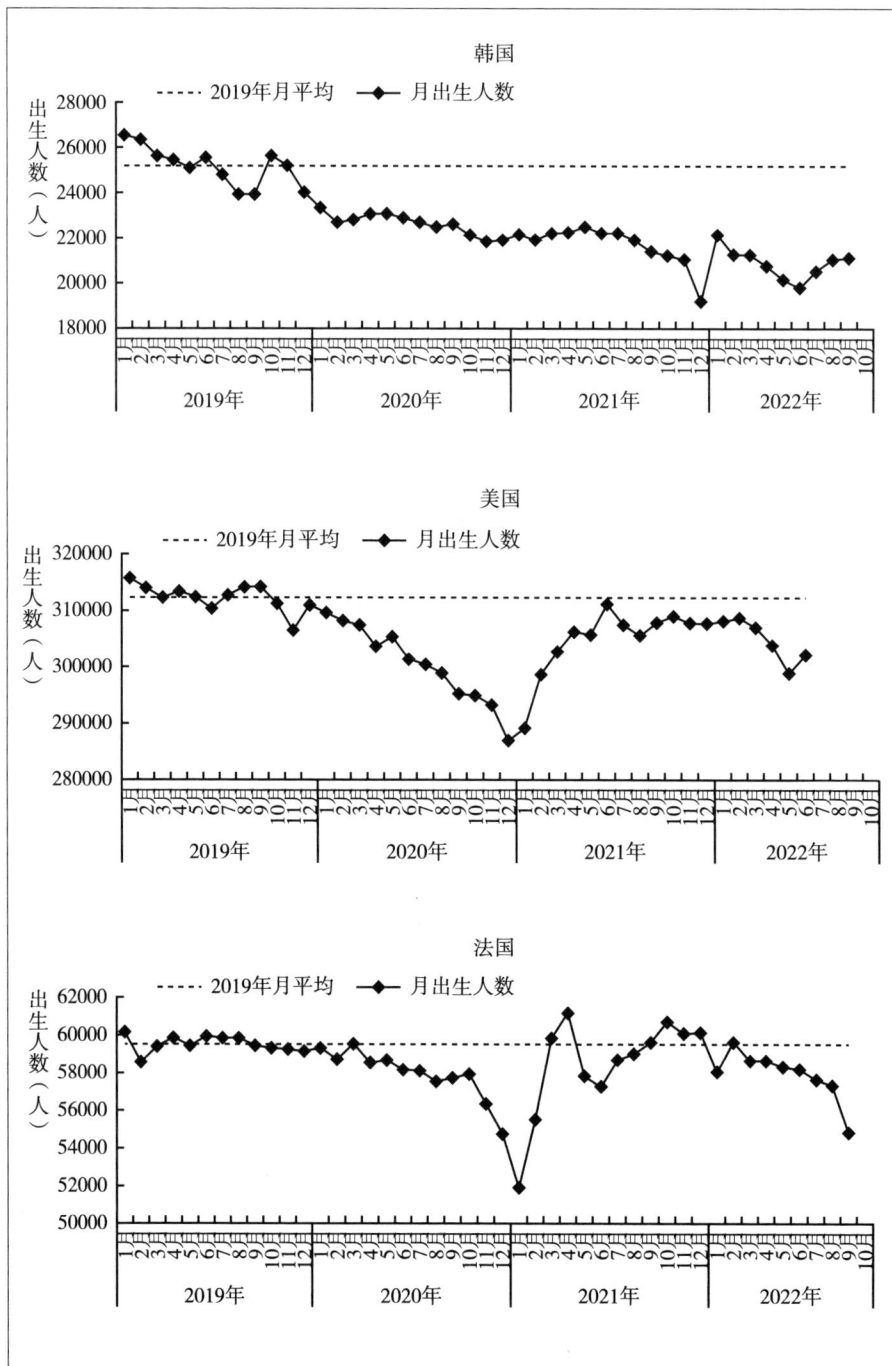

韩国

------ 2019年月平均　◆ 月出生人数

出生人数（人）

28000
26000
24000
22000
20000
18000

１２３４５６７８９１０１１１２　１２３４５６７８９１０１１１２　１２３４５６７８９１０１１１２　１２３４５６７８９１０

2019年　2020年　2021年　2022年

美国

------ 2019年月平均　◆ 月出生人数

出生人数（人）

320000
310000
300000
290000
280000

１２３４５６７８９１０１１１２　１２３４５６７８９１０１１１２　１２３４５６７８９１０１１１２　１２３４５６７８９１０

2019年　2020年　2021年　2022年

法国

------ 2019年月平均　◆ 月出生人数

出生人数（人）

62000
60000
58000
56000
54000
52000
50000

１２３４５６７８９１０１１１２　１２３４５６７８９１０１１１２　１２３４５６７８９１０１１１２　１２３４５６７８９１０

2019年　2020年　2021年　2022年

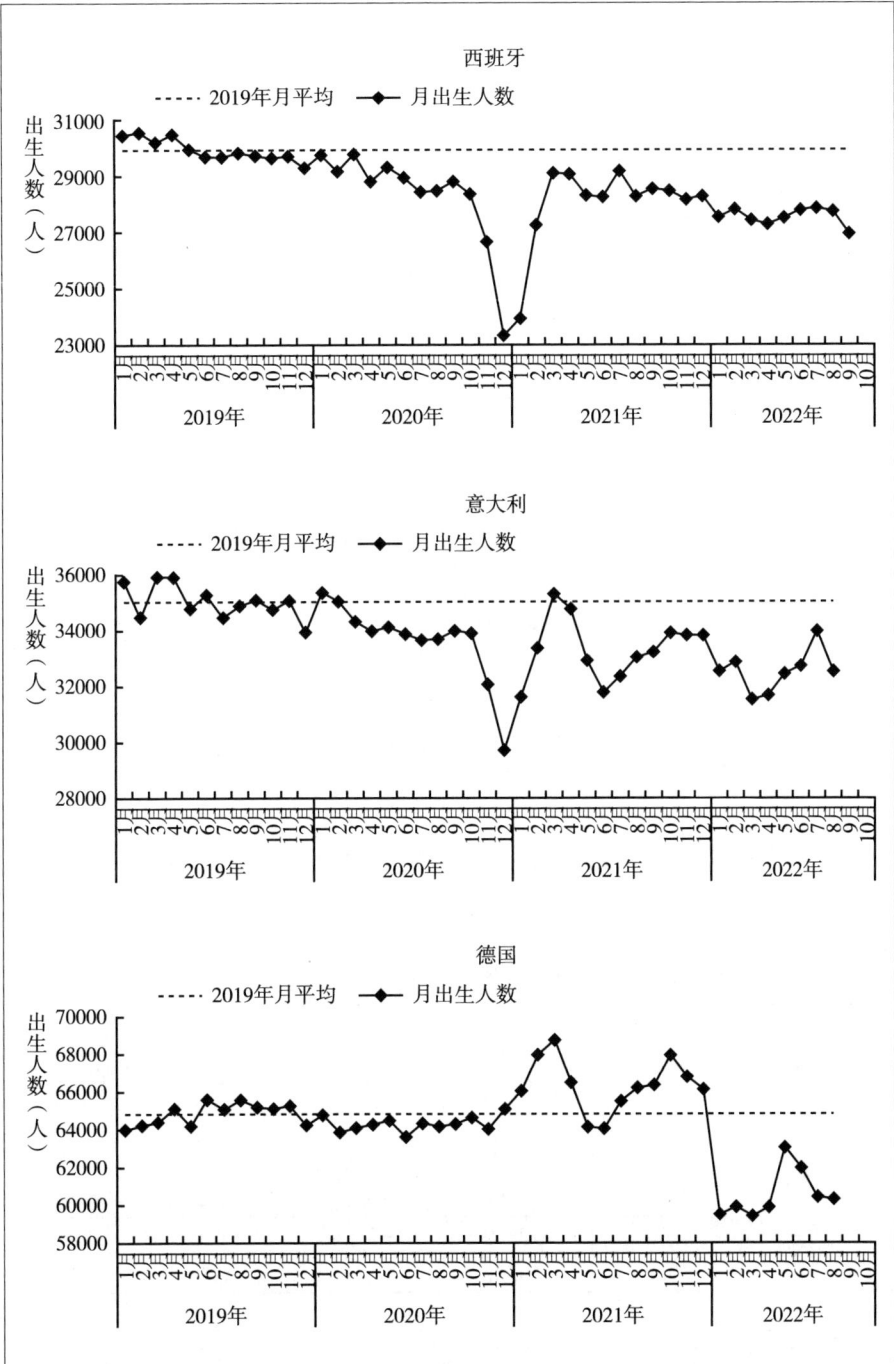

西班牙

意大利

德国

荷兰

丹麦

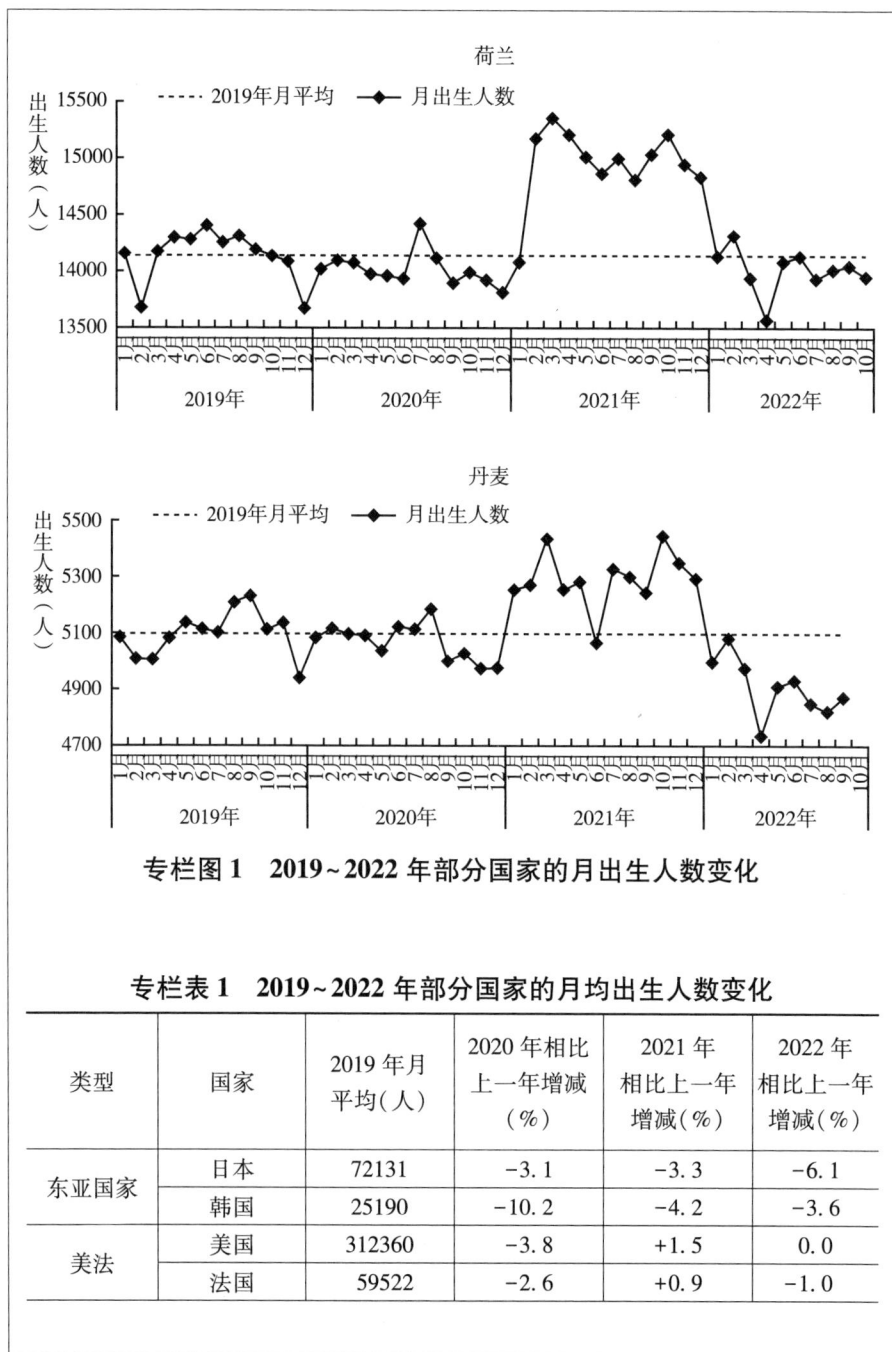

专栏图1　2019～2022年部分国家的月出生人数变化

专栏表1　2019～2022年部分国家的月均出生人数变化

类型	国家	2019年月平均（人）	2020年相比上一年增减（%）	2021年相比上一年增减（%）	2022年相比上一年增减（%）
东亚国家	日本	72131	-3.1	-3.3	-6.1
	韩国	25190	-10.2	-4.2	-3.6
美法	美国	312360	-3.8	+1.5	0.0
	法国	59522	-2.6	+0.9	-1.0

续表

类型	国家	2019 年月平均（人）	2020 年相比上一年增减（%）	2021 年相比上一年增减（%）	2022 年相比上一年增减（%）
南欧	意大利	35026	-3.9	-0.9	-2.4
	西班牙	29929	-5.4	-0.9	-1.9
西欧、北欧	德国	64838	-0.8	+3.2	-8.7
	荷兰	14137	-0.8	+6.7	-6.4
	丹麦	5098	-0.6	+4.4	-7.3
合计		618232	-3.5	+0.7	-2.3

资料来源：人类生育数据库（https：//www. humanfertility. org/Data/STFF，seasonally and calendar adjusted data，2023 年 4 月 28 日下载）；Sobotka, T. et al. "Pandemic Roller-Coaster? Birth Trends in Higher-Income Countries During the COVID-19 Pandemic," *Population and Development Review* （2023）：pp. 1-36. （Early View） https：//doi. org/10. 1111/padr. 12544。

（二）从中国出生人口看新冠疫情对生育的影响

新冠疫情对生育行为的直接影响，是出于健康考虑、缺乏安全感以及对未来的不确定性，育龄夫妇推迟或放弃生育计划。间接影响则来自婚姻的推迟，中国的生育主要为婚内生育，对于大多数人而言，结婚是生育的先决条件。疫情传播以及防控措施对组建家庭和结婚仪式的影响导致初婚推迟，进而间接影响时期生育率。以下从婚内生育和初婚两方面考察新冠疫情对生育的直接和间接影响。

在低生育率社会，因为生育数量少，所以夫妇对新生儿健康尤为重视，尽可能避免任何健康风险，而包括中国在内的很多亚洲国家对疫情风险更为重视，新冠病毒变异带来的疫情反复对生育的影响不亚于疫情初期，如专栏 1 中的日本出生人口变化，2022 年的出生人数明显受到 2021 年下半年疫情反复的影响。中国出生人口数量自 2018

人口与劳动绿皮书

年已有所回落，根据月出生人口统计资料，与 2015 年同期相比，2018 年和 2019 年的月出生人口数量下降 10%~15%，但 2020 年的月出生人口在 1~9 月降幅已达到 20%~30%，在 11 月和 12 月更是加速下降，比 2015 年同期减少 45% 以上，明显受到当年 1 月开始的疫情影响①。尽管有些国家在 2021 年已经观察到出生人数走出低谷有所反弹，但中国的情况则不同。2021 年中国出生人口虽略有回升，但下降趋势并未扭转，2022 年的疫情反复增强了不确定性和潜在健康风险，出生人口进一步减少。专栏 2 总结了疫情对怀孕的影响。

专栏 2　新冠病毒感染和疫苗接种对育龄妇女怀孕的影响

疫情流行时间和民众对疫情的重视程度不同，影响也不同。2020 年初的疫情突发主要影响了下半年湖北城市出生人口，而 2021 年和 2022 年不同时期在全国各地的疫情反复则对全国城乡的出生人口产生了持续的影响，主要是为了规避病毒感染的健康风险而推迟或取消备孕。

北京大学医学部研究团队就 2020 年初武汉疫情对妇幼健康影响进行研究，发现所有孕早期和 1/3 孕中期的孕妇在感染后选择了人工流产。该项研究还发现，在受孕、胚胎发育和辅助生殖操作过程中都有感染新冠病毒的风险。新冠病毒对妇幼健康影响的研究成果自 2020 年下半年连续在国内外学术期刊发表，国内媒体也有报道。这些研究成果是妇产科医生的主要信息和知识来源，必然会影响打算备孕向门诊医生咨询的夫妇，育龄夫妇也会根据这些研究的媒体报道重新评估孕产健康风险，从而推迟或取

---

① 张翠玲、李月、杨文庄、张许颖：《新冠肺炎疫情对中国出生人口变动的影响》，《人口研究》2021 年第 3 期，第 88~96 页。

048

消了怀孕计划；同时也不排除一些已经怀孕的女性由于对胎儿健康的重视，为了规避健康风险，有可能终止妊娠。

2021 年以后普遍接种新冠疫苗，可能导致女性备孕的推迟。在对城市妇产科门诊医生的调查中了解到，医务人员会建议女性规避孕期感染风险，在疫苗接种一段时期（如 3 个月）后再准备怀孕。由于就业在职人员普遍接种新冠疫苗，显然会推迟就业女性的怀孕计划。

分阶段来看，2020 年初主要是疫情传播以及控制措施对婚育的影响，疫情传播很快得到有效控制，其持续时间不长，但短期冲击较大。2021 年的疫情主要在个别城市分散传播，但疫苗接种相继在城市开展，因此 2021 年对生育的影响是疫苗接种和疫情传播叠加的推迟效应。2022 年则由于疫情反复且持续时间相对较长，疫苗效应持续，各地加强了对流动和旅行的控制，社会生活和经济活动明显受到影响，这些因素对夫妇推迟原计划的生育有比较长期的影响，其后果会持续至 2023 年底。

资料来源：

孔菲、王媛媛、乔杰：《新冠肺炎对母婴安全及生殖健康影响的研究成果回顾与展望》，《中国科学基金》2022 年第 4 期，第 610~614 页。

张翠玲、李月、杨文庄、张许颖：《新冠肺炎疫情对中国出生人口变动的影响》，《人口研究》2021 年第 3 期，第 88~96 页。

利用人口变动抽样和人口普查资料计算育龄妇女的婚内生育率，发现生育旺盛期女性的婚内生育年龄模式基本保持不变（见图 1）。从整体来看，2019~2021 年的婚内生育率水平高于 2010 年和 2015 年。然而相对于 2019 年，2020 年和 2021 年 22~30 岁妇女婚内生育率逐年下降，其中以 24 岁、25 岁差距最大，反映出婚内生育的推迟。生育推迟也可以由育龄妇女的年龄别生育率佐证（见图2），在2019年24岁、25岁处于生育率峰值年龄附近，到2021年已成为年龄别分布曲线上相对整体分布形态偏低的两处，生育峰值年龄也推迟到28岁左右。

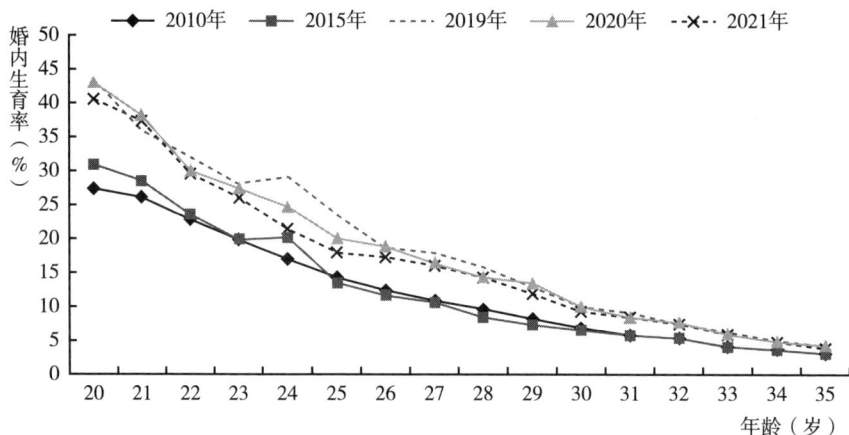

图1 2010~2021年部分年份生育旺盛期女性年龄别婚内生育率

资料来源：育龄妇女年龄别婚内生育率根据各年《中国人口和劳动统计年鉴》年龄别生育数和年龄别有配偶人数相除计算得到。

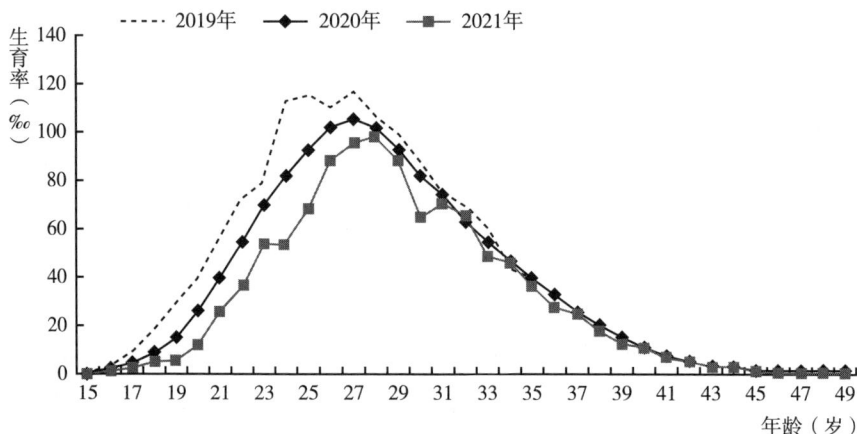

图2 2019~2021年育龄妇女年龄别生育率

资料来源：2020~2022年《中国人口和劳动统计年鉴》中《全国育龄妇女分年龄、孩次的生育状况表》。

2019 年相对于 2010 年和 2015 年婚内生育率有所提高，并且 2010～2021 年生育旺盛期的年龄分布模式保持稳定，这意味着 2020 年和 2021 年 22～30 岁妇女婚内生育率出现下降很可能不是趋势性的，而是受到疫情影响的暂时变动。由此，疫情结束后育龄妇女可能会停止生育推迟，也可能出现补偿性生育从而带来生育率反弹，使出生人口回升。

（三）新冠疫情导致的初婚推迟进一步提升初育年龄

由于疫情传播以及为阻断传播对人口流动和聚集进行控制，2020 年第一季度的婚姻登记对数大幅下降，此后虽有所回升，但 2021 年各季度整体呈下降趋势（见图 3）。2022 年疫情反复带来的封控措施、医疗资源紧缺、青年失业和就业不稳定、两地长期分居和流动限制等，仍可能导致初婚推迟，即结婚对数下降的趋势进一步延伸。由于女性在家庭中承担了主要的家务和照料以及育儿等无酬劳动，新冠疫情对女性的影响更为显著，例如就业的不确定性和脆弱性、在家办公和线上教育进一步激化了工作家庭冲突等①，更增加了女性在结婚和生育方面的迟疑。此外，由于婚礼仪式往往有大规模人群聚集，控制疫情措施直接或间接抑制或推迟了青年结婚的安排；较为长期的疫情控制和居家办公等措施还改变了已婚小家庭的日常生活规律，在封闭空间中的长期共处可能会凸显婚姻关系的脆弱性，导致一些小家庭的解散②，而不和谐的婚姻关系也更可能导致既定生育计划的推迟或取消。

由于 2010 年以来中国女性初婚年龄不断推迟，尤其是 2019 年女

---

① 陆杰华、韦晓丹：《新冠肺炎疫情冲击下的性别不平等：现实窘境、议题反思与应对路径》，《河北学刊》2022 年第 6 期，第 149～158 页。

② 李巾、杨晶：《风险与失衡：新冠肺炎疫情期间城市青年结婚、离婚现象的日常生活叙事分析》，《人文杂志》2020 年第 10 期，第 13～19 页。

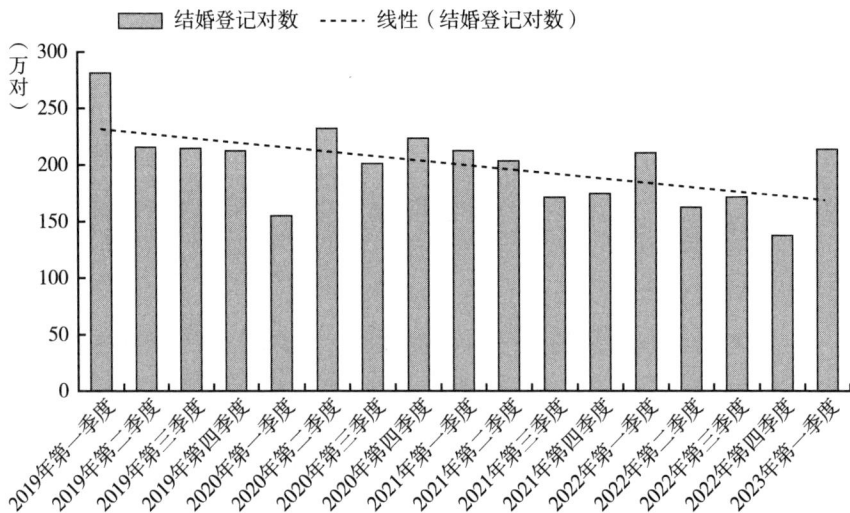

图3　2019年至2023年第一季度分季度结婚登记对数

资料来源：相应年份的民政统计数据和统计季报（https：//www. mca. gov. cn/article/sj/）。

性初婚率大幅降低①，初婚年龄的上升和适婚年龄人口规模的缩小导致近年的结婚率不断下降，从2014年的9.9‰降至2021年的5.4‰（见图4）。需要注意的是，同期离婚率在3‰上下波动，这意味着再婚在民政统计的结婚率中会占越来越大的比重。图5显示，再婚人数占登记结婚人数的比例在2012~2019年不断提高，但2019年后稳定在25%左右并略有下降。相较于再婚人数从2016年起在400万人上下徘徊，初婚人数变动更为明显，从2013年2386.0万人的峰值水平不断降低，到2021年已降至1157.8万人，下降超过一半。从初婚和再婚登记的性别分布来说，再婚人数中女性占比从2010年49.4%的

---

① 封婷：《中国女性初婚进度的新变动、原因和趋势》，《中国人口科学》2023年第1期，第21~38页。

水平不断升高①，到 2021 年已升至 55.4%②，再婚人数中女性持续超过男性，意味着初婚人数中男性超过女性。由此，相比初婚人数的快速降低，未婚女性进入初婚的数量下降更快。

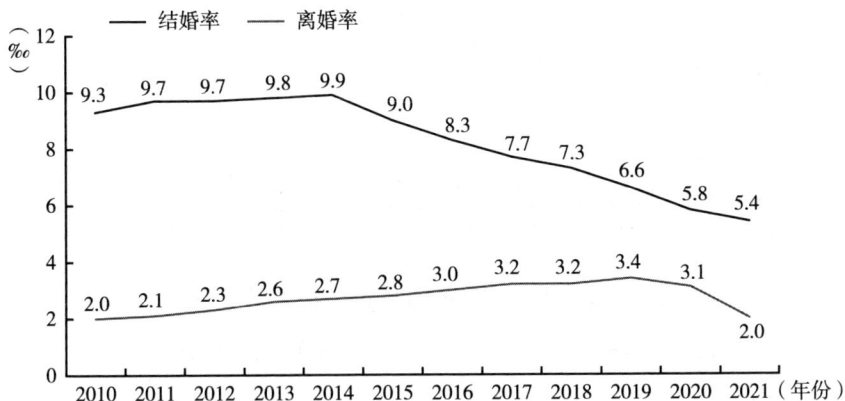

图 4   2010~2021 年结婚率和离婚率变化

资料来源：同图 3。

受初婚推迟和离婚的影响，生育旺盛期女性有配偶比例持续下降（见图 6）。2010 年 25 岁女性有配偶的比例为 64.2%，2015 年降至 55.9%，2019 年、2020 年和 2021 年分别降至 50.1%、46.1% 和 40.6%，11 年间下降幅度超过 1/3，并且下降速度在近两年明显加快，2021 年相对于 2019 年下降了近 20%。由于中国现阶段仍以婚内生育为主，处于生育旺盛期的女性有配偶比例快速下降将直接拉低生育水平。

生育旺盛期女性有配偶比例持续下降的趋势在疫情之前已经确

---

① 中华人民共和国民政部编《中国民政统计年鉴 2021》，中国社会出版社，2021，第 C-3-11 表。
② 中华人民共和国民政部编《中国民政统计年鉴 2022》，中国社会出版社，2022，第 C-3-11 表。

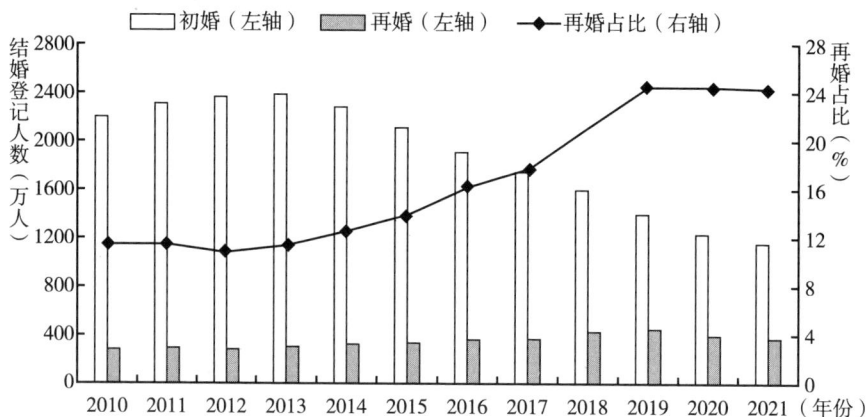

图5 2010~2021年初婚和再婚人口变动

资料来源：《中国民政统计年鉴2021》《中国民政统计年鉴2022》。

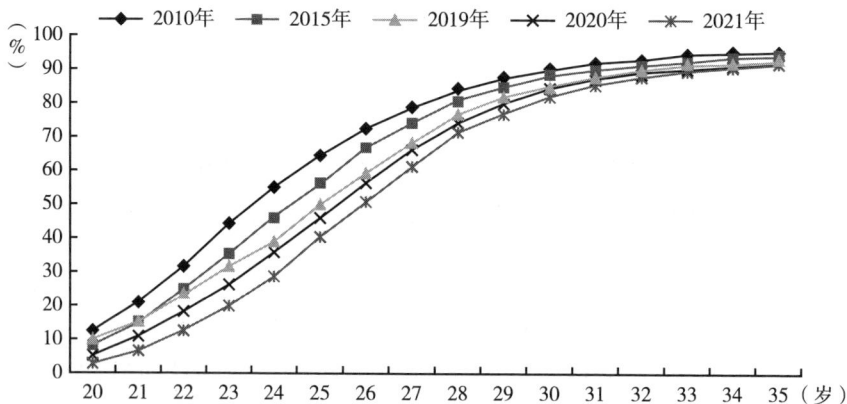

图6 2010~2021年部分年份生育旺盛期女性年龄别有配偶比例

资料来源：历年《中国人口和劳动统计年鉴》。

立，疫情对初婚推迟和离婚增多的影响会加快其下降的速度，由此，有配偶比例的总变动中只有一部分受到疫情影响，而疫情结束也很难扭转下降的趋势。此外，对于受疫情影响的初婚推迟和离婚增多，生育堆积的释放涉及婚和育两方面，即使疫情结束并有相关政策创造更好的条件，也还需要逐步释放。

（四）疫情对婚育影响的因素分解

上文分析了疫情对婚育的直接影响和间接影响，展示了生育旺盛期女性婚内生育率和有配偶比例的下降。然而，2019~2022年我国出生人口连续下降，除了受疫情影响，育龄妇女数量下降和年龄结构老化也是重要原因。随着30年前出生高峰人口逐步退出生育旺盛期，育龄妇女数量和年龄分布的逐年变化会导致出生人口下降，由此引起的出生人口下降与疫情影响无关，也很难逆转，以下将其称为"年龄结构变动"因素，代表人口惯性的作用。

为了更精确地区分和比较疫情对婚育的影响，本文对出生人口下降进行"年龄结构变动""有配偶比例变动""婚内生育率变动"三种因素的分解。分解方法为：（1）以上一年实际出生人口为起点，使用当前年度的育龄妇女年龄结构与上一年的年龄别有配偶比例和婚内生育率计算出年龄结构更新后的出生人数，与上一年实际出生人口的差距即为年龄结构变动的贡献；（2）继续将年龄别有配偶比例更新为当前年度值，计算出年龄结构和有配偶比例更新后的出生人数，与年龄结构更新后的出生人数的差距即为有配偶比例变动的贡献；（3）将年龄结构和有配偶比例更新后的出生人数与当前年度实际出生人口相减，计算出婚内生育率变动的贡献。分解结果见图7。

"年龄结构变动"因素反映生育基础人群变动的影响。中国育龄妇女数量下降、年龄分布老化将是较长时期内确定性很强的趋势，2020~2022年，对出生人口逐年下降的贡献始终为正，三年合计超过200万人，占三年出生人口降幅的四成左右。2020年和2022年年龄结构变动因素的贡献分别达到109万人和82万人，特别是2022年，

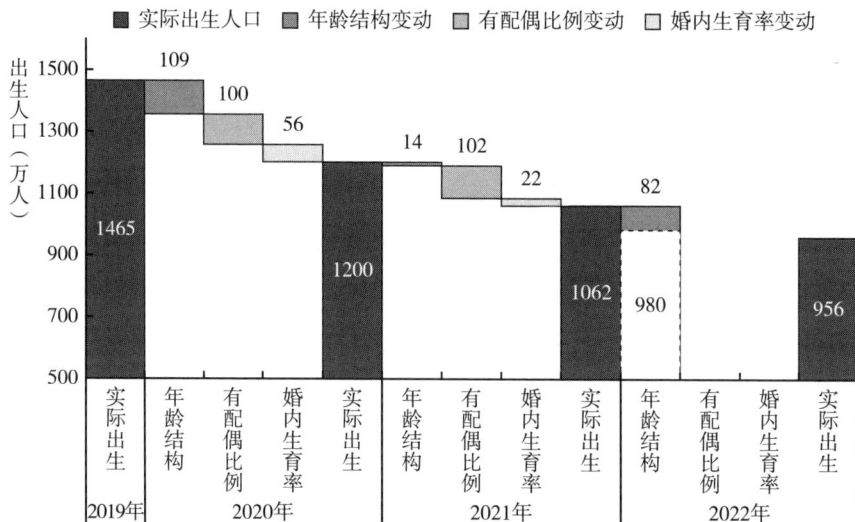

图7 2019~2022年中国出生人口下降的因素分解

资料来源：2019~2022年实际出生人口数据来自国家统计局网站（https：// www.stats.gov.cn）；2020年育龄妇女年龄结构数据来自《中国人口普查年鉴 2020》短表，2021~2022年育龄妇女年龄结构数据来自课题组预测；育龄妇女年龄别有配偶比例根据各年《中国人口和劳动统计年鉴》计算得到；年龄别婚内生育率根据各年《中国人口和劳动统计年鉴》年龄别生育数和年龄别有配偶人数相除计算得到。

能够解释当年出生人口下降的八成左右。中国持续几十年的低生育水平产生了较强的人口惯性，将对出生人口下降持续发挥重要作用，这部分影响很难扭转，但应在决策和政策评估中引起足够重视。

在婚内生育为主的社会中，"有配偶比例变动"因素反映生育实际风险群体变动的影响。随着女性受教育水平提高和家庭制度变迁，初婚推迟和离婚增多的趋势已持续多年，疫情的影响加速了有配偶比例的下降。在2020年和2021年，有配偶比例下降对出生人口下降的贡献分别为100万人和102万人，均超过婚内生育率下降的贡献，在2021年的贡献率超过七成。作为生育的前置条件，女性进入婚姻是婚育问题的关键环节，由于这部分潜能的释放需要更多条件，也很难提出有针对性的对策，受此影响的出生人口降低的反弹空间相对有限。

"婚内生育率变动"因素反映出生育实际风险群体生育水平的影响。2020年和2021年，婚内生育率下降的贡献分别为56万人和22万人，两年合计对出生人口下降的贡献率不到20%。由于育龄妇女年龄结构老化的趋势性强，初婚推迟和离婚增多的情况未见明显变化，即使婚内生育率下降带来的生育堆积大部分在2023年第四季度释放，2023年出生人口回升到1000万人以上也比较困难。

三　疫情后的变动趋势

从近年来的不同调查结果看，育龄人群的生育意愿相当稳定，且没有因三孩政策实施而提升；影响青年推迟初婚的各方面因素没有明显变化；政策堆积的二孩生育释放已近尾声。由于2020～2022年的生育明显因疫情影响受到抑制，估计2023～2025年会有一定数量的补偿性生育，生育率和出生人口可能有小幅回升，但仍将延续初婚和生育推迟的大趋势。

中国人口的初婚年龄近年来不断推迟。教育是初婚推迟的主要因素之一，接受高等教育不仅推迟了男女两性的初婚年龄，也明显推迟了女性的初育年龄。尽管高等教育扩张等教育发展导致男女两性的受教育年限均有延长，但其作用不仅限于此，还促进了人口流动和观念的改变，促进代际关系更为平等、婚姻决策更为自主、性别平等意识更强，这些因素均对初婚推迟有明显的推动作用。随着青年人口受教育程度的不断提升，高等教育在校生的女性比例超过一半，女性人口的初婚年龄可能会进一步推迟。

从初婚变化的长期趋势看，生育旺盛期女性已婚比例在21世纪

持续下降。除了初婚年龄的升高，女性人口中终身未婚比例也呈上升趋势。有研究发现，近年城市女性终身未婚比例明显上升，而在"80后"及更晚的出生队列中，城乡女性终身未婚比例均呈上升趋势①。

自愿不育也将对生育率进一步下降起到不可忽视的作用。"七普"结果显示，中国育龄妇女终身不育的比例虽然与发达国家相比并不高，但呈上升趋势，2020年49岁女性未生育子女比例为5.16%；尤其是受过高等教育的女性、居住在城市或极低生育水平省份的女性终身不育水平更高②。虽然结婚但未生育的部分原因是不孕不育问题，近年来不生育成为一些家庭的自愿选择，有关生育意愿的调查中开始有少数受访者选择理想子女数为无子女。这一趋势的发展值得注意。

中国正处于第二次人口转变的进程中，尽管婚育行为与欧洲始于20世纪末的第二次人口转变有所不同③，但初婚推迟、少生晚生、不婚不育的发展趋势，在疫情之前已持续十多年甚至数十年。如果没有可预见的逆转因素干预，初婚年龄的上升和初育的推迟将持续，二孩及以上的出生占比将逐渐上升，不婚和不育的水平可能会进一步缓慢上升。受疫情影响的三年出生堆积有可能在未来三年内得到释放，但估计能释放的出生总量不会超过200万。如果缺乏强有力的生育支持政策，初婚和生育的推迟以及不婚不育仍会对未来生育水平产生重要影响。

① 封婷：《中国女性初婚进度的新变动、原因和趋势》，《中国人口科学》2023年第1期，第21~38页。
② 张翠玲等：《中国女性终身不育水平估计——基于第七次全国人口普查数据的分析》，《人口研究》2023年第3期，第78~93页。
③ 於嘉：《何以为家：第二次人口转变下中国人的婚姻与生育》，《妇女研究论丛》2022年第5期，第47~69页。

G.4
性别平等与生育率

王美艳[*]

摘　要： 中国长期处于极低生育率水平，促进生育率向更替水平反弹和回升是中国面临的长期和重要任务。近年来，中国女性与男性的受教育差距在缩小，但劳动力市场上和家庭内部的性别不平等状况没有得到显著改善。在宏观层面，中国应在发展的同时努力促进性别平等，减少和消除劳动力市场上对女性的歧视；在家庭层面，中国应提高全社会的性别平等观念，让男性承担更多的家务劳动、育儿和照料等家庭责任，促进家庭内部的性别平等。只有从宏观层面和家庭层面同时实现性别平等，才有可能促使生育率回升。

关键词： 性别差距　性别平等　生育率

　　2022年末全国人口为141175万人，比上年末减少85万人，中国进入人口负增长时代。随着人口负增长时代的到来，中国不仅面临着人口红利消失造成的供给侧冲击的增强，面临着进一步加剧的供给侧冲击与需求侧冲击的叠加，并且需求制约将日益成为经济增长面临的主要挑战[①]。中国长期处于极低生育率水平，促进生育率向更替水

---

　*　王美艳，中国社会科学院人口与劳动经济研究所研究员，主要研究方向为劳动力迁移、劳动力市场。
　①　蔡昉：《打破"生育率悖论"》，《经济学动态》2022年第1期，第3~13页。

平反弹和回升是中国面临的长期和重要任务。

　　新近的一项国际研究表明，对于低生育率国家而言，如果在实现很高的人类发展水平的同时还能够满足性别平等这个条件，生育率可望实现适度反弹①。参照国际经验，只有从宏观层面和家庭层面同时实现性别平等，才有可能促使生育率回升。

一　性别平等与生育率的关系

　　讨论性别平等与生育率之间关系的文献非常丰富。近年来的一些研究表明，性别平等与生育率之间存在 U 形关系。也就是说，随着性别平等程度的提高，生育率先是下降；随着性别平等程度的进一步提高，生育率将上升。在过去十多年中，关于性别平等与生育率之间呈现 U 形关系的几篇文献，成为社会人口学领域被引用最多的文献。

　　McDonald 的研究表明，在性别平等程度较低的社会中，性别平等程度的提高将会降低生育率，而性别平等程度较高的社会将会建立致力于提升生育率的制度，最终性别平等与生育率之间形成 U 形关系②③。一些社会公共领域的性别平等程度较高，女性在劳动力市场上的地位与男性较为平等，但女性在家庭中承担更多的责任，这种情况下生育率通常很低。只有当私人领域的性别平等程度也提高时，生育率才会提高。这种性别平等与生育率之间的 U 形关系在进行国家

---

① United Nations, "World Population Prospects: the 2019 Revision," United Nations Population Division, Department of Economic and Social Affairs/United Nations Population Division, 2019.

② McDonald, P., "Gender Equity in Theories of Fertility Transition," *Population and Development Review* 26 (2000): pp. 427-439.

③ McDonald, P., "Gender Equity, Social Institutions and the Future of Fertility," *Journal of the Australian Population Association* 17 (2000): pp. 1-16.

之间的横向比较时更加明显①。

Esping-Anderson 和 Billari 也认为性别平等与生育之间存在 U 形关系②；Goldscheider 等人持有同样的观点，特别强调了男性参与家庭生活的重要性③。Esping-Anderson 对性别平等与生育之间的 U 形关系给出了理论解释④。

性别平等程度高的发达国家有着更高的生育率，这一事实激发了"生育—平等逆转理论"（fertility-equality reversal theories）的出现⑤。"生育—平等逆转理论"就生育率如何对性别平等变化做出反应给出了宏观层面的预测，对一个国家内部性别平等变化带来生育率的提升给出了因果性的解释。

Mills 使用个体数据，采用多个国家层面的指标衡量性别平等，尝试考察性别平等与生育率的关系⑥。该研究表明，仅有微弱的证据显示性别平等与生育率之间存在 U 形关系。McDonald 指出，性别平等与生育率之间的 U 形关系只有利用宏观指标衡量时是成立的，但

① Myrskyla, M., H. P. Kohler & F. Billari, "High Development and Fertility: Fertility at Older Reproductive Ages and Gender Equality Explain the Positive Link," *Max Planck Institute for Demographic Research Working Paper* No. 2011−017 (2011).

② Esping-Anderson, G. & F. Billari, "Re-theorizing Family Demographics," *Population and Development Review* 41 (2015): pp. 1−31.

③ Goldscheider, F., E. Bernhardt & T. Lappegard, "The Gender Revolution: A Framework for Understanding Changing Family and Demographic Behavior," *Population and Development Review* 41 (2015): pp. 207−239.

④ Esping-Anderson, G., *Families in the 21st Century*, Stockholm: SNS Forlag, 2016.

⑤ Myrskyla, M. Kohler, Hp & Billari, F. C., "Advances in Development Reverse Fertility Declines," *Nature* 460 (2009): pp. 741−743.

⑥ Mills, M., "Gender Roles, Gender (in) Equality and Fertility: An Empirical Test of Five Gender Equity Indices," *Canadian Studies in Population* 37 (2011): pp. 445−474.

以家庭指标衡量时则未必成立。[①] Arpino 等人使用纵向数据考察性别平等与生育率之间的关系，未发现两者之间存在 U 形关系的清晰证据，但发现在一些国家性别平等与生育率之间的确存在这种关系。该研究认为，这主要是因为在大多数国家的不同时期性别平等程度均较高，很难观察到性别平等程度的变化[②]。

从个体层面进行的考察性别平等（例如家务劳动的性别分工、对性别平等的偏好程度等）与生育率之间关系的研究，结论较为多元化[③]。当考察对性别平等态度不同的男性是否对生育具有不同偏好时，研究结论也呈现多元化[④]。我们的理解是，个体层面性别平等与生育率之间的影响机制可能不同于宏观层面。正如富裕和贫困人口的生育率变化可能不同于富裕和贫困国家的生育率变化，我们确实没有理由假设个体层面和宏观层面呈现相同的变化特征。

Kolk 利用 1960~2015 年 35 个国家的数据，使用女性政治赋权指

---

① McDonald, P., "Societal Foundations for Explaining Fertility: Gender Equity," *Demographic Research* 28 (2013): pp. 981-994.

② Arpino, B., G. Esping-Anderson & L. Pessin, "How Do Changes in Gender Role Attitudes towards Female Employment Influence Fertility? A Macro-level Analysis," *European Sociological Review* 31 (2015): pp. 370-382.

③ Goldscheider, F., E. Bernhardt & M. Branden, "Domestic Gender Equality and Childbearing in Sweden," *Demographic Research* 29 (2013): pp. 1097 - 1126; Kaufman, G., "Do Gender Role Attitudes Matter? Family Formation and Dissolution among Traditional and Egalitarian Men and Women," *Journal of Family Issues* 21 (2000): pp. 128-144; Neyer, G., T. Lappegard & D. Vignoli, "Gender Equality and Fertility: Which Equality Matters?" *European Journal of Population* 29 (2013): pp. 245-272.

④ Goldscheider, F., L. Olah & A. Puur, "Reconciling Studies of Men's Gender Attitudes and Fertility: Response to Westoff and Higgins," *Demographic Research* 22 (2010): pp. 189 - 198; Westoff, C. & J. Higgins, "Relationships between Men's Gender Attitudes and Fertility: Response to Puur et al.'s 'Men's Childbearing Desires and View of the Male Role in Europe at the Dawn of the 21ˢᵗ Century'," *Demographic Research* 21 (2009): pp. 65-74.

数（Women's Political Empowerment Index，WPEI）作为性别平等的衡量指标进行的分析表明，性别平等与生育率之间呈现很强的负相关关系；当仅考察 2000 年后的状况时，两者之间呈现清晰的 U 形关系。但是，当观察每个国家性别平等与生育率的关系时，一些国家两者之间呈现负相关关系，但在大多数国家未出现性别平等程度提高而生育率随之提高的趋势①。

　　总结已有文献发现，有关性别平等与生育率之间的关系，横截面分析较多，纵向分析较少。性别平等与生育率之间没有呈现清晰的关系模式。当使用宏观指标讨论国家之间性别平等与生育率的关系时，有学者提出"生育—平等逆转理论"，性别平等与生育率之间存在 U 形关系。但也有一些研究未发现这种关系。但是，当从个体层面讨论性别平等与生育率的关系时，研究结论较为多元化。

　　伴随着社会经济的迅速发展，制度性别平等取得了重大进展，但家庭性别平等相对滞后。女性的受教育和就业状况迅速改善，但家庭内部规范未发生变化或仅是逐步变化。Anderson 和 Kohler 指出，如果未实现家庭性别平等，工作—家庭冲突会较强，生育率较低。只有当男性参与更多的家务和育儿活动，而且支持夫妻双重收入时，才能为实现家庭性别平等打开机会窗口②。

二　世界性别平等和生育率状况及其发展趋势

　　世界经济论坛（World Economic Forum）发布的《全球性别差距

① Kolk, M., "Weak Support for a U-shaped Pattern between Societal Gender Equality and Fertility When Comparing Societies across Time," *Demographic Research* 40 (2019): pp. 27-48.
② Anderson, T. & H. Kohler, "Low Fertility, Socioeconomic Development, and Gender Equity," *Population and Development Review* 41 (2015): pp. 381-407.

报告 2023》显示，性别平等状况有所改善，但性别差距依然存在。2006~2023 年，全球性别差距得分从 64.3% 提高到 68.4%，提高了 4.1 个百分点。以目前的改善速度，达到完全的性别平等还需要 131 年。根据 2023 年性别差距指标，全球尚没有一个国家达到完全的性别平等。世界范围内共有 9 个国家的性别平等得分超过 80%，按得分从高到低分别是冰岛、挪威、芬兰、新西兰、瑞典、德国、尼加拉瓜、纳米比亚和立陶宛。性别平等程度最高的国家是冰岛，性别平等得分达到 91.2%。

我们利用世界银行图书馆数据，计算了 1990~2021 年 198 个国家或地区总和生育率的均值（见图 1）。数据显示，总和生育率呈现持续的下降态势。1990 年 198 个国家和地区总和生育率的均值高达 4.0，此后稳步下降，2005 年降至 3.0，2021 年进一步降至 2.5。总和生育率的更替水平为 2.1，一旦总和生育率达到更替水平，出生率和死亡率将逐渐趋于均衡，在没有国际迁入与迁出的情况下，人口将最终停止增长，保持稳定状态。从目前全世界的状况看，总和生育率均值仍高于更替水平。

尽管全世界总和生育率均值目前仍高于更替水平，但总和生育率在国家之间存在较大差距。Lutz 等人提出的"低生育率陷阱"理论认为，当总和生育率降至 1.5 时，低生育率会形成自我强化机制，生育率回升将非常困难[1]。2021 年，已有超过 20% 的国家的总和生育率小于或等于 1.5。亚洲的一些国家总和生育率水平极低，2021 年日本总和生育率为 1.3，新加坡为 1.1，韩国仅为 0.8。对这些国家而言，生育率回升可能较为困难。另有将近 30% 的国家的总和生育率处于 1.5~2.1。

---

① Lutz, W., V. Skirbekk & M. Testa, "The Low-fertility Trap Hypothesis: Forces That May Lead to Further Postponement and Fewer Births in Europe," *Vienna Yearbook of Population Research* 2006, pp. 167-192.

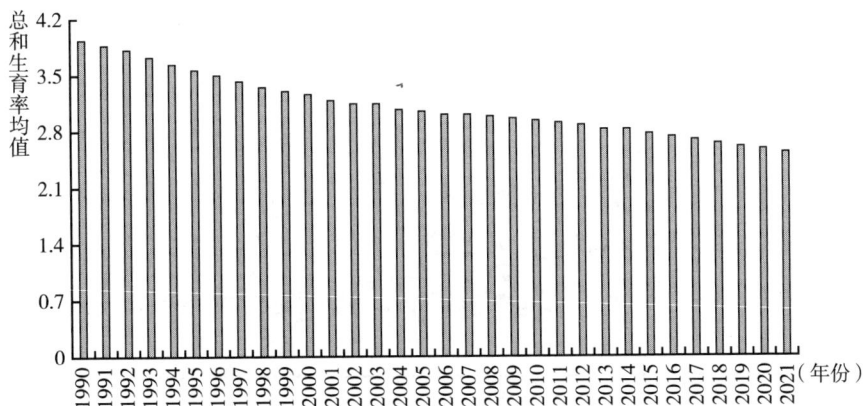

图 1　1990~2021 年 198 个国家和地区总和生育率均值变化趋势

资料来源：世界银行，https：//elibrary. worldbank. org/wb-indicators-data。

我们收集了全世界 134 个国家的数据，利用非参数估计方法①，分析了性别差距得分和总和生育率之间的关系（见图 2）。从图中可以看出，两者之间呈现明显的负相关关系。随着性别平等程度的提高，总和生育率下降。性别平等与生育率之间的 U 形关系尚未出现。

我们来看性别平等程度较高国家的总和生育率变动趋势，以进一步考察两者之间的关系。图 3 中给出了目前全世界性别差距得分处于前六位的国家 1990 年以来的总和生育率变动趋势。冰岛、挪威和芬兰的总和生育率变动趋势非常类似：1990~2010 年（挪威为 1990~2009 年）总和生育率处于波动状态，之后出现稳定的下降态势，但 2021 年均略有反弹。新西兰与这三个国家的情况类似，唯一区别是 2021 年未出现反弹。瑞典的总和生育率则是出现了先 U 形后倒 U 形

---

① 非参数估计是一种重要的描述性分析方法，其特点是事先不对变量之间关系的函数形式做出任何假定。非参数估计有不同的估计方法，此处运用的是局部加权散点平滑法（LOWESS）。

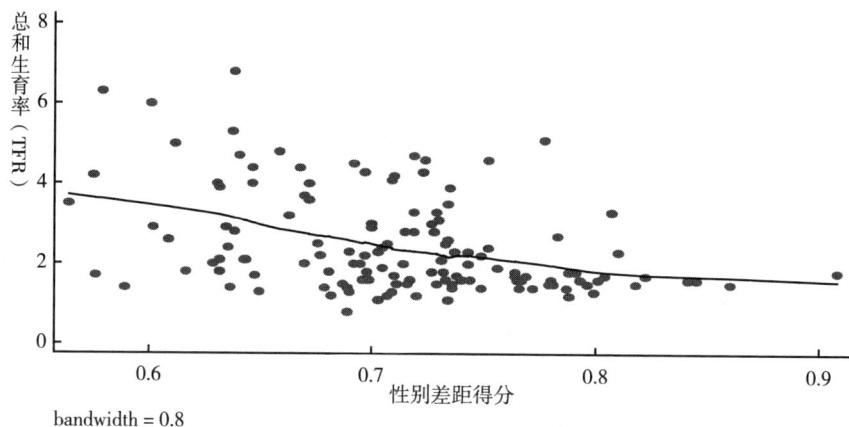

图 2　性别差距得分与总和生育率的关系

注：性别差距得分和总和生育率均为 2021 年数据。

资料来源：根据世界经济论坛《全球性别差距报告》和世界银行数据（https：//elibrary. worldbank. org/wb-indicators-data）绘制得到。

的走势。德国的总和生育率一直处于较低水平。1990~2013 年，其总和生育率一直在 1.3 上下，之后总和生育率上升，在 1.5~1.6 波动，2021 年为 1.6。由此来看，世界上性别平等程度最高的国家，生育率尚未出现真正意义上的回升。

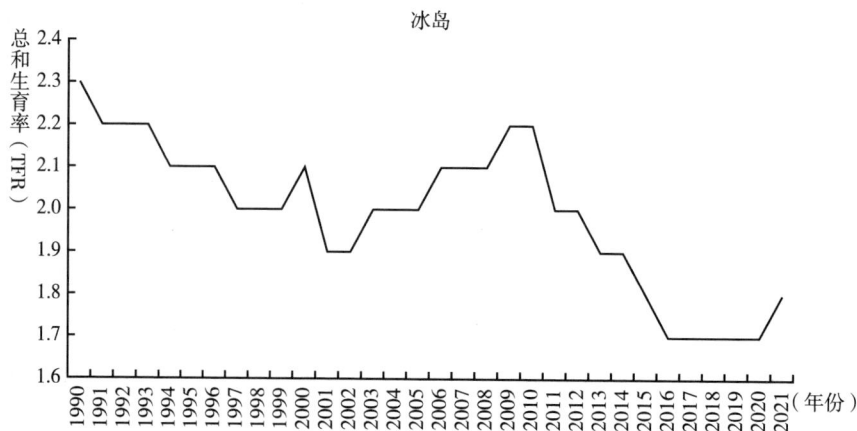

冰岛

挪威

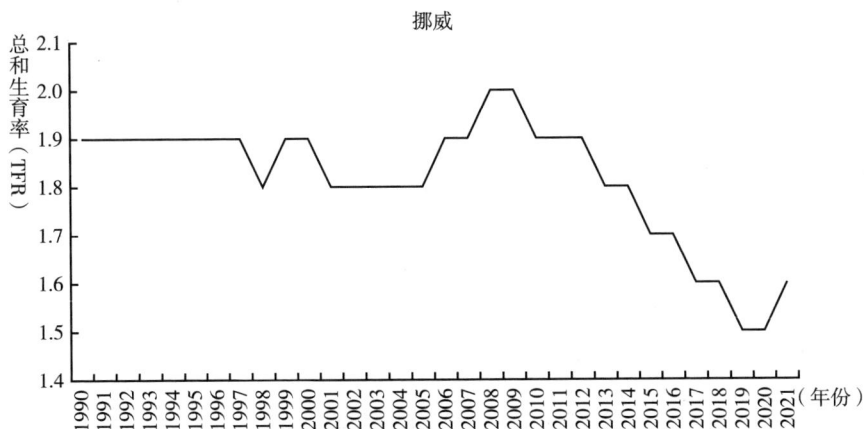

芬兰

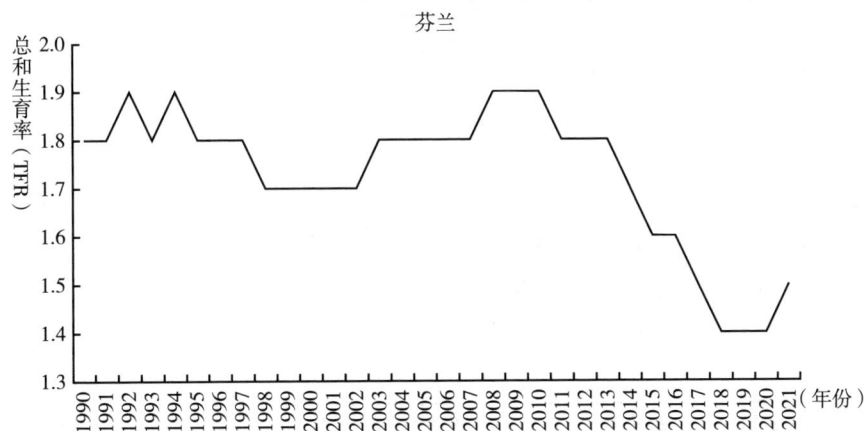

新西兰

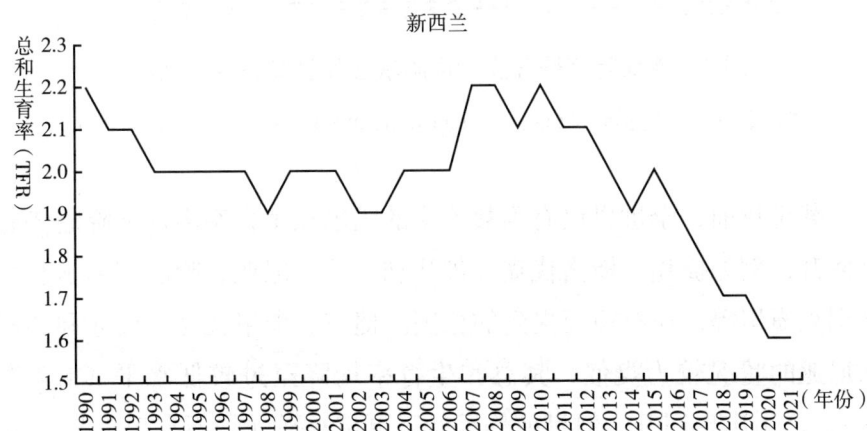

瑞典

德国

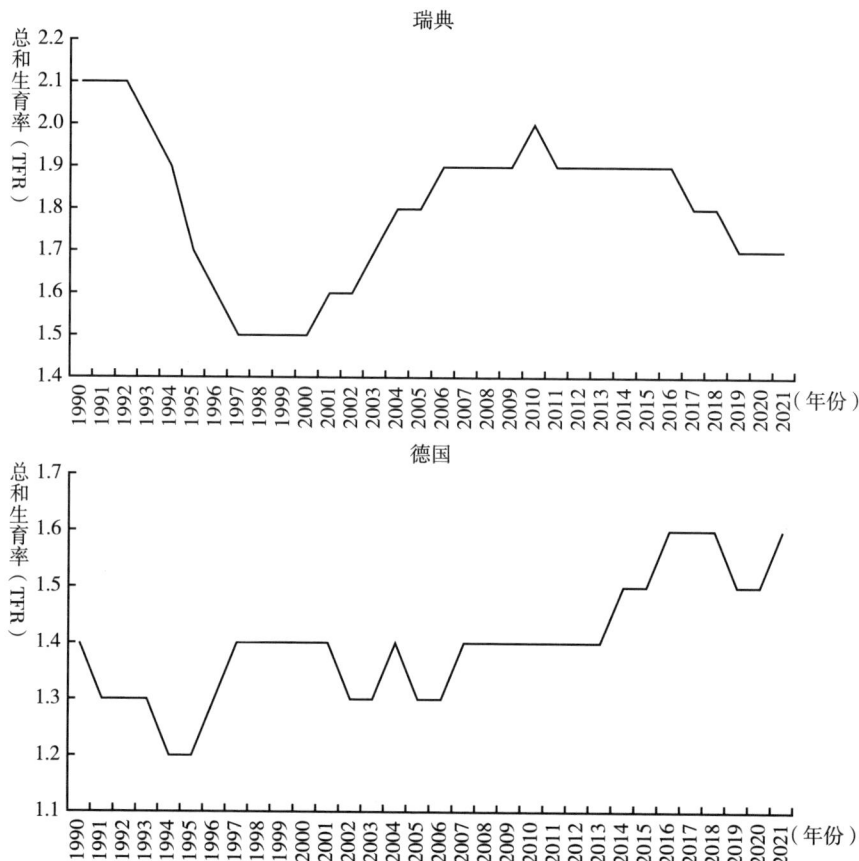

图3 性别差距得分前六位国家总和生育率变化趋势

资料来源：世界银行，https：//elibrary. worldbank. org/wb-indicators-data。

截至目前，全世界仅有为数不多的国家在生育率出现下降趋势后
又回升，例如捷克、斯洛伐克、匈牙利、罗马尼亚、哈萨克斯坦和乌
兹别克斯坦等，还有前面提到的德国。捷克、斯洛伐克、匈牙利和罗
马尼亚的状况较为类似，其总和生育率均降至过较低水平（1.2 左
右），之后出现回升，但目前仍远低于更替水平（均不高于1.8）。哈
萨克斯坦的总和生育率最低曾降至1.8，但近年来出现持续回升，

2021 年为 3.3。乌兹别克斯坦的总和生育率未降至过更替水平之下，最低时为 2.2，近年来也持续回升，2021 年为 3.2。

三　中国性别平等和生育率状况及其发展趋势

从国际经验看，如果性别平等或生育率长期维持在较为稳定的水平，很难观察到变化，也就难以观察到性别平等与生育率之间的关系。中国的总和生育率于 20 世纪 90 年代初降低至更替水平以下，自 1995 年以来长期处于不足 1.4 的低水平。本部分分析中国性别平等和生育率状况及其发展趋势。

（一）受教育和就业的性别平等状况

女性与男性在受教育机会和受教育水平方面的平等状况，是衡量性别平等程度的重要指标。女性的受教育机会增加、受教育水平提高，对提升女性尊严、增加女性在劳动力市场上的就业机会、提高工资收入水平、促进女性与男性的就业机会和收入平等、减少和消除性别就业和工资差距，具有重要的作用。

为保障妇女权益、促进妇女发展、推动男女平等，中国于 2011 年颁布实施《中国妇女发展纲要（2011—2020 年）》。国家统计局发布的《中国妇女发展纲要（2011—2020 年）》终期统计监测报告显示，小学学龄女童基本实现应上尽上，净入学率与男童基本持平，在义务教育阶段已基本消除性别差距；女生平等接受高中阶段教育进一步巩固加强；各类高等教育中女生占比均超过男生。平均受教育水平的性别差距进一步缩小。

根据第七次全国人口普查结果，2020 年全国 15 岁及以上人口平均受教育年限为 9.91 年，其中男性为 10.22 年，女性为 9.59 年，性别差距由 2010 年的女性比男性少 0.8 年缩小为少 0.6 年。全国文盲率为 2.67%，其中女性为 4.10%，比 2010 年下降 2.1 个百分点，性别差距由 2010 年的女性比男性高 4.1 个百分点缩小为高 2.8 个百分点[①]。

近年来，就业政策和创业扶持政策逐步完善，妇女就业渠道不断拓宽，女性就业人数稳步增长，全社会就业人员中女性比重保持在四成以上。但是，与性别人力资本差距不断缩小的趋势不同的是，女性与男性在劳动力市场上的差距持续存在，而且在一些劳动力市场指标上的差距呈现扩大趋势。

从劳动参与率看，在城市劳动力市场上，整体劳动参与率呈现下降趋势。与男性相比，女性劳动参与率下降的幅度更大、速度更快，女性与男性的劳动参与率差距呈现扩大趋势[②]。男性处于持续就业状态的比重高于女性且仍趋于上升，而女性处于持续就业状态的比重不断下降，男性与女性就业率的差距为 13%~17%[③]。从工资收入看，女性工资收入一直低于男性[④]。世界经济论坛《全球性别差距报告》

---

① 国家统计局：《〈中国妇女发展纲要（2011-2020 年）〉终期统计监测报告》，国家统计局网站，http://www.stats.gov.cn/xxgk/sjfb/zxfb2020/202112/t20211221_1825526.html。

② 沈可、章元、鄢萍：《中国女性劳动参与率下降的新解释：家庭结构变迁的视角》，《人口研究》2012 年第 5 期，第 15~27 页；彭青青、李宏彬、施新政、吴斌珍：《中国市场化过程中城镇女性劳动参与率变化趋势》，《金融研究》2017 年第 6 期，第 33~49 页；许敏波、李实：《中国城镇劳动参与率的结构和趋势——基于家庭微观调查的证据》，《安徽师范大学学报》（人文社会科学版）2019 年第 1 期，第 116~125 页；詹鹏、毛逸波、李实：《城镇女性劳动供给长期趋势研究：来自教育扩张和生育行为的解释》，《中国工业经济》2021 年第 8 期，第 56~74 页。

③ 王广州：《新时期劳动年龄人口就业状况——基于多状态就业生命表的分析》，《中国人口科学》2022 年第 2 期，第 17~31 页。

④ 韩雷、侯新望：《女性高学历就能降低性别工资差距吗?》，《劳动经济研究》2020 年第 5 期，第 47~69 页；李实、宋锦、刘小川：《中国城镇职工性别工资差距的演变》，《管理世界》2014 年第 3 期，第 53~65 页；罗楚亮、滕阳川、李利英：《行业结构、性别歧视与性别工资差距》，《管理世界》2019 年第 8 期，第 58~68 页；邢春冰、贾淑艳、李实：《技术进步、教育回报与中国城镇地区的性别工资差距》，《劳动经济研究》2014 年第 3 期，第 42~62 页。

数据显示，在过去几年中，中国性别差距得分未呈现明显的上升趋势。

（二）家庭内部性别平等状况

我们使用全国居民时间利用调查数据，通过分析有酬劳动和无酬劳动参与率及参与时间的性别差异，考察家庭内部性别平等状况的演变。为了解全国居民的时间利用状况，国家统计局于 2008 年在 10 个省（市）组织开展了第一次居民时间利用调查，2018 年在 11 个省（市）组织开展了第二次居民时间利用调查，获取了居民时间利用情况的基础数据，为了解居民生活方式和生活质量，以及评估社会进步和民生福祉改善提供了数据支撑。

该调查将劳动分为有酬劳动和无酬劳动两类。在两轮居民时间利用调查中，有酬劳动和无酬劳动包括的内容类似，仅有微小差异，具有可比性。以 2018 年为例。有酬劳动包括就业工作和家庭生产经营活动；无酬劳动包括家务劳动、陪伴照料孩子生活、护送辅导孩子学习、陪伴照料成年家人、购买商品或服务、看病就医和公益活动。

调查数据显示，女性有酬劳动参与率和参与有酬劳动的时间远低于男性，无酬劳动参与率和参与无酬劳动的时间则远高于男性（见表 1）。与 2008 年相比，2018 年女性与男性有酬劳动参与率均有所下降，其中女性从 63% 下降至 51%，男性从 74% 下降至 67%，分别下降了 12 个和 7 个百分点，女性与男性的差距进一步扩大。有酬劳动参与者平均时间均有所提高，女性从 414 分钟提高到 454 分钟，男性从 484 分钟提高到 507 分钟，分别提高了 40 分钟和 23 分钟，女性与男性的差距略有缩小。

与 2008 年相比，2018 年女性与男性无酬劳动参与率同样均有所下降，其中女性从 92% 下降至 84%，男性从 65% 下降至 55%，分别下降了 8 个和 10 个百分点。无酬劳动参与者平均时间均有所提高，女性从 253 分钟提高到 274 分钟，男性从 138 分钟提高到 166 分钟，分别提高了 21 分钟和 28 分钟。

表 1　有酬劳动和无酬劳动的性别差异

年份	性别	有酬劳动			无酬劳动		
		参与率	平均时间	参与者平均时间	参与率	平均时间	参与者平均时间
2008	女性	63%	263 分钟	414 分钟	92%	234 分钟	253 分钟
	男性	74%	360 分钟	484 分钟	65%	91 分钟	138 分钟
	女性/男性	0.85	0.73	0.86	1.42	2.57	1.83
2018	女性	51%	232 分钟	454 分钟	84%	231 分钟	274 分钟
	男性	67%	343 分钟	507 分钟	55%	92 分钟	166 分钟
	女性/男性	0.76	0.68	0.90	1.53	2.51	1.65

资料来源：国家统计局：《2008 年时间利用调查资料汇编》，国家统计局网站，http：//www. stats. gov. cn/zt_ 18555/ztsj/2008sjly；国家统计局：《时间都去哪儿了：2018 年中国时间利用调查统计数据》，中国统计出版社，2019。

从城镇地区的情况看，女性有酬劳动参与率和参与有酬劳动的时间远低于男性，无酬劳动参与率和参与无酬劳动的时间则远高于男性（见表 2）。与 2008 年相比，2018 年城镇地区女性有酬劳动参与率有所下降，从 50% 下降至 45%，男性有酬劳动参与率未发生变化，保持在 61%，女性与男性的差距进一步扩大。有酬劳动参与者平均时间均有所提高，女性从 419 分钟提高到 471 分钟，男性从 454 分钟提高到 516 分钟，分别提高了 52 分钟和 62 分钟，女性与男性的差距略有扩大。

与 2008 年相比，2018 年城镇地区女性和男性无酬劳动参与率均有所下降，其中女性从 92% 下降至 84%，男性从 72% 下降至 58%，分别下降了 8 个和 14 个百分点。无酬劳动参与者平均时间均有所提高，女性从 258 分钟提高到 273 分钟，男性从 153 分钟提高到 169 分钟，分别提高了 15 分钟和 16 分钟。

　　从以上分析可以看出，女性有酬劳动参与率和参与有酬劳动的时间远低于男性，无酬劳动参与率和参与无酬劳动的时间则远高于男性。2008～2018年，不论全国还是城镇地区，女性有酬劳动参与率相对男性下降，无酬劳动参与率相对男性提高。在城镇地区，女性有酬劳动参与者的平均时间相对男性下降。

表2　城镇地区有酬劳动和无酬劳动的性别差异

年份	性别	有酬劳动			无酬劳动		
		参与率	平均时间	参与者平均时间	参与率	平均时间	参与者平均时间
2008	女性	50%	214 分钟	419 分钟	92%	237 分钟	258 分钟
	男性	61%	283 分钟	454 分钟	72%	111 分钟	153 分钟
	女性/男性	0.82	0.76	0.92	1.28	2.14	1.69
2018	女性	45%	216 分钟	471 分钟	84%	229 分钟	273 分钟
	男性	61%	317 分钟	516 分钟	58%	98 分钟	169 分钟
	女性/男性	0.74	0.68	0.91	1.45	2.34	1.62

　　资料来源：国家统计局：《2008年时间利用调查资料汇编》，国家统计局网站，http：//www. stats. gov. cn/zt_ 18555/ztsj/2008sjly/；国家统计局：《时间都去哪儿了：2018年中国时间利用调查统计数据》，中国统计出版社，2019。

（三）生育率状况

　　从20世纪70年代末开始，中国实行"提倡一对夫妇只生一个孩子"的计划生育政策。其内容是提倡晚婚晚育、少生优生。从此，中国的生育率开始大幅度下降，人口快速增长的势头得到了控制。到21世纪伊始，中国完成了向出生率和死亡率都较低的人口再生产类型的转变，用不到30年的时间，走完了发达国家经过上百年才完成的向现代人口增长模式转变的过程。与同等收入水平的发展中国家相比，中国较早完成了人口转变过程。主要表现是，人口数量得到有效的控制，总和生育率表现出持续的下降。

1971 年全国总和生育率为 5.4，20 世纪 90 年代初下降到更替水平以下，之后进一步下降。1995 年以来，总和生育率处于不足 1.5 的低水平①。2000 年第五次全国人口普查数据公布的总和生育率为 1.22②；2005 年全国 1% 人口抽样调查数据显示，总和生育率为 1.338③；2010 年第六次全国人口普查数据显示的总和生育率为 1.188④。

因应人口形势的变化，中国近年来对生育政策进行了一系列调整，2011 年双独二孩政策在全国各地普遍实现，2013 年实行单独二孩政策，2015 年《人口与计划生育法》规定实行一对夫妇可生育两个孩子政策，2021 年《人口与计划生育法》进一步修订，规定实行一对夫妇可生育三个孩子政策。2015 年全国 1% 人口抽样调查数据显示，总和生育率为 1.047⑤；2020 年第七次全国人口普查数据公布的总和生育率为 1.3⑥。

（四）中国的性别平等与生育率

对日本和韩国的分析表明，在女性受教育程度提升和保持一定的劳动参与率时，男女两性的家庭角色并未发生相应的改变，从而使女

---

① 郭志刚：《清醒认识中国低生育率风险》，《国际经济评论》2015 年第 2 期，第 100~119 页。
② 国务院人口普查办公室、国家统计局人口和社会科技统计司编《中国 2000 年人口普查资料》，中国统计出版社，2002。
③ 国务院全国 1% 人口抽样调查领导小组办公室、国家统计局人口和社会科技统计司编《2005 年全国 1% 人口抽样调查资料》，中国统计出版社，2007。
④ 国务院人口普查办公室、国家统计局人口和就业统计司编《中国 2010 年人口普查资料》，中国统计出版社，2012。
⑤ 国家统计局人口和就业统计司编《2015 年全国 1% 人口抽样调查资料》，中国统计出版社，2016。
⑥ 国务院第七次全国人口普查领导小组办公室编《中国人口普查年鉴 2020》，中国统计出版社，2022。

性承受兼顾工作与家庭的双重压力，这与其他众多因素共同作用，导致东亚地区持久的超低生育率现象①。中国在促进性别教育和就业平等，以及消除对女性劳动力的歧视等方面做了一系列努力，但必须指出的是，尽管近年来女性与男性的受教育差距在缩小，但劳动力市场上和家庭内部的性别不平等状况没有显著改善。

分析表明，在城市劳动力市场上，女性与男性的劳动参与率差距呈现扩大趋势。中国女性有酬劳动参与率和参与有酬劳动的时间远低于男性，无酬劳动参与率和参与无酬劳动的时间则远高于男性。不论全国还是城镇地区，女性有酬劳动参与率相对男性下降，无酬劳动参与率相对男性提高。在城镇地区，女性有酬劳动参与者的平均时间相对男性下降。在促进性别平等方面，中国仍然有很长的道路要走。只有实现了家庭内部性别平等，生育率才有可能实现适度反弹。

四 主要结论和政策建议

性别平等是中国的基本国策，中国高度重视性别平等，在促进性别平等方面做了诸多政策努力，保障女性在家庭、受教育和就业等方面与男性享有平等的权利。从 1950 年的首部《中华人民共和国婚姻法》（以下简称《婚姻法》）颁布，至 1980 年和 2001 年的修订，《婚姻法》均在性别平等方面进行了相关规定。以 2001 年为例，《婚姻法》中规定，"实行婚姻自由、一夫一妻、男女平等的婚姻制度""夫妻在家庭中地位平等"。

在受教育和就业机会方面，中国政府一直高度重视女性与男性在受教育和就业机会方面的平等，在促进教育和就业性别平等方面做出了积极努力。《中华人民共和国教育法》中规定，"受教育者在入学、

①　郑真真：《中国生育转变》，社会科学文献出版社，2022。

升学、就业等方面依法享有平等权利""学校和有关行政部门应当按照国家有关规定,保障女子在入学、升学、就业、授予学位、派出留学等方面享有同男子平等的权利"。《中华人民共和国就业促进法》中明确规定,"劳动者依法享有平等就业和自主择业的权利""劳动者就业,不因民族、种族、性别、宗教信仰等不同而受歧视""国家保障妇女享有与男子平等的劳动权利"。

根据国际经验,当使用宏观指标讨论国家之间性别平等与生育率的关系时,一些研究发现性别平等与生育率之间存在 U 形关系,即实现性别平等有助于提高生育率。但从个体层面研究时发现,只有当男性参与更多的家务和育儿活动,实现家庭内部的性别平等,才更可能打开性别平等提高生育率的机会窗口。近年来,中国女性与男性的受教育差距在缩小,但劳动力市场上和家庭内部的性别不平等状况没有得到显著改善。中国需要进一步促进性别平等尤其是家庭内部的性别平等。只有这样,生育率才有可能实现适度反弹。

生育文化与生育支持政策

Fertility Culture and Policies for Boosting Birth Rate

G.5

世界主要低生育率国家的生育支持政策

牛建林 *

摘　要：　本文梳理回顾了世界主要低生育率国家实施的生育支持或激励政策，总结归纳了这些政策的主要类型、特点及其发展演变趋势。在此基础上剖析了既有政策的得失，并结合中国人口与社会经济发展现实，初步探讨了既有政策实践对中国现阶段提振生育水平的启示。研究指出，灵活工作安排和休假制度是提振生育水平的成本—效益型措施；低价、优质、覆盖全面的托育服务对解决育龄女性在兼顾工作与家庭中面临的特殊困境具有重要意义，是支持和推动育龄人群实现意愿生育水平不可或缺的力量；相比之下，生育奖励等直接的转移支付类措施对提振生育水平的作用十分有限，基本不影响队列或长期生育水平，且这类政策

---

* 牛建林，中国社会科学院人口与劳动经济研究所研究员，主要研究方向为人力资本、婚姻家庭的人口统计。

实施成本高，直接产生巨大的财政负担，限制了其政策可持续性。研究发现，有效的生育支持政策往往是综合多方面、多领域协调推进的政策组合，能够有效解决阻碍育龄人群适龄婚育的难题。研究建议，在深入调研当前中国生育影响机制的基础上，通过科学的顶层设计和统筹规划，为年轻人实现个人发展与适龄婚育、家庭发展扫除障碍，并提供必要的制度支持，推动人口长期均衡与高质量发展。

关键词： 工作与休假制度　托育服务体系　生育奖励　家庭支持政策

自 20 世纪 60 年代起，最早完成人口转变的西方发达国家在经历短暂的战后婴儿潮后，先后转入生育率快速下降的人口发展轨道。此后半个多世纪里，除个别国家生育率短暂回升到更替水平外，多数国家的总和生育率持续处于更替水平以下，给人口发展、劳动力供给以及经济社会生活带来了日益严峻的挑战。为了应对相应挑战，经济发达的低生育率国家先后实施了一系列政策措施，以缓解劳动力短缺、提振生育率或阻止生育水平过快下降。以史为鉴，回顾和总结各国应对低生育挑战的政策实践及其成效，对当前各国积极应对人口发展新形势下出现的新现象、新问题和新挑战具有重要的参考价值和启示意义。

一　世界主要低生育率国家应对低生育的主要政策

为应对生育率持续走低带来的社会经济冲击，世界主要低生育率国家先后探索实施了不同类型的政策。概括起来，已有的政策实践主要包括：就业领域的休假制度和灵活工作安排；社会领域的公共托育服务体系建设；家庭领域的直接生育奖励、儿童/家庭补贴、税收折扣等。除此之外，不少国家针对年轻人组建家庭和个人发展（包括结婚、生育、子女养育和教育等活动）过程中面临的障碍，还出台实施了住房、医疗卫生、教育等领域的政策进行干预。

（一）工作安排与休假制度

1. 产假制度

产假（maternity leave）制度是针对产妇实施的，规定其在生产前后可依法享有的短期（一般不超过半年）休假权益。早在 19 世纪末，产假政策已在一些欧洲国家开始实施[1]，其最初的政策目的是保护母婴健康，同时赋予女性在产后一段时期内重返原工作岗位的权利[2]。随着社会发展形势的变化，当代社会中多数国家将产假制度作为支持女性兼顾工作与家庭的举措。

根据联合国的统计[3]，目前在有资料记载的国家中，几乎所有国家

[1]　Gauthier, Anne H. 2000. "Public Policies Affecting Fertility and Families in Europe: A Survey of the 15 Member States." paper prepared for the European Observatory on Family Matters, Annual Seminar 2000, "Low fertility, Family and Public Polices", Seville, 15 - 16 September. Available at: https://www. academia. edu/6855074/ Public_ policies_ affecting_ fertility_ and_ families_ in_ Europe_ A_ survey_ of_ the_ 15_ member_ states_ Paper_ prepared_ for_ the_ European_ Observatory_ on_ Family_ Matters.

[2]　Sobotka, Tomas, Anna Matysiak, and Zuzanna Brzozowska. 2020. "Policy Responses to Low Fertility: How Effective are They?" *UNFPA Technical Report* 2020. Thomas, Jac, Francisco Rowe, Paul Williamson, et al. 2022. "The Effect of Leave Policies on Increasing Fertility: A Systematic Review." *Humanities and Social Sciences Communications*. 9: 262 | https://doi. org/10. 1057/s41599-022-01270-w.

[3]　United Nations, Department of Economic and Social Affairs, Population Division. 2021. *World Population Policies* 2021: *Policies Related to Fertility*. UN DESA/POP/2021/TR/No. 1. NY, 2021.

均对育龄妇女实施法定产假制度①。不过，关于产假的具体规定，如休假时长、休假福利等，各国之间存在明显的差异，且随时间调整变化。

早期的产假制度规定中大多不包含休假补贴。20世纪60年代起，一些欧洲国家开始推行有补贴的产假制度。例如，匈牙利政府早在1967年规定女性在产后享受有补贴的产假；1974年，瑞典政府将产假制度规定中统一的低水平补贴修改为与工资挂钩，规定职业女性可依法享受为期6个月的带薪产假，产假补贴水平与其休假前最后一个月的工资直接挂钩②。到目前为止，世界主要国家的法定产假时长大多在14~20周，具体规定可能因早产、多胞胎等情形而异。由于产假时长不等且可能随时间延长，各国关于产假期间福利的规定通常包括与工资挂钩的高福利假期、不与工资挂钩的低补贴假期以及无休假补贴的时长。其中，高补贴的产假时长通常不超过3个月，少数国家在半年左右（如匈牙利、捷克、斯洛伐克等）或更长；相应补贴额度相当于休假前月工资的80%~100%。

美国是当今发达国家中为数不多的无薪产假制国家。在国家层面，美国现行的产假制度始于1993年联邦政府出台的家庭和医疗休假法案（Family and Medical Leave Act）；该法案规定50人及以上规模的公司中女性雇员可依法享受为期12周的无薪孕产假或病假。截至目前，美国国家层面的产假制度并未发生明显的拓展或修订。据统计，美国是OECD国家中迄今为止唯一不提供带薪产假的国家。

多数国家最初的产假福利主要针对休假前有就业保障的女性设立，随

---

① 一些国家（如瑞典、挪威、冰岛等）将产假、陪产假、育婴假制度统一在育婴假制度框架中颁布实施。尽管这些国家并不存在单独的关于产假的立法，但相应制度客观存在，且受法律保护。因而，本章对各国政策的回顾以实际实施的制度规定为准，不仅局限于专项立法。

② Lewis, Jane and Gertrude Aström. 1992. "Equality, Difference, and State Welfare: Labor Market and Family Policies in Sweden." *Feminist Studies* 18 (1): 59-87.

着社会经济发展和人口形势的变化，一些国家开始推行普适性产假制度，针对无稳定工作的女性提供统一的、较低水平的产假补贴（如芬兰、挪威、瑞典以及丹麦的部分地区）。在政策调整过程中，不少国家（如瑞典等）将产假制度进行延伸，与育婴假相衔接，将政策对象从女性个人拓展到夫妇双方或家庭，为推动性别平等、实现更为灵活的休假安排提供了便利。

2. 陪产假制度

陪产假（paternity leave）制度是针对产妇的配偶设立的，规定其在妻子生育后可依法享有的休假权益。陪产假制度最早于 20 世纪 90 年代在一些国家（如瑞典、挪威等）开始实施①，其目的在于鼓励男性休假以帮助妻子照顾幼儿，从而促进性别平等。目前，世界范围内七成以上的国家实施陪产假制度。

与产假制度的国际差异相类似，陪产假制度的具体规定及其实施情况也存在重要的国别差异，既有带薪休假制度，也有无薪休假制度。目前，多数国家的陪产假制度组合了固定期限的高福利假期和较长时间的低福利/无薪休假选择；其中，高福利假长一般不超过 3 个月。随着社会经济发展和人口形势变动，各国的陪产假制度关于假长、补贴水平、休假灵活性等方面均经历着重要的调整变化。例如，瑞典作为欧盟国家中最早实施带薪陪产假的国家之一②，其最初陪产假规定男性的带薪陪产假时长（或父亲育婴假配额）为 30 天，2002 年起相应假期延长为 60 天，2016 年又进一步延长至 90 天。为便于灵活休假，瑞典的休假制度实施按天计假，每周假长可按 5 天带薪假计；同时，允许休假与非全时工作安排相结合，即半工半休安排。按照规定，半工半休的休假安排每 2 天折合后相当于全休 1 天。此外，

① Rubery, Jill, Mark Smith, and Colette Fagan. 1999. *Women's Employment in Europe: Trends and Prospects*. London: Routledge.

② Rubery, Jill, Mark Smith, and Colette Fagan. 1999. *Women's Employment in Europe: Trends and Prospects*. London: Routledge: 162.

瑞典的带薪假还可以与无薪假组合，在孩子满 8 周岁以前灵活使用。

21 世纪以来，越来越多的国家开始实施陪产假制度。例如，日本于 2002 年起号召男性职员在妻子生产时休不少于 5 天的陪产假；2003 年进一步颁布法令，规定连续工作 1 年以上的临时工也可以享受带薪陪产假①。

多数国家的政策实践表明，陪产假制度有助于推动家庭领域的性别平等、提高男性的育儿参与，进而在一定程度上提振生育水平。不过，在经济发展形势较差的情形下，相应制度安排也可能产生相反的效应。例如，有研究发现，西班牙政府于 2007 年开始推行陪产假制度，规定男性享有 2 周带薪陪产假，由于当时经济预期不乐观，这一制度的实施增加了已婚男性生育的机会成本，导致生育率出现意外下降②。

3. 育婴假/家庭照料假

育婴假（parental leave）主要针对婴幼儿的父母设立，规定其在产假/陪产假期满后可以依法享有的休假权益，常被视为产假/陪产假制度的拓展或延伸。早期的育婴假制度仅针对育龄妇女实施，如 1957 年奥地利政府实施的育婴假制度规定女性在产假期满后可选择休 6 个月的无薪假，这是欧洲最早的育婴假制度。随着社会发展，各国育婴假制度不断拓展和完善，育龄夫妇成为大多数国家育婴假制度的目标对象；也有个别国家（如葡萄牙）曾实施过针对祖父母照顾孙辈的育婴假。目前，世界范围内七成以上的国家实施育婴假制度。

① Ma, Li, 2009. "Social Policy and Childbearing Behavior in Japan since the 1960s: An Individual Level Perspective." *Stockholm Research Reports in Demography*, Preprint https://doi.org/10.17045/sthlmuni.14696454.v1.
② Farré, Lídia, and Libertad González. 2019. "Does Paternity Leave Reduce Fertility?" *Journal of Public Economics* 172: 52–66. Bergsvik, Janna, Agnes Fauske, and Rannveig K. Hart. 2021. "Can Policies Stall the Fertility Fall? A Systematic Review of the (quasi) Experimental Literature." *Population Development Review* 47 (4): 913–964.

不同国家育婴假制度的发展进程和具体规定不同。从休假时长来看，较短的育婴假仅半年左右（如希腊、英国、丹麦、葡萄牙等），较长的则达 2~3 年（如奥地利、德国、法国、西班牙等）。从休假的福利水平来看，早期多数国家实施的是无薪或低补贴水平的育婴假制度，只有少数国家（如瑞典、挪威、芬兰）将育婴假福利/补贴与收入挂钩；直到 20 世纪 90 年代中期，多数欧洲国家（除西班牙、葡萄牙、希腊外）和部分亚洲国家（如日本）才开始实施带薪育婴假制度。随着各国社会经济发展，育婴假制度的补贴水平普遍提高。例如，爱沙尼亚于 2004 年将原有的低补贴育婴假改为全薪育婴假，并于 2006 年和 2008 年将全薪育婴假时长由 11 个月先后延长至 14 个月和 18 个月；类似地，日本自 1995 年开始推行带薪育婴假以来，先后于 2001 年、2010 年将育婴假福利提高到休假前薪酬水平的 40% 和 50%，休假福利由政府提供。从制度的覆盖范围来看，育婴假既可能仅针对特定收入或就业特征的人群设定，也可能是全民性质的福利。不过，早期的育婴假制度主要针对有全职工作的职员实施。例如，日本 1991 年的育婴假法案规定，全职工作的男性或女性在孩子出生后享有为期 1 年的无薪照料假；1995 年育婴假制度转为带薪制度，但仍主要针对较大规模的公司或企业的员工实施，不少小企业员工实际并不享受法定育婴假。随着时间的推移，一些国家开始实施普惠性带薪育婴假，如澳大利亚自 2011 年起推行全国性的带薪育婴假制度。

随着社会发展和人口形势的变化，各国的育婴假制度大多经历了不断拓展和完善的过程，不仅表现为制度覆盖范围的拓展和休假补贴的提升，而且休假安排的灵活性普遍提高，同时更加注重通过制度设计促进性别平等。首先，越来越多的国家通过设置法定休假配额规定男女双方的最低休假限额（限制转让，不休则作废）、鼓励双亲共享育婴假，以降低育婴对母亲的机会成本。瑞典是最早实施男女平等的育婴假制度的国家，自 1995 年起瑞典规定男女双方各自享有为期 1

个月的育婴假最低配额，限制转让；此后，配额假长进一步延长至 2 个月、3 个月。其次，各国育婴假的休假安排更加灵活，方案日益多样化。不少国家现行的育婴假制度允许一次性休完全部假期，或在孩子满一定年龄之前（2 周岁，捷克；3 周岁，爱沙尼亚；12 周岁[①]，瑞典等）分期多次休完。另外，对休假补贴，现行的休假制度也提供了多种选择，例如捷克的育婴假可选方案包括 7~48 个月、补贴总额约 8500 欧元的假期，或 12 个月、70% 薪酬补贴的固定休假方案；类似地，奥地利的育婴假可选方案包括 14~35 个月、补贴总额 1.55 万欧元的休假安排，或 12 个月、80% 薪酬补贴的固定休假方案。再次，不少国家通过对父母同时休假设限，鼓励（或奖励）男性在休假期间独立照料孩子[②]；还有一些国家允许育婴假休假期间从事兼职工作（如德国、瑞典等），例如，瑞典规定育婴假期可以从事不同时长的非全时工作，允许全休、半休、工作 1/4 或 1/8 时长等[③]。

关于产假、育婴假等休假制度在提振生育水平方面的作用，现有的经验发现既有共识，也存在不少争议。一方面，学界普遍认为，休假制度可以帮助父母实现从产后到孩子进入日托中心这一阶段的衔接和过渡，避免职业中断导致的损失。另一方面，休假制度对生育水平

① 瑞典休假法案规定，2014 年 1 月 1 日以前出生的孩子，父母的育婴假可在孩子满 8 周岁或上学前使用；此后出生的孩子，父母的育婴假使用可以延长至孩子满 12 周岁前。
② 例如，捷克育婴假制度规定，父母双方同时休育婴假的情况下，仅其中一人可以享受相应补贴。奥地利制度规定，父母可以轮流休假，最多轮换两次（即休假时长分为三段，每段至少 2 个月），除第一次轮换外双方不可以同时休假；如果父母双方休假时长相差较小，双方均可获得 1000 欧元的"伴侣奖励"（partnership bonus）。
③ Duvander, Ann-Zofie and Linda Haas. 2018. "Sweden." In Blum, S., Koslowski, A., Macht, A. and Moss, P. (eds.) *International Review of Leave Policies and Research* 2018. URL: https://www.leavenetwork.org/fileadmin/user_upload/k_leavenetwork/country_notes/2018/FINAL.Sweden2018.pdf.

的影响，各国的具体经验并不一致。例如，中欧国家、美国以及加拿大魁北克省的政策实践表明，育婴假对生育水平具有正向效应[1]；但西班牙2007年育婴假配额制度的实施[2]则导致生育率出现5%的下降[3]。关于最佳休假时长，目前也没有统一的论断。有研究指出，休假时长过长可能伴随着个人人力资本的贬值进而降低预期收入和减少职业晋升机会，因而休假时长并不必然对生育率起正向促进作用[4]。实践中，政策效应往往因目标人群的职业类型、地位、非全职工作的可能性、托育服务机会、个人偏好等因素而异。为此，近年来越来越多的国家开始实施灵活的休假制度，设定不同时长、不同补偿水平的休假方案，以适应不同人群的多样化需求。

4. 非全职工作和弹性工作制度

灵活工作安排和弹性工作制度是支持育龄人群兼顾工作与家庭、避免由生育导致职业中断或人力资本快速贬值的重要举措。目前，世界上一半以上的国家在制度上允许婴幼儿父母选择灵活工作时间、非全职工作。

灵活工作安排和非全职工作可能性是劳动力市场弹性的体现，对稳定劳动供给、平滑年轻人在生育前后的职业发展轨迹具有重要的现实意义。一些西方发达国家最早在20世纪早期开始重视培育劳动力市场弹性，瑞典是实施灵活就业制度的典型范例。20世纪60年代起，瑞

---

① Bergsvik, Janna, Agnes Fauske, and Rannveig K. Hart. 2021. "Can Policies Stall the Fertility Fall? A Systematic Review of the (quasi) Experimental Literature." *Population Development Review* 47 (4): 913 – 964; Neyer, Gerda, and Gunnar Andersson. 2008. "Consequences of Family Policies on Childbearing Behavior: Effects or Artifacts?" *Population and Development Review* 34 (4): 699–724.

② 西班牙2007年的配额制在原有为期10周、未规定配额的育婴假基础上，规定男性享有为期13天的全薪育婴假配额。

③ Farré, Lídia, and Libertad González. 2019. "Does Paternity Leave Reduce Fertility?" *Journal of Public Economics* 172: 52–66.

④ Ruhm, Christopher J. 1998. "The Economic Consequences of Parental Leave Mandates: Lessons from Europe." *Quarterly Journal of Economics* 113 (1): 285–317.

典政府鼓励女性就业，此后的相关就业法案和育婴假制度持续为有低龄儿童的家长灵活就业提供保障。按照规定，瑞典父母在孩子满 2 周岁前有权利申请灵活、较短时间的工作安排；在孩子满 12 周岁前，父母每年可以休 120 天的临时照料假，用于孩子生病时的照料。类似地，德国允许 2 岁及以下儿童的父母在休育婴假期间非全职工作，同时享受非全职工作的休假补贴。此外，澳大利亚公平劳动法案（2009）（Fair Work Act 2009）规定，学龄及低龄儿童的父母或主要照料者在满足工作限定条件（即为同一雇主工作时长超过 12 个月）后可以申请灵活（时间、地点和方式）工作安排。日本 1995 年通过的儿童及家人照料假法案规定，所有全职工作者有权每年休假不超过 3 个月照顾家人，休假期间享受约 1/4 薪酬的补贴；2002 年起，日本政府建议有学龄子女的父母实施灵活工作时间、缩短工作时长。同时政府规定，雇主不得对申请休假的员工解雇、调离或降职。荷兰法律规定，非全职工作者的福利（包括医疗保险和养老保障）与全职工作者完全等同。

灵活的工作/休假安排和非全职工作能够为处于生命历程特定阶段的年轻人兼顾家庭和就业提供支持，促进性别平等；同时，保持育龄人群（特别是女性）较高的就业率或劳动参与率，对人口老龄化和劳动力短缺形势下稳定劳动供给具有重要意义。20 世纪 80 年代后期，九成左右的有低龄子女的瑞典女性就业，其中不少人为每周工作时长在 20 小时以上的非全职就业者。类似地，2019~2020 年澳大利亚 30~39 岁女性的劳动参与率为 78%，其中 60% 的就业女性为非全职工作者。

综上所述，灵活休假制度和弹性工作安排为保障女性产后顺利重返职场、避免人力资本快速贬值提供了切实可行的制度体系和运行机制，对于缓解少子老龄化形势下各国劳动力供给短缺、促进整个社会的性别平等化进程具有重要的现实意义。综合来看，相对于其他的家庭支持政策，灵活休假制度和弹性工作安排是推动育龄人群在兼顾个人职业发展的同时按意愿适时生育的重要制度保障，也是提振生育率的成本—效益型政策举措。

（二）托育服务

托育服务体系的建设，是当代低生育率国家实施的家庭友好政策的重要组成部分。建立低价、优质、覆盖全面的托育服务体系，对低生育率国家提振生育水平不可或缺。

北欧国家是托育服务体系建设的成功典范。这些国家长期以来对托育服务实施高额政府补贴，建成了高质量、收费低廉、覆盖不同阶段服务需求的托育服务体系，为提高托育服务利用率、缓解家庭照料负担奠定了坚实的基础。以瑞典为例，据统计，20世纪八九十年代，八成以上的托育机构由政府主办，其余日托服务中心则由政府提供高额补贴、执行政府制定的统一质量规定，并接受政府监管。由于政府的高额补贴和统一监管，瑞典家庭实际支付的托育费用仅约相当于成本的10%，远低于OECD国家平均水平。同时，政府通过一系列立法和政策出台，推动儿童进入正规的托育服务中心。类似的举措在其他北欧国家（如挪威等）也普遍存在。北欧国家完备的托育服务体系以及配套的政策法规，使得这些国家托育服务的实际利用率高于世界绝大多数国家，同时也保障了育龄女性持续较高的就业率。值得一提的是，瑞典公共托育照料体系的扩张也为女性创造了大量就业机会。20世纪末，托育照料已发展成为瑞典第五大职业，就业者中有九成左右为女性。

随着社会经济的发展，包括北欧国家在内的不少低生育率国家持续重视托育服务体系的建设，在扩张数量的同时进一步降低价格、提高服务质量。例如，瑞典于2002年开始实施托育服务统一收费制度，进一步限定托育服务的价格上限。挪威政府通过增加托育服务公共支出降低幼儿园运营成本，进一步降低家庭承担的托育服务费用；通过立法确保2009年起1岁及以上的所有儿童均可被相应托育服务机构覆盖；同时，在政府监管下同步提升托育服务质量，对服务质量、员工合格率和儿童发展结果进行定期监测。类似地，20世纪末，日本政府开始大力发展托育服务，于 1994 年起颁布实施五年一期的"天使计划""新天使计划"，在全国增设日托中心、课后托管和家庭支持中心，以解决职场妈妈下班来不及接孩子的困境。据统计，日本托育服务人均经费投入水平相当于美国的 4 倍①。

关于托育服务体系建设对生育率的政策效应，既有研究发现，首先，托育服务的可及性和实际利用率对生育水平有着显著的影响。基于 OECD 国家数据的研究发现，各国 3 岁以下儿童托育服务的可及性与生育率水平高度正相关②。北欧和中欧地区的经验也表明，托育服务的扩张对提振生育水平具有很强的正效应，相应效应不仅体现在时期生育率指标中，也体现在队列生育率中③。不过，其他英语系国家

① Rosenbluth, Frances, Matthew Light, and Claudia Schrag. 2002. "The Politics of Low Fertility: Global Markets, Women's Employment, and Birth Rates in Four Industrialized Democracies." (Yale Leitner Working Paper in International & Comparative Economy) The Macmillan Center, Yale University: New Haven, CT, USA. https://leitner.yale.edu/working-papers.

② Glowaki, Tari and Amy K. Richmond. 2007. "How Government Policies Influence Declining Fertility Rates in Developed Countries." *Middle States Geographer* 40: 32-38; Sleebos, Joëlle. 2003. "Low Fertility Rates in OECD Countries: Facts and Policy Responses." OECD Social, Employment and Migration Working Papers No. 15, *DELSA/ELSA/WD/SEM* (2003) 15.

③ Rindfuss, Ronald R. and Karin L. Brewster. 1996. "Childrearing and Fertility." *Population and Development Review* 22 (Suppl.): 258-289; Bauernschuster, Stefan, Timo Hener, and Helmut Rainer. 2016. "Children of A (Policy) Revolution: The Introduction of Universal Child Care and Its Effect on Fertility." *Journal of the European Economic Association* 14 (4): 975-1005; Mörk, Eva, Anna Sjögren, and Helena Svaleryd. 2013. "Childcare Costs and the Demand for Children-Evidence from A Nationwide Reform." *Journal of Population Economics* 26 (1): 33-65; Rindfuss, Ronald R., David K. Guilkey, S. Philip Morgan, and Øystein Kravdal. 2010. "Childcare Availability and Fertility in Norway." *Population and Development Review* 36 (4): 725-748; Wood, Jonas, and Karel Neels. 2019. "Local Childcare Availability and Dual-earner Fertility: Variation in Childcare Coverage and Birth Hazards over Place and Time." *European Journal of Population* 35: 913-937.

和南欧国家目前还没有类似的证据①。

其次，托育服务体系契合现实需求、实现"全需求覆盖"至关重要。各国的实践经验表明，托育服务体系能否满足不同阶段的实际需求、是否与劳动力市场的工作及休假制度相适应，直接关系着其实际利用状况和政策效应。例如，尽管意大利政府对 3 岁及以上儿童实施全日制托育服务，但由于针对低龄儿童的托育服务极为匮乏，不少年轻人为了避免职业中断选择推迟生育，直到父母退休或有了较好的经济基础后再考虑生育，由此意大利生育率持续处于极低水平②。类似地，德国的多数托育服务机构仅在上午营业几个小时，以致联邦议院 1992 年颁布的关于 3~6 岁儿童接受托育服务的法令并不能有效提高实际入托率。据 2001 年德国联邦教育科学部统计，3~4 岁儿童入托比例仅 54%，婴儿入托比例则更低（仅 8%）。

再次，托育服务的价格水平和质量保障，不仅影响其实际利用率，也在很大程度上关系着相应政策对提振生育水平和促进女性就业的实际效果。Kim 关于韩国的研究发现，正规托育机构对实现二孩生育有促进效应，不过相应效应仅在托育费用不太高的情形下才起作用③。因此，政府对托育服务机构的补贴至关重要。

（三）生育补贴/奖励

与生育行为直接相关的现金奖励、补贴或税收优惠政策是刺激生

① Bergsvik, Janna, Agnes Fauske, and Rannveig K. Hart. 2021. "Can Policies Stall the Fertility Fall? A Systematic Review of the (quasi) Experimental Literature." *Population Development Review* 47 (4): 913-964.

② Battistin, Erich, Michele De Nadai, and Mario Padula. 2014. "Roadblocks on the Road to Grandma's House: Fertility Consequences of Delayed Retirement." *IZA Discussion Paper No. 8071.*

③ Kim, E. 2017. "Division of Domestic Labour and Lowest-low Fertility in South Korea." *Demographic Research* 37 (24): 743-768.

育的典型措施，曾在不少低生育率国家实施。这些政策可能是一次性的，也可能是常规性的；其政策对象既可能是特定类型（如低收入、单亲）的家庭、特定孩次（以高孩次更为多见）的生育行为，也可能具有普适性。

1. 现金奖励/补贴

现金补贴是以现金形式发放的与儿童相关的家庭福利。世界上有接近一半的国家曾经或目前仍在实施直接生育补贴或奖励政策，其中所有 OECD 国家均有针对儿童的现金福利政策，尽管在一些国家相应政策仅对低收入家庭适用。

与其他政策相比，现金补贴政策的实施周期短，因而在生育率低迷期更为常见。例如，2004 年澳大利亚政府针对所有新生儿的母亲以及 2 岁以下幼儿的养母（不论婚姻状态、家庭收入）提供 3000 澳元的一次性补贴；2006 年，这一补贴额度提高到 4000 澳元；2008 年进一步提高到 5000 澳元。类似地，2007 年俄罗斯政府出台"母职资本"计划，规定生育两个及以上孩子的女性可以享受约相当于 1.1 万美元的母职资本补贴[1]。日本政府 2003 年通过的"下一代"法令规定，怀孕女性从孕期第 5 个月起可以领取每月约 50 美元的补贴[2]。

从各国现金补贴占 GDP 的比重来看，20 世纪后期北欧国家、澳大利亚、新西兰等国现金补贴最为慷慨。不过，由于现金补贴会直接增加财政支出负担，其可持续性较差；此外，现金补贴政策带来的高财政压力也极易引发争议，成为不少国家政府竞选时争议的焦点。受这些因素的影响，20 世纪末不少国家下调了相应福利支出；澳大利亚在

[1] Slonimczyk, Fabian, and Anna Yurko. 2014. "Assessing the Impact of the Maternity Capital Policy in Russia." *Labor Economics* 30: 265-281.

[2] Ma, Li. 2009. "Social Policy and Childbearing Behavior in Japan since the 1960s: An Individual Level Perspective." *Stockholm Research Reports in Demography*, Preprint https://doi.org/10.17045/sthlmuni.14696454.v1.

经历了一系列收缩后，于 2013 年最终取消此前出台的现金补贴政策。

2. 税收折扣/退税

与生育相关的税收折扣或退税政策是一种常见的家庭支持政策，通常针对特定规模或儿童年龄的家庭规定具体的税收折扣或抵减措施。目前，一半以上的国家针对有婴幼儿的家庭实施税收折扣政策。

世界范围内与生育相关的税收折扣政策大致包括两大类型，分别为收入税折扣和消费税抵减。其中，收入税折扣直接针对税前收入设定减免项目或额度。例如，20 世纪 90 年代后期澳大利亚政府出台的家庭税收福利计划，针对所有家庭中每个未成年子女（计划 A）或单亲家庭、仅一人从事有酬工作的家庭（计划 B）提供税收折扣。类似地，2016 年波兰政府出台的"家庭 500+"计划针对二孩及以上家庭实施税收减免政策。与收入税折扣相区别，消费税抵减通常是针对家庭的托育服务支出实施的减税或退税政策。例如，21 世纪初澳大利亚开始实施托育服务退税政策，规定满足条件的家庭可以申请每个孩子每周不超过 50 小时的家庭托育支出中 30% 的退税[①]。

各国的经验表明，在公共支出受限的情形下，税收折扣或抵减常常是更为可行的鼓励或支持生育的政策举措；同时，与现金补贴相比，税收折扣/退税政策的管理成本也更低。

3. 儿童福利/家庭补贴

家庭补贴或儿童福利是另一个重要的经济支持型家庭政策，其具体形式包括住房补贴、儿童教育补贴、医疗和牙医补贴、交通补贴，以及其他休闲娱乐文艺活动补贴等。在 OECD 国家中，多数国家提供丰富的家庭补贴或服务。学界普遍认同，由政府补贴或提供免费的服务有助于降低养育成本，尽管其效应的大小难以量化。

家庭补贴政策通常针对较大规模的家庭实施。典型案例有，2016

---

① 参见 www.servicesaustralia.gov.au/individuals/services/centrelink/family-tax-benefit。

年匈牙利实施"家庭创建"计划（family "home creation" scheme），规定有 3 个孩子或准备生第三孩的家庭可享受约相当于 3.2 万欧元的家庭补贴；2018 年起，政策规定三孩及多孩家庭可享受住房贷款抵减政策，从第三个孩子起，家庭每多生一个孩子可享受约 3200 欧元的贷款抵减。2020 年起，政府规定针对有 4 个及以上孩子的母亲实施税负补贴政策。类似地，日本于 1972 年开始实施的儿童福利政策（当时生育率在更替水平以上）针对低收入家庭中第三个及以上孩次的儿童提供补贴，以缓减多子女贫困家庭的经济困境。1986 年起，日本儿童福利政策拓展到二孩家庭，同时提高了补贴水平；1992 年，一孩家庭也被纳入儿童福利政策的受益范围①。与欧洲国家不同，日本的儿童福利补贴由政府和雇主共同出资；政府负责为所有 3 岁及以上儿童提供补贴，3 岁以下儿童的补贴则主要由雇主负担。补贴的额度也与家庭规模有关，例如，2004 年，日本对 3 岁以下幼儿的补贴额度为每月约 100 美元；3~12 岁儿童中，第一孩和第二孩每月补贴额度约 50 美元，第三孩及以上孩次的补贴为每月 100 美元。

这些家庭补贴政策的初衷是降低多子女家庭的贫困风险，不过，近年来相应政策也被用作提振生育水平的手段。实践表明，由于政府提供的补贴金额远不及养育孩子的成本，更不可能补偿全职妈妈不工作的机会成本，相应政策对提振生育水平的作用微乎其微，从长期或队列生育水平来看尤为如此。因而，相应政策的实施效果往往与预期相去甚远。

（四）其他政策

除上述直接或间接提振生育水平的政策措施外，各国的政策实践

---

① Matsukura, R., R. D. Retherford, and N. Ogawa, 2007. "Declining Fertility in Japan: Its Mechanisms and Policy Responses." *Asia-Pacific Population Journal* 22 (2): 33-50.

表明，其他与家庭构建、子女养育和教育，以及劳动就业相关的政策也可能对生育率产生不可忽视的影响。因而，这些政策也开始受到越来越多国家的关注和重视。

1. 住房政策

由于住房市场的价格和供给结构特征直接影响年轻人的购房能力，进而对结婚年龄乃至后续生育计划产生作用，一些国家通过实施住房补贴或干预政策，为年轻人组建家庭提供支持。典型的范例有，1973年匈牙利政府实施的家庭福利政策规定，年轻夫妇和家庭可享受廉价公租房、无息住房贷款等福利，旨在改善家庭居住条件。除高房价外，住房面积过小、首付款过高等也可能成为制约家庭二孩或多孩生育决策的重要因素，这些在韩国、意大利等国家或地区已得到印证。

2. 教育政策

教育体系的制度安排也可能影响家庭的生育和养育成本。一方面，教育体系的制度安排，如学校上下学时间等规定能否与家长工作时间相协调，直接影响家长特别是母亲兼顾工作与子女照料的可能性。有研究指出，德国绝大多数中小学在中午或下午1点前放学，学校不提供午餐，这些制度安排使得学龄儿童的家长（特别是母亲）难以全职工作，由此为德国女性的低就业率和低生育率现状提供了重要解释[1]。与之相对，法国针对各年龄段幼儿和学龄儿童设有完备的托育和课后托管服务体系，这些机构的正常营业时间能够适应家长不同的工作时间安排，从而为育龄女性兼顾工作与家庭提供了支持与保

---

[1] United Nations, Department of Economic and Social Affairs, Population Division. 2021. *World Population Policies 2021: Policies Related to Fertility*. UN DESA/POP/2021/TR/No. 1. NY, 2021.

障①。另一方面，教育体系的分层和竞争现象也可能影响家长对子女教育的投入程度，从而影响家庭生育决策。不少研究指出，韩国等东亚国家的教育等级分化、竞争激烈使得家庭被挟裹在教育竞争中，多数儿童的家长特别是母亲需要投入大量的时间和精力帮助孩子制订和实施教育竞备计划，由此导致育龄女性的生育意愿和生育水平持续低迷。

3. 医疗卫生政策

医疗卫生政策对孕产及相关服务的规定，可能影响生育成本，进而对生育决策和实际生育水平产生作用。政府通过改善关于产前检查、住院分娩等医疗服务的公共政策，提供转移支付、提高医保覆盖率、降低个人支出，均有可能促进个体实现意愿生育水平。此外，近年来，受婚育年龄普遍推迟的影响，非意愿性不育现象明显增多。美国各州医疗保险制度的比较研究发现，医疗保险对不育治疗费用的覆盖显著提高了美国 35 岁以上白人女性的生育率，相应出生率提高了32%②。此外，对低收入人群的医保覆盖和医疗救济，有助于减少非意愿生育现象和代际贫困传递问题。例如，在美国，2010 年奥巴马医改（Affordable Care Act，ACA）允许年轻人加入其父母的医保计划，以此来降低年轻人的医疗服务费用。研究发现，这一改革使得美国年出生率下降 5%～10%，其中未婚女性的非意愿生育下降最为明显。

4. 文化、教育与咨询服务

在现代社会转型和家庭转变过程中，传统文化观念仍在不同程度上发挥作用。公众对女性就业、婚育选择、托育服务利用的观念和态度，影响整个社会的家庭构建行为及生育水平。为此，文化、教育与咨询服务也成为公共政策干预的重要领域。OECD 国家大多有针对两

① Sobotka, Tomas, Anna Matysiak, and Zuzanna Brzozowska. 2020. "Policy Responses to Low Fertility: How Effective are They?" *UNFPA Technical Report* 2020.

② Schmidt, Lucie. 2005. "Infertility Insurance Mandates and Fertility." *American Economic Review* 95 (2): 204-208.

性关系及生育相关知识的教育咨询服务和政策支持。这些政策和服务旨在从观念、态度、知识和信息等方面为家庭构建和发展扫除障碍、提供支持，改善年轻人生育的心理效用。

二 从社会发展阶段看各国生育支持政策的差异与变化

当代低生育率现象是生育转变的结果，也是社会文化与经济发展的产物。世界各国的生育转变进程不同，进入持续低生育状态时的经济发展阶段也存在重要差异。这在客观上决定了，一方面，各国应对低生育的政策举措呈现与发展阶段相关的差异；另一方面，随着时间的推移，各国的政策实践又呈现明显的收敛趋势。低生育问题正在成为国际社会共同关注的焦点和现实挑战。

（一）生育率变动的国际差异

表 1 以世界经合组织成员国和金砖国家中主要低生育率国家为例，展示了 1960 年以来各国生育率下降、触底及反弹情况，同时展示了上述主要节点处各国人均国内生产总值。为便于跨时期比较，各国历年的人均国内生产总值统一使用 2015 年美元可比价进行转换，以保证各国之间以及不同年份相应经济指标的可比性。

表 1 显示，20 世纪 60 年代以来，欧美国家在经历短暂的战后婴儿潮之后，陆续转入持续低生育阶段。从生育率跌破更替水平这一重要节点来看，各国开启持续低生育的时间早晚有别，经济发展程度也呈现明显差异。总体来看，北欧、西欧和中欧国家生育率跌破更替水平的时间相对较早，大多在 20 世纪 70 年代前后；匈牙利最早，自1960 年起生育率已基本稳定在更替水平以下。相比之下，南欧国家总体较晚，大多在 20 世纪 80 年代初进入更替水平以下。在欧洲以

外，主要英语系国家美国、加拿大和澳大利亚于 20 世纪 70 年代陆续进入更替水平以下低生育阶段，东亚地区的日本和韩国分别在 20 世纪 70 年代和 80 年代早期生育率跌破更替水平。

表 1　1960 年以来主要低生育率国家的生育率变动特征信息

国家	跌破更替水平		低于更替水平10%		最低值		反弹情况	
	年份	人均GDP（美元）	年份	人均GDP（美元）	年份	最低TFR	>2.10	>1.89
北欧国家								
瑞典	1968	22004	1973	25880	1998	1.50	√	√
芬兰	1969	16280	1970	17129	2019	1.35		
丹麦	1969	26705	1976	30092	1983	1.38		√
挪威	1975	32686	1976	34428	2020	1.48		√
冰岛	1984		2015	52952	2017	1.71	√	√
南欧国家								
意大利	1976	19024	1978	19986	1995	1.19		
西班牙	1981	14604	1983	14885	1998	1.13		
希腊	1981	14960	1984	14674	1999	1.23		
葡萄牙	1982	11062	1985	11015	2013	1.21		
西欧国家								
卢森堡	1969	32125	1972	38034	2019	1.34		
比利时	1972	19432	1974	21480	1985	1.51		
荷兰	1973	23603	1974	24224	1983	1.47		
英国	1973	22505	1975	21611	2020	1.56		√
法国	1975	20498	1979	23378	1993	1.73		√
爱尔兰	1991	23493	1994	25955	2020	1.63		√
中欧国家								
匈牙利	1960		1962		2011	1.23	√	√
捷克	1966		1968		1999	1.13		
德国	1970	17894	1972	19121	1994	1.24		
瑞士	1971		1973		2001	1.38		
奥地利	1972	20003	1975	21629	2001	1.33		
波兰	1989		1993	5008	2003	1.22		
斯洛伐克	1989		1993	6756	2002	1.19		

续表

国家	跌破更替水平		低于更替水平10%		最低值		反弹情况	
	年份	人均GDP（美元）	年份	人均GDP（美元）	年份	最低TFR	>2.10	>1.89
英语系国家								
美国	1972	26868	1973	28115	2020	1.64	√	√
加拿大	1972		1974		2020	1.40		
澳大利亚	1976	28763	1984	31701	2020	1.58		√
新西兰	1980	23402	2016	37219	2020	1.61	√	√
智利	1999	8240	2003	9228	2020	1.54		
东亚国家								
日本	1974	16047	1976	16802	2005	1.26		
韩国	1983	5104	1984	5573	2020	0.84		
中国	1991	975	1992	1101	2020	1.28		

说明：斯洛文尼亚、爱沙尼亚、俄罗斯也属于低生育率国家，但由于经济数据缺失较多，未列入表中。

资料来源：世界银行，https：//datacatalog. worldbank. org/。表中部分国家的人均GDP信息缺失；√表示生育率曾反弹到相应水平。

从各国生育率跌破更替水平时的社会经济发展状况看，多数欧洲国家当时人均GDP按2015年美元可比价折算（下同）在1万~3万美元。其中，北欧和西欧国家相对较高，南欧和中欧国家则明显较低。除地区差异外，区域内部各国之间的差异也很明显，即便是在经济发展程度整体较高的北欧国家，芬兰生育率跌破更替水平时人均GDP约1.6万美元，挪威则高达3.3万美元，相当于前者的2倍。

在更替水平以下低生育阶段，各国的生育率大多经历了明显的下降。多数国家生育率跌破更替水平后，在1~5年的时间内生育率继续下降至低于更替水平10%。在考察期间，七成左右的国家生育率曾下降到1.5以下，个别国家（韩国）甚至跌破1.0。20世纪60年代以来，生育率的普遍下降与各国生育率下降速度的差异，既包含了现代化过程中各国社会经济文化的综合影响，也与各国实施的制度和政策密切相关。总体而言，各国生育率变动与社会经济发展相关，但其相关关系不存在统一的国际模式。

（二）生育支持政策沿革的人口与经济视角

20世纪60年代以来，世界主要低生育率国家曾实施不同类型的生育支持政策。早期的政策，初衷大多是降低多子女家庭陷入贫困的风险、缓解劳动力短缺等问题。随着生育率长时期处于更替水平以下，人口老龄化和负增长等问题日益突出，越来越多的国家开始重视低生育现实，政策举措开始直接指向阻止生育率过快下降、提振生育水平。在这一过程中，各国政策尝试日益密集，政策力度不断加大，组合式政策体系渐趋普遍。

图1（a）～（d）选取瑞典、法国、澳大利亚和日本为典型案例，展示1960~2020年各国生育率与人均GDP的变动轨迹，同时列举了这些国家在低生育阶段采取的主要政策干预。

由图1（a）瑞典案例可见，20世纪60年代，瑞典人均GDP以近5%的速度较快增长，在生育率跌破更替水平时（1968年）人均GDP已超过2万美元。较高的经济发展水平为政府实施支持女性就业、推动性别平等和拓展公共服务的政策提供了坚实的基础。1974年起，瑞典政府改革原有的低补贴产假制度，实施与工资挂钩的带薪假。当时，总和生育率在更替水平以下10%左右（1.87），人均GDP约为2.66万美元，处于欧洲国家中相对较高的水平。1980年起，瑞典政府多次延长育婴假，并于1995年起实施男女平等的育婴假配额制，规定配额部分不可转让、不休则作废；同时，育婴假制度的设计将灵活休假和弹性工作制度化，为育龄人群兼顾工作与家庭提供了切实有效的制度保障。这些政策的实施，在鼓励女性参与经济活动、缓解劳动力短缺压力的同时，对促进性别平等具有积极效应。除休假制度的改革外，瑞典政府自20世纪70年代起持续推进托育服务体系的建设与完善，通过提高政府补贴、托育服务立法、统一降费（如 2001 年改革）等举措，不仅建成了覆盖全面、优质低价的托育服务体系，而且切实提高了托育服务的利用率，为 20 世纪 80 年代后期以及 21 世纪初的生育率大幅反弹提供了支持。总体而言，瑞典在进入低生育阶段后较早开始建设和完善制度体系，从就业、社会托育服务等领域综合发力，为社会成员兼顾工作与家庭提供政策支持和制度保障，有效避免了生育率的过快下降，也为其他低生育率国家提供了范例。

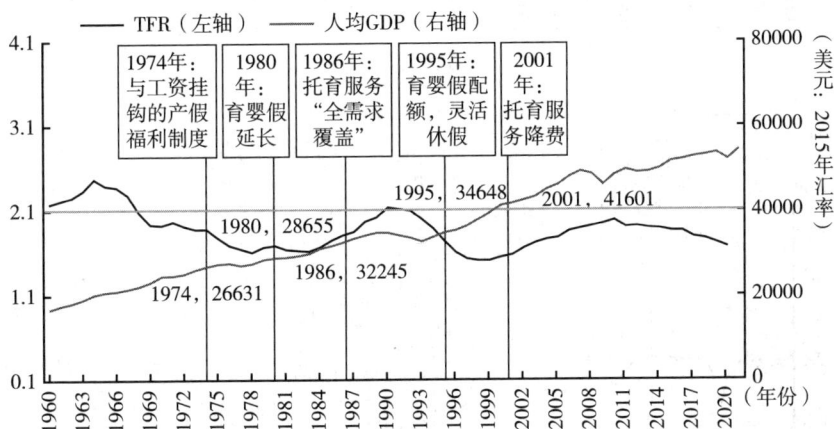

（a）瑞典

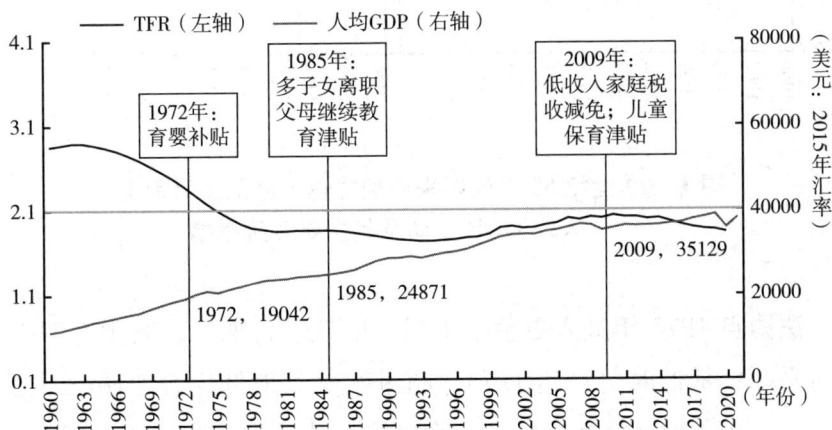

（b）法国

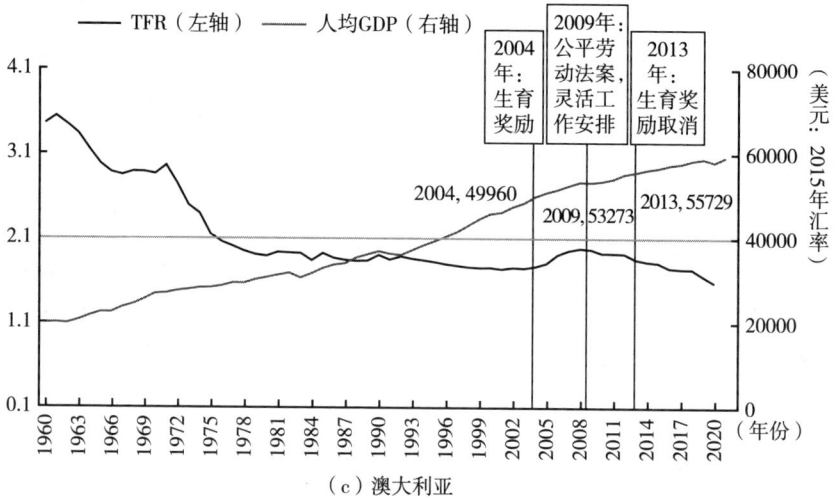

（c）澳大利亚

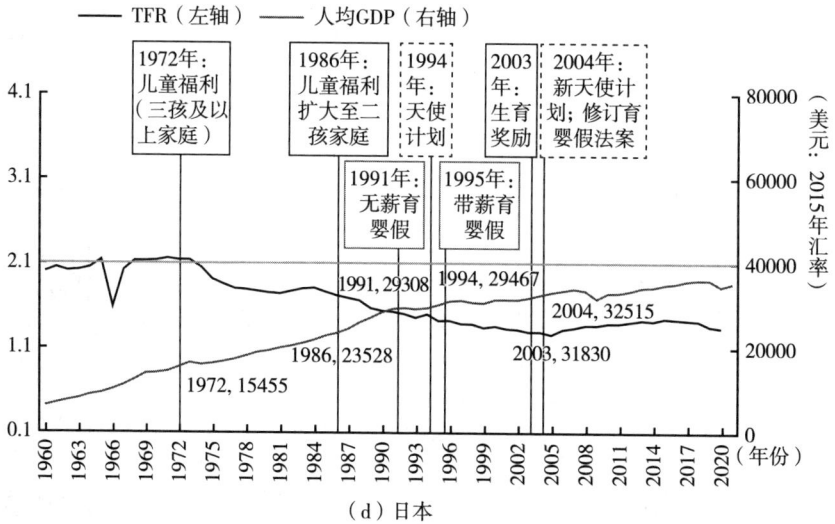

（d）日本

图1 20世纪60年代以来典型发达国家的生育率与
人均GDP变动及其主要政策举措

 法国自1975年进入更替水平以下的低生育期后，其生育率变化相对平缓；最低时仍高达1.73，超过欧美其他低生育率国家［图1（b）］。除少数年份外，法国生育率迄今为止基本保持在1.8以上。

与生育率相对平稳的发展状态相适应,法国政府实施的生育相关政策以支持家庭、避免因生育陷入贫困或长期失业为主要目标。一方面,法国托育服务体系的完备性和灵活多样性具有典范性意义。不仅针对不同年龄段(1岁以下、1~3岁、3~5岁)的婴幼儿设有专门的托育服务机构,为学龄儿童提供课后托管服务;而且服务的性质和种类丰富,是涵盖了常规性、临时性服务需求的多层次服务体系,能够适应职场父母不同类型的需求。另外,法国政府针对与生育相关的经济、就业困境制定和实施了针对性支持政策。例如,1985年法国政府在原有(1972年出台)的多子女家庭育婴补贴政策的基础上,针对多子女家庭中离职父母提供继续教育津贴,从人力资本再投资的角度为家庭提供生育支持,缓解其经济负担和就业困境;2009年,法国政府针对低收入家庭实施税收减免政策,同时进一步扩大育婴津贴。与之相适应,尽管法国经济发展水平与其他欧美发达国家相比相对较低,其生育水平却持续保持在更替水平附近,明显高于其他发达国家。

与上述欧洲国家相比,澳大利亚[图1(c)]和日本[图1(d)]针对低生育现象的政策反应较晚,主要政策出台距离生育率跌破更替水平长达二三十年。与各自社会经济文化等特征有关,这些国家的生育支持政策类型各异。例如,澳大利亚以现金奖励为典型特征,这一方面与其国家资源丰富、经济发展水平较高有关,另一方面,澳大利亚作为典型的移民国家,过去几十年间持续的移民对其劳动力供给具有重要的补给效应。2004年,澳大利亚实施大额生育补贴时人均GDP已接近5万美元,高于同期多数发达国家,仅次于卢森堡、瑞士和美国。此后几年,政府多次扩大生育奖励的范围和额度。需要注意的是,尽管政策对生育的奖励力度持续增大,2008年起澳大利亚生育率依然转向快速的单调下降通道,截至2020年其总和生育率仅为1.58。实践经验表明,以生育奖励为主的生育支持政策未能有效缓解澳大利亚生育率快速下降的趋势；同时，受财政支付压力的限制，2013年澳大利亚最终宣布取消生育奖励政策。

日本是东亚地区经济发达、较早完成生育转变的典型国家。较高的经济发展水平为日本政府早期以预防贫困为目的实施儿童福利政策提供了经济基础，1972年，日本针对三孩及以上的低收入家庭发放儿童福利［图1（d）］，这一政策一直延续到生育转变完成之后相当长的一段时间。1986年，日本进一步将儿童福利政策延伸至二孩家庭，通过政府和雇主共同筹资的做法对多子女家庭实施经济补贴。不过，同一时期，日本生育率在更替水平以下持续走低。20世纪90年代初，日本政府开始密集出台直接的生育支持政策：1991年起推行无薪育婴假；1994年起启动天使计划，大力推动托育服务及课后托管服务体系建设；1995年起对育婴假提供补贴；2003年实施生育奖励政策；2004年育婴假法案修订鼓励男性分担育儿责任；等等。随着生育率的不断走低，政府出台实施的政策日益密集，力度不断加大，且更趋综合，这些政策举措使得日本生育率的下降速度减缓。2020年日本总和生育率为1.34，与十余年前的水平基本持平。

概括起来，世界各国在应对低生育过程中政策出台的时机选择往往具有复杂的制度和社会经济根源。不少国家在生育率进入更替水平以下后数十年才开始正视其影响，并出台应对策略。这些差异一方面与政府的公共支出意愿和能力有关，另一方面，各国社会文化因素、人口构成以及国际移民传统或可行性，均可能影响其社会以及政府对低生育现象的反应。随着经济发展和人口规模及结构变动，以及国际人口发展格局的变化，多数国家开始重视政策干预的能动性，密集出台多领域的政策干预措施。从各国既有的政策经验来看，多数发达国家在实施生育支持政策时具有较好的经济基础，人均GDP大多在2万美元以上。不过，政策的实际效果因人口结构特征及内在惯性、社会文化等因素而呈现明显差异。

（三）国际人口形势和政策环境推动各国政策力度升级

随着世界范围内越来越多的国家完成人口转变，国际人口形势发生重大转变，各国人口结构蕴含的增长惯性从根本上决定着人口发展态势及其变化趋势。与此同时，国际移民的可行性及其现实意义发生变化。已有经验表明，即便是在经济发达、有着成熟的国际移民网络和传统的澳大利亚，国际移民对其生育率的提振/稀释效应以及对劳动力供给的补给效应已明显式微。在新的国际人口发展态势下，各国应对低生育的政策工具箱面临客观约束。各国的政策实践越来越清晰地指向针对个人及家庭的综合型政策支持体系，在这一方面，各国的政策发展呈现明显的趋同性。

近年来，世界主要低生育率国家不论其经济发展程度如何，均在积极推进生育支持政策。越来越多的国家着力于完善就业领域的制度体系，实施灵活的、富有弹性的就业和休假制度；同时，逐步建立和完善托育等社会服务支持体系，通过加大公共投入和引导社会参与，推动家庭支持体系的发展完善。不少国家也在积极推动公私领域性别平等化进程，尽管目前这一领域的进展总体还比较缓慢，但从各国关于育婴假配额制度的推广等政策设计和演进来看，这一发展方向代表着越来越多的国际共识和努力方向。

三　世界各国既有政策的经验与教训

（一）成功国际经验

在世界各国实施的众多政策中，已有一些政策被反复证明具有较为稳定的积极效应，有助于提振生育水平或缓解生育率过快下降。这些成功的政策大致如下。

第一，有保障的灵活休假制度和弹性工作政策设计，对实现适度生育水平、兼顾就业与家庭发展具有长远的积极影响。世界主要国家的政策经验表明，对男女两性实施有保障的灵活休假和弹性工作制度，不仅有助于提高女性就业率、促进职业女性兼顾家庭和职业发展，而且对推动男性参与育儿、分担育儿责任、实现家庭领域的性别平等具有重要的积极效应。近年来，越来越多的国家开始设计和实施灵活休假和弹性工作制度，通过设定不同时长、不同补偿水平的休假制度以适应有低龄子女的职业父母的多样化需求。事实证明，这些因素有助于推动育龄人群实现意愿生育水平，对整个社会实现适度生育率、推动性别平等化进程和促进人口长期均衡发展均具有重要战略意义，是提振生育水平的成本—效益型政策选择。

第二，完备的公共托育服务体系，通过缓解女性平衡"家庭—事业"的压力，有助于实现理想家庭规模和适度生育水平。国际经验表明，构建高质量、多层次、不同类型的托育服务体系，对帮助育龄女性实现从生育到重返职场的顺利过渡和有效衔接、降低生育和养育子女的机会成本具有重要支持作用。基于 OECD 国家数据的研究发现，各国 3 岁以下儿童托育服务的可及性与生育率水平高度正相关。北欧和中欧地区的经验也表明，托育服务的扩张对提振生育水平具有很强的正效应，相应效应不仅体现在时期生育率指标中，也体现在队列生育率中。在人口负增长形势下，完善和发展托育服务，对于同时兼顾就业规模、经济增长，以及提振生育水平相当重要。

第三，支持女性就业和家庭发展的"一揽子"政策，是实现适度生育水平、避免生育率过快下降的有效选择。过去半个多世纪中，北欧国家综合就业、公共服务、社会保障等多个领域，实施了"一揽子"的家庭友好型政策，也因此持续实现了发达国家中较高水平的生育率。20 世纪 80 年代至 90 年代初，作为北欧国家典型代表的瑞典的时期生育率一度回升到更替水平以上，这在已完成生育转变的发达国家中极为罕见。大量实践经验和政策评估研究表明，统筹设计的"一揽子"政策是疏通各领域、各环节制约生育水平障碍的必然要求，也是保证单个领域、专项政策真正有效的必要基础。因而，统筹合理的顶层设计和有效的政策落实，对于政策达到预期效果、实现适度生育水平至关重要。

（二）主要教训

从世界主要低生育率国家迄今为止实施的政策来看，可以得出以下几点教训。

第一，直接的生育奖励或现金补贴政策对于提振生育水平的实际效应很小，从队列或长期生育率的变化来看，其政策效应基本为零。过去半个多世纪里，不少经济发达的低生育率国家实施过现金奖励或补贴类的生育激励政策。例如，澳大利亚、意大利、俄罗斯等低生育率国家都曾针对高孩次、多孩家庭实施生育奖励政策。不过，在多数国家，相应政策并未带来预期的效果，时期及队列生育率均未出现明显的提升。究其原因，一方面，受财政负担力的客观约束，政府实施的生育奖励或现金补贴政策通常补贴额度不会很高，与平均育儿成本相比，相应奖励或补贴几乎微不足道，因而，政策不会提升育龄人群的生育意愿或实际生育水平；另一方面，由于相应政策往往是非常规性的，公众对政策缺乏稳定的预期，因而相应政策很难对未来生育行为产生实质性影响。此外，由于这类政策会直接增加财政负担，甚至导致财政赤字，其可行性和可持续性也受到质疑。

第二，托育服务体系不完善、缺乏质量保障或成本过高，均不利于提高托育服务的实际利用率，对育龄女性兼顾职业和家庭难以起到真正的支持作用，因而难以发挥提振生育水平的政策效应。世界主要低生育率国家的实践表明，托育服务体系要真正发挥作用必须以提高实际服务利用率为前提。托育服务体系的健全性是提高服务利用率的前提，特别是针对低龄儿童的托育服务可及性，对育龄女性在产后休假期满重返职场、降低职业中断风险极为关键。意大利的托育服务发展为此提供了重要的例证，由于意大利的托育服务发展侧重于3~5岁儿童的学前教育，对0~3岁幼儿的托育服务相对欠缺，这一现状使得托育服务体系并未对育龄女性兼顾职业和家庭发展提供切实有效的支持，以致其生育率水平长期低迷；类似地，德国由于缺乏针对低龄幼儿的托育服务和中小学儿童放学后的托管服务，女性难以兼顾家庭和职业，以致其就业率长期处于发达国家的低位，生育率也长时期处于较低水平。除服务体系的完备性外，托育服务质量、安全性以及费用也会影响实际利用率，进而影响相应公共服务对生育率的政策效应。

第三，缺乏系统性、全局性设计的政策，极易因个别领域或环节的障碍而导致政策失败，难以真正起到提高生育率或实现适度生育水平的作用。提振生育水平的政策不应仅仅着眼于生育行为本身或特定胎次的生育群体，而应当贯彻系统性理念、从全局出发，关注与生育相关的整个生命史过程。任一时期，整个社会实际生育水平的高低，在很大程度上取决于婚育年龄人口的结婚率、婚育间隔、二孩递进率等因素。这些生命史事件的递进过程中任一环节受到阻碍，均有可能导致生育相关政策的失败。例如，意大利、韩国等国家由于住房价格过高，大量年轻人难以承担独立组建家庭的支出而选择晚婚甚至不婚，这为这些国家近几十年来生育率持续处于极低水平提供了重要解释。

四　各国政策实践对中国应对低生育率的启示

综合世界主要国家在提振生育水平的长期探索中积累的经验教训，现阶段，提振我国生育水平需要从以下方面入手。

（一）提振生育水平，需要首先解决育龄人群面临的就业和生育（及抚幼）之间的冲突

一方面，通过劳动力市场法律和制度建设，建立完善的产假、陪产假及育婴假制度体系，为育龄人群兼顾家庭和职业发展提供制度支持和法律保障。通过实施灵活休假制度、弹性工作时间、限制长时间加班等方式，促进男女两性分担生育和育婴成本，消除与之相关的就业歧视和性别隔离。通过适当压缩法定工作时长和实施灵活工作/休假制度，在劳动力市场中提供更多的就业机会，缓解不断上升的高校毕业生就业压力，从而推动全社会就业质量和就业结构不断优化。

另一方面，建立和完善家庭支持服务体系。通过建立覆盖各年龄段儿童的多层次托育照料服务体系，满足家庭的常规或临时性服务需求；通过立法和建立完备的市场监管制度，全面提升和保障托育照料服务的质量，确保年轻父母在产后重返劳动力市场时能够获得高质量、满足需求的托育等服务支持，从根本上解决家庭照料的后顾之忧。

此外，结合我国人口老龄化现状和健康预期寿命不断延长的现实，将劳动力市场的灵活休假和弹性退休制度相结合，为祖辈分担抚幼负担提供制度支持。鼓励接近退休年龄的职工灵活休假、弹性退休，以帮助子女照料幼儿，满足家庭发展的多样化需求。

（二）贯彻系统观念，通过顶层设计，建立完备的综合性制度与服务体系，促进多部门统筹协调，切实消除年轻人在婚育进程中面临的困难与障碍

在后人口转变阶段，生育率的高低主要取决于年轻人的结婚率、结婚年龄，以及一孩和二孩递进率；高孩次生育的贡献很小。世界主

要国家的经验表明，除就业因素外，住房的可及性及其成本是影响年轻人适龄婚育和生育数量的关键因素；住房价格过高会阻碍年轻人适龄结婚，居住面积过小也会制约家庭生育数量。此外，子女教育负担重也是东亚国家女性生育水平低迷的重要原因，在教育竞争激烈、内卷的现实背景下，家庭特别是女性往往在子女教育中投入大量的时间和精力，客观上挤压了家庭生育空间。

为此，政府需要统筹协调以消除制约年轻人适龄婚育、按意愿生育的制度障碍及市场困境。一方面，规范和引导住房市场发展，通过价格监管、贷款制度改革、发展公租房市场等手段，为低收入、缺乏经济积累的年轻人组建家庭提供支持，缓解年轻人因住房困难而推迟婚育的困境。探索并实施二孩及以上家庭在申请廉价公租房、购房、购车等方面的制度支持，通过低息贷款、降低首付等政策措施鼓励和支持育龄人群按意愿适时生育。另一方面，深化教育改革，推动教育资源均等化，化解教育过度竞争对家庭教育负担的外溢效应及其生育抑制效应。同时，根据社会需求提供校内课后托管等服务，减轻家长（特别是职业母亲）的工作和家庭照料冲突。

（三）稳定和大力发展经济、促进就业，筑牢公众特别是年轻人对未来的良好预期，为提振婚育意愿并最大限度地实现适龄婚育奠定坚实的基础

世界各国的经验表明，在经济衰退或下行期，公众出于对预期收入和就业形势的担忧，往往选择推迟或放弃婚育。经济发展水平和就业情况不仅直接影响政府财政收入状况及其实施各类惠民政策的可行性，而且在很大程度上影响着育龄人群的婚育意愿和计划实施情况。持续稳定和大力发展经济，提振经济景气与公众信心，同时促进高质量充分就业，是提振生育意愿、实现适度生育水平和促进人口长期均衡发展的基石。

（四）中国生育转变历程的特殊性意味着中国当前仍处于提振生育水平的重要机遇期

总体来看，全国进入低生育期的时间还相对较短；由于城乡及地区之间生育文化和社会经济特征不同，生育转变进度存在重要的人群及区域差异。目前，育龄人群的生育意愿总体上显著高于实际生育水平，并且呈现重要的差异。

与多数低生育率国家相区别，中国生育转变是社会经济文化转变和生育政策共同作用的结果。受政策、社会经济及文化等因素的差异性影响，中国各地区、城乡生育转变进程并不同步。尽管从全国来看，生育率跌破更替水平已达 30 年之久，但从省级层次来看，最早和最晚完成生育转变的省份（如上海在 1975 年以前完成生育转变，贵州则在 2000 年以后）相应时间差距长达数十年[①]。生育转变进程的异质性意味着，目前中国各地育龄人群的生育行为（以及相关观念、态度等）仍存在重要差异，这为中国提振生育水平奠定了可行性基础。

与中国生育率进入更替水平以下的持续时间相对较短有关，目前育龄人群的生育意愿水平普遍高于实际生育水平；制约育龄人群生育行为的因素中，生育、养育及教育等成本因素占据重要位置。例如，基于中国社会调查的最新研究发现，经济资源、照料资源对激发育龄妇女的二孩、三孩生育潜力具有积极效应[②]；劳动力市场和社会体系中完备的制度支持，有助于降低职业女性与生育相关的人力资本过快贬值风险，进而提振生育意愿和生育水平[③]；当前信息化和深度媒介

---

① 牛建林、郑真真：《从人口普查结果看中国生育转变的地区差异》，载《中国人口年鉴 2011》，《中国人口年鉴》杂志社，2011，第 218~222 页。

② 於嘉、沈小杰、谢宇：《中国育龄人群生育潜力影响因素的随机实验研究》，《中国人口科学》2023 年第 2 期，第 19~35 页。

③ 夏璋煊、丁守海：《人力资本贬值预期对女性生育决策的影响——基于职业生涯动态视角的分析》，《中国人口科学》2023 年第 4 期，第 67~82 页。

化的发展背景，一方面意味着社会成员的生育意愿和决策极易受到媒介信息环境的影响①，另一方面，这也为广泛借助社交平台和媒介塑造积极有益的信息环境提出了时代要求，为培育和塑造新型婚育文化与社会规范、引领生育行为的转变过程提供了重要启示。这些客观现实表明，现阶段提振生育水平仍存在重要的机遇。在借鉴国际经验的基础上，结合中国生育转变的实际国情系统研究制约生育意愿和行为的因素，是设计和实施切实有效的政策干预的基础，这也为现阶段提振中国生育水平指明了方向。

---

① 蒋俏蕾、王鸿坤、陈宗海：《社交媒体信息获取对育龄女性生育意愿的影响——基于主动寻求信息和偶然接触信息的比较研究》，《中国人口科学》2023年第1期，第39~55页。

G.6
构建新时代生育友好型文化

侯慧丽 *

摘　要： 除了经济发展导致生育率快速下降之外，传统生育文化的消失也被认为是一个重要原因。本文通过对不同文化圈国家和相同文化圈国家之间的生育率比较发现，在生育率下降的总趋势下，文化仍然是影响生育行为的重要因素之一。中国虽然出现了持续的低生育率现象，但是传统生育文化的家庭和婚姻基础仍然稳固，不婚不育率很低，婚姻和生育仍然是年轻一代的普遍选择。在年轻一代传统生育文化基础仍然稳固的时期，当务之急应尽快提供意在减少婚育阻力的生育支持政策，这不仅有助于提高生育水平，同时可以进一步巩固生育文化的婚姻和生育基础。生育率下降是生育文化现代化的必然趋势，中国传统生育文化也在进行现代化的自我再造，在传统与现代并存的生育观念下，除了提供经济和福利支持的生育友好政策之外，还须构建包含婚育观念多元化带来的生育形式多样化的社会文化，提供给人们充分选择婚育形式的空间，营造开放、包容的社会生育文化。

关键词： 低生育率　生育观念　传统文化　生育友好

---

* 侯慧丽，中国社会科学院人口与劳动经济研究所副研究员，主要研究方向为人口社会学、社会政策。

20 世纪 90 年代以来，中国总和生育率下降到更替水平以下，之后持续下降，即使在先后实施了允许生育"二孩""三孩"生育政策的情况下，生育率依然处于下降趋势，2020 年第七次全国人口普查数据显示总和生育率为 1.3，以《世界人口发展报告 2022》的数据来看，中国已经处于世界最低生育水平国家的行列。由于低生育率是引起人口老龄化加剧、人口红利消失等深刻影响经济社会发展的主要原因之一，中国持续低生育率现象和人口发展趋势引发了人们的普遍关注，特别当 2022 年中国人口总量达到峰值后，低生育率问题更是引起了人们的担忧，生育问题的讨论焦点由过去的"限制"生育转向了"鼓励"生育，在此背景下，如何提高生育率成为主要议题。

低生育率是多种因素共同作用产生的结果。就目前来看，关于提高生育率途径的讨论主要集中在两个方面。一是主张提供各种与生育相关的经济支持和福利政策，在经济上对生育行为进行鼓励，比如通过发放生育津贴、延长产假和育儿假、减少女性的就业歧视、降低养育成本等手段来助力提升生育水平；在公共服务体系建设上，完善婴幼儿托育服务体系，扩大社会化婴幼儿服务的覆盖面，发展普惠性托育服务，减轻家庭托育照料难的问题。生育的经济和福利支持背后的逻辑认为阻碍生育的主要原因是高房价、高教育成本、女性工作与家庭冲突、婴幼儿照料费用高等造成生育的经济负担沉重，生育主体"想生不敢生"，导致生育率下降[①]。这类政策呼吁得到了官方与社会舆论的普遍认同。二是重塑传统生育文化观，强化个人对国家和社会所担负的生育责任。这类观点背后的逻辑认为目前的生育主体是"能生不想生"，认为现今中国传统生育观已经被个体主义生育观所

① 陈卫、张凤飞：《中国人口的初婚推迟趋势与特征》，《人口研究》2022 第 4 期，第 14~26 页。

替代,需要重塑生育责任的文化价值观[①]。然而,对于这一观点却存在争议,一些研究认为目前传统生育观念仍然存在,婚姻和生育并没有失去传统的制度化基础,主动不婚率和不育率都很低[②]。那么传统生育文化是否还影响着当今中国人的生育行为?了解中国当今生育主体尤其是年轻一代的生育观念对分析低生育率现象的根本原因以及未来发展趋势的研判是一个重要视角,对生育支持政策的制定与实施时机的确定具有重要意义。

一 生育率下降是全球性趋势

从世界人口发展历史来看,生育观念现代化是全球的必然趋势,最直接的一个表现是总和生育率的普遍下降。20 世纪中期全球每名妇女平均生育 5 个孩子,到 2021 年,全球每名妇女平均生育 2.3 个孩子,全球 2/3 的人口生活在总和生育率低于更替水平 2.1 的国家或地区。根据联合国预测,2050 年全球每名妇女平均生育 2.1 个孩子[③],全球将达到生育更替水平。由于经济发展水平、社会制度和传统文化等因素不同,各国生育率发生变动的时间也不同,经济发达的欧洲、北美和大洋洲国家在 20 世纪 70 年代初期总

---

① 苗国、彭大松:《群己权界:生育理性的家国互嵌》,《江苏社会科学》2022 年第 5 期,第 89~98 页。

② 陈卫、张凤飞:《中国人口的初婚推迟趋势与特征》,《人口研究》2022 第 4 期,第 14~26 页;於嘉:《何以为家:第二次人口转变下中国人的婚姻与生育》,《妇女研究论丛》2022 年第 5 期,第 47~69 页;李婷、郑叶昕、闫誉腾:《中国的婚姻和生育去制度化了吗?——基于中国大学生婚育观调查的发现与讨论》,《妇女研究论丛》2022 年第 3 期,第 85~102 页。

③ United Nations Department of Economic and Social Affairs, Population Division (2022). *World Population Prospects 2022*: Summary of Results. UN DESA/POP/2022/TR/NO. 3.

和生育率开始降低至更替水平以下，澳大利亚和新西兰在 70 年代中后期开始降至更替水平以下，之后生育率水平持续低于更替值，进入了一个长时间的生育率低迷状态，甚至频频出现人口负增长。20 世纪 90 年代之后，东亚和东南亚国家进入持续低于更替水平的低生育率期间。

在经济发达国家率先进入低生育率阶段之后，经济发展水平落后的国家虽然生育率水平相对比较高，但也开始出现下降趋势，经济最落后的撒哈拉以南地区的总和生育率在 2020 年是将近 5，到了 2050 年，联合国预测总和生育率将下降到 3.5。所以对于人口发展趋势需要有一个理性认识，即生育率下降是人类社会现代化发展的必然趋势，是世界各国人口发展的共同特征，很难再回到传统社会的高生育率。

西方人口学者将总和生育率持续降低至更替水平以下的人口现象称为第二次人口转变，并且认为第二次人口转变的一个重要的驱动力是人们价值观念的变化，主要包括西方个体主义意识的兴起、自我价值实现的需求增加、平等化的性别观念越发强烈等，这些思想上的变化改变了人们对传统婚姻家庭和生育的看法，进而带来生育行为上的转变，典型特征是初婚年龄推迟、单身和同居比例增加、离婚率升高、婚外生育增加、不婚不育女性增加、家庭形式多样化、生育行为被认为是个人生活方式的选择而不再是社会和家庭责任，最终生育率下降①。虽然对此观点并未达成共识，但是反映出文化和思想观念对生育行为的影响将会越来越大。从以上可以看出，生育率下降是全球人口发展趋势，但是在此过程中，不能忽视文化和价值观念对生育率变化的作用。

---

① Ron Lesthaeghe. 2014, "The Second Demographic Transition: A Concise Overview of Its Development," *PNAS*, vol. 111, No. 51, pp. 18112-18115 .

二 不同文化圈国家的生育率变化比较

生育行为在人类社会中是一种文化体系，这种文化体系由各种制度组织而成，比如婚姻制度、亲子关系和氏族组织等，生育行为正是在各种制度下完成种族延续①。生育行为的特点一定程度上反映了某种文化观念。从世界文明和宗教以及人口规模的划分来看，世界各国可以大致被分为四个文化圈，以基督教为代表的西方国家文化圈、以伊斯兰教为代表的阿拉伯文化圈、以儒家文化为代表的东亚文化圈、以印度教为代表的印度文化圈。图1显示了不同文化圈、不同经济发展水平国家的生育率变化，如美国、挪威代表西方文化圈国家，沙特阿拉伯和印度尼西亚代表阿拉伯文化圈国家，中国和日本代表东亚文化圈国家。

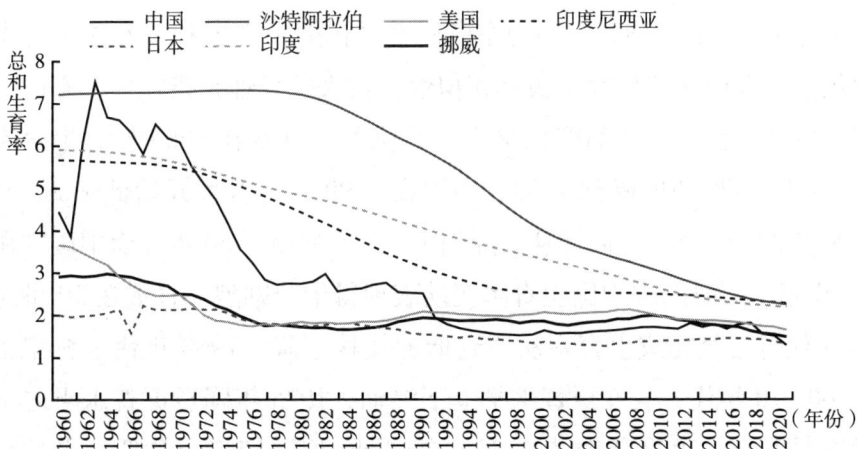

图1 1960~2020年不同文化圈国家的总和生育率变动

资料来源：United Nations Department of Economic and Social Affairs，Population Division（2022）. *World Population Prospects 2022*：Summary of Results. UN DESA/POP/2022/TR/NO. 3。

---

① B. 马林诺斯基：《文化论》，商务印书馆，1940。

由图1可见，在生育率下降总趋势下，不同文化圈国家生育率变化又各具特点。从2020年的数据看，不同文化圈国家的生育率表现出两种结果，一个是阿拉伯文化国家和印度，生育率保持在2.1更替水平以上，另一类是西方文化国家和东亚文化国家，生育率处于更替水平以下。

从1960年到2020年60年期间，阿拉伯文化国家和印度的总和生育率，呈现"高-高"特点，即20世纪60年代是高生育率，2020年生育率下降后仍然高于更替水平，沙特阿拉伯、印度尼西亚和印度在20世纪60~70年代总和生育率都在5.5以上，虽然生育率持续在降低，但是2020年时总和生育率依然保持在更替水平2.1之上；西方文化国家如美国和挪威的总和生育率，呈现"稍高-低"特点，20世纪60年代总和生育率在3~4，在下降到更替水平之后，很长一段时期保持在2左右，下降幅度缓慢，呈现平稳向下的趋势，2020年分别为1.64和1.48；而同为东亚儒家文化圈的中国和日本在生育率变化上既有极大差异性又极具相似性，极大差异性是指在短时期内中国的总和生育率下降的变化幅度更为剧烈，日本在1960年时生育率为2，到2020年时降到1.33，中国在1990年生育率开始低于2，到2020年时降到1.3，同样从2降到1.3，日本用了60年，而中国则用了30年，短时间内中国生育率变动表现得十分剧烈。日本在20世纪50年代时已经完成生育率从高到低的快速下降，1960年代生育率为2，60~70年代一直在更替水平上下浮动，1975年降至更替水平之下后逐渐下降，2020年时为1.33，是"低-低"特点，是低水平平稳向下，一直下降到低于西方文化国家。而中国则是"高-低"特点，中国在20世纪60年代总和生育率为5~6，70年代开始急剧下降，90年代降至更替水平之下，之后再下降到2020年的1.3。中国与日本的相似性是指中国和日本在生育率下降到更替水平之后，仍然持续下降，下降幅度要快于西方文化国家，2020年时，中国和日本的生育率是四个文化圈国家中最低的。

工业化、城市化等经济发展因素是生育率下降的主要原因，但是从当前的生育率和经济发展水平的关系来看，在相同文化圈中不同经济发展水平的国家，生育率也表现出相似的一面（见表1）。

表1 不同文化圈国家人均GDP与总和生育率

文化圈	国家	2020年总和生育率	2020年人均GDP（现价美元）
阿拉伯文化圈	沙特阿拉伯	2.24	19539
	印度尼西亚	2.27	3894
印度文化圈	印度	2.18	1910
西方文化圈	美国	1.64	63530
	挪威	1.48	67329
东亚文化圈	中国	1.30	10408
	日本	1.33	39918

资料来源：OECD（2023），Fertility Rates（Indicator）. doi：10. 1787/8272fb01－en（Accessed on 19 April 2023）；世界银行数据库：https：//databank. worldbank. org/source/world－development－indicators。

阿拉伯文化圈国家在四个文化圈中生育率处于最高水平。同属阿拉伯文化圈的沙特阿拉伯和印度尼西亚的经济发展水平差距比较大，沙特阿拉伯的2020年人均GDP是印度尼西亚的5倍，从60年发展历程来看，沙特阿拉伯生育率一直高于印度尼西亚，但是2015年之后趋于一致。印度的人均GDP比较低，但生育率一直处于较高水平，2020年与阿拉伯国家的总和生育率趋同；西方文化国家的美国和挪威虽然人均GDP最高，生育率比较低，却不是最低的国家。东亚文化圈的中国和日本生育率都属于最低国家行列，日本的人均GDP低于美国和挪威，但是中国的将近4倍。这样看，经济发展促使了生育率下降趋势的形成，但是不同文化圈国家仍然有不受经济影响而保留了自身生育文化特点的一面。

三 中国生育观念的现代化

同全球人口发展趋势一样，中国的传统生育观念也不可逆转地向现代化生育观念转变。一方面，中国自新中国成立以来的自主现代化过程中性别平等推进和公共服务体系建设为生育观念的现代化奠定了一定基础。新中国成立初期国家支持鼓励女性参与到有偿劳动生产中来，以及进行"不工作的女性是寄生虫""妇女能顶半边天"等思想的宣传，女性的社会地位和经济地位大大提高[①]，为生育行为现代化提供了性别平等的基础。同时，婴幼儿托育服务体系的普遍建立，以及国家在基本医疗保健、妇幼保健等方面大力投资，让产妇和婴幼儿死亡率大大降低，为实现控制生育数量提供了技术条件，这种超前于经济发展的社会进步奠定了现代化生育观念的基础。1952年，城市的总和生育率接近6，1964年后开始下降，到1971年下降到3以下，减少生育数量的现代生育文化已经在城市逐渐形成，只是由于城乡差距较大，农村生育观念滞后导致全国生育率变化并不显著[②]。

另一方面，自改革开放以来，经济快速发展，工业化、市场化、全球化进程加快，中国年轻人在价值观上深受西方"个人本位"思想影响，他们更强调个体化意识、自我价值实现以及性别平等的价值观，这些价值观念冲击了传统的"家本位"思想，进一步改变了人们养儿防老、多子多福、重男轻女的传统生育观念。学界的多次调查结果显示目前中国超过80%的青年理想子女数量是2个，并期待儿女

[①] 金一虹：《"铁姑娘"再思考——中国文化大革命期间的社会性别与劳动》，《社会学研究》2006年第1期，第169~196页。

[②] 郑真真：《生育转变的多重推动力：从亚洲看中国》，《中国社会科学》2021年第3期，第65~85页。

双全，传统思想中的重男轻女向无性别偏好转变①。初婚年龄推迟，全国男性的平均初婚年龄从 1990 年的 23.59 岁上升到 2020 年的 29.38 岁，女性的平均初婚年龄从 1990 年的 22.15 岁推迟到 2020 年的 27.95 岁②。一人户家庭逐渐增加，这意味着同居、独身等生活方式越来越多，家庭形式多元化，个体对婚姻行为的自主权逐渐增大，生育行为也不再局限在婚姻之内，非婚生育增加。多年的家庭追踪数据显示，1989 年以前出生的已经生育的妇女中，婚前生育的比例维持在 5%，而在 1990~1994 年出生的女性中上升至 7.2%③，家庭和婚姻观念的多样化特征逐渐显现。

四 中国现代生育观念的传统基础

日本与中国同属东亚文化圈国家，日本自二战之后出现了"婴儿潮"，人口快速增加，1949 年总和生育率达到 4.5，但随着经济快速发展，人们收入水平迅速提高，生育率快速下降，1960 年达到了 2，之后一直缓慢持续下降。日本生育率的显著下降有多方面原因，除了经济快速发展，一定时期内的抑制高生育率的社会政策也引导人们减少了生育，同样，传统文化对日本生育率变化所产生的影响也引起了人们的讨论。有观点认为日本因为丢失了传统文化，效仿西方，"脱亚入欧"的思想一直存在，传统生育文化中多子多福、养儿防老思想不再存在，所以生育率明显下降④，但也有观点

---

① 侯佳伟、顾宝昌、张银峰：《子女偏好与出生性别比的动态关系：1979~2017》，《中国社会科学》2018 年第 10 期，第 86~101 页。
② 陈卫、张凤飞：《中国人口的初婚推迟趋势与特征》，《人口研究》2022 年第 4 期，第 14~26 页。
③ 於嘉、谢宇：《中国的第二次人口转变》，《人口研究》2019 年第 5 期，第 3~16 页。
④ 易富贤：《大国空巢》，中国发展出版社，2013 年，第 339 页。

认为正是因为具有浓厚的传统文化，东亚国家"压缩型"经济快速发展与文化价值观缓慢变化之间产生了冲突而造成了低生育率①。中国与日本同样经历了压缩式经济发展，生育率快速下降，那么中国的生育率下降是因为对传统文化的放弃还是对传统文化的坚守？

相对于西方个人主义的以"个人"为中心的文化价值基础来说，东亚儒家文化的"家文化"是社会的根基，在生育文化中表现为婚姻和家庭是生育的基础，所以当检验传统生育文化是否仍然对生育行为产生影响时，首先要看婚姻和家庭制度基础是否稳固，人们是否对结成婚姻关系和组成家庭还有强烈意愿。

（一）中国依然是一个普婚社会

图2显示了日本从1950年至2020年男性和女性终身不婚率的变化和中国从1982年到2020年不婚率的变化。日本在20世纪80年代中期以前不婚率处于较低水平，但是中后期迅速增长，并且男性不婚率增长速度大大超过女性，2020年，男性不婚率达到28.25%，女性不婚率达到17.81%。相比较而言，中国的不婚率始终保持低水平状态，并且男性不婚率高于女性不婚率，特别在2000年以前，男性不婚率超过4%，女性不婚率低于0.2%，很大一部分原因是一段时期内的性别比失衡，2000年以后，男性不婚率下降至4%以下，女性不婚率逐渐上升到2020年的1%，都处于非常低的水平。这样看，生育的婚姻和家庭基础在中国依然稳固，中国仍然是一个普婚社会。

（二）生育依然是普遍选择，婚内生育比例很高

不生育的原因有多种，主要分为四类：一是想生不敢生，二是能

---

① 沈洁：《"超少子化"现象的政策思考——兼论日本与韩国的经验与教训》，《社会政策研究》2022年第1期，第79~89页。

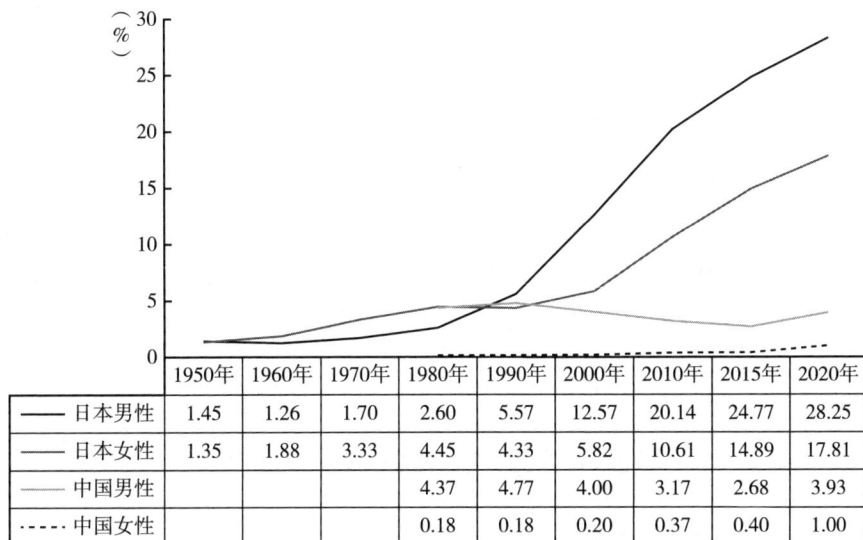

	1950年	1960年	1970年	1980年	1990年	2000年	2010年	2015年	2020年
—— 日本男性	1.45	1.26	1.70	2.60	5.57	12.57	20.14	24.77	28.25
—— 日本女性	1.35	1.88	3.33	4.45	4.33	5.82	10.61	14.89	17.81
—— 中国男性				4.37	4.77	4.00	3.17	2.68	3.93
---- 中国女性				0.18	0.18	0.20	0.37	0.40	1.00

图 2　日本和中国终身不婚率的变化

资料来源：日本总务省《国势调查报告》；《中国人口和就业统计年鉴》（1983、1991、2016、2021 年）；《第五次人口普查年鉴》。

终身不婚率＝（44~49 岁未婚人口比例+50~54 岁未婚人口比例）/2

生不愿生，三是想生不能生，四是非婚不让生[①]。从目前来看，想生不敢生和能生不愿生是最主要的两种影响生育率的因素，前者表示生育阻力，后者表示生育价值观念。生育阻力的存在得到普遍认可，那么是否能生不愿生的主动不生育行为也普遍存在？学界多次调查结果显示，婚外生育和主动已婚不育仍然比较少见。研究显示，1970 年代之前出生的女性已婚未育的比例不超过 1.5%[②]，而"80 后"未育女性中，主动未育的比例仅不到 5%，1990~1994 年出生的未育女性

---

① 陈友华、孙永健：《生育政策及其配套支持措施：认知偏误与政策偏差》，《广州大学学报》（社会科学版）2022 年第 4 期，第 73~90 页。

② 於嘉、谢宇：《中国的第二次人口转变》，《人口研究》2019 年第 5 期，第 3~16 页。

中，主动不育比例也仅有 6.0%①，所以，"能生不愿生"的思想并不是主流，生育依然是已婚女性的普遍选择。而且，中国的婚内生育的比例依然很高，研究显示 2017 年 15~60 岁女性中有 21.5%的发生过至少一次未婚怀孕，但其中 92%的人最后都步入了婚姻，相比 OECD 国家非婚生育的比例高达 30%~50%②，中国的生育行为与婚姻关系十分稳固。婚内生育的高比例表明中国"家"文化这一传统观念对人们的约束依然存在，人们遵循着生育和婚姻之间的传统联系。结婚和生育依然是中国人的普遍思想。

（三）传统与现代并存的生育观念将长期存在

日本的终身不婚率从 20 世纪 90 年代开始迅速上升（见图 2），根据终身不婚率的定义，在 44~54 岁不婚意味着这批人在至少 20 年前作为年轻人时的不婚意愿已经开始上升，也就是说现在的不婚率只是 20~30 年前的年轻人所持婚姻态度的结果，那么中国是否也会出现虽然目前不婚率低，但未来几十年迅速上升的现象？有研究对现在大学生婚育调查结果显示③，超过80%的大学生的理想子女数量是两个，仅有 4%不想生育，6%接纳非婚生育，现在的大学生的认知中婚姻与生育的关系依然稳固。超过 60%的大学生选择结婚，只有 3%将同居看作婚姻的替代，与明确表示不结婚的群体合计占比不到10%，这些结果表明目前年轻人婚育观念变化缓和，仍然持有生育

① 於嘉：《何以为家：第二次人口转变下中国人的婚姻与生育》，《妇女研究论丛》2022 年第 5 期，第 47~69 页。
② 李文珍：《1957 年以来出生女性群体的婚孕新趋势——以未婚怀孕为中心的分析》，《人口学刊》2020 年第 6 期，第 5~18 页。
③ 虽然是针对大学生的调查，不能代表全体年轻人，但是大学生往往是时代新思想的引领者，所以通过大学生可以看到年轻人的新思想和新观念。

友好型的生育观念[①]。但这个结果似乎与当前民众感知到的"剩女""单身""催婚"等不婚不育频繁出现的婚育现象有差异。事实上，这是婚育意愿与婚育结果差异的问题。一方面是不婚不育的思想相比较过去有所增加，这是婚育观念现代化的必然趋势。另一方面，调查中的4%不想生育与10%的不结婚是指在适婚年龄时表示主动不婚不育的比例，这部分人可能成为44岁以后不婚人群的一部分，还有一些终身不婚不育人群的出现是因为在适婚年龄时有婚育意愿但因为婚育阻力造成了不婚不育的结果。所以主动不婚不育的年轻人比例低并不意味着终身不婚不育比例低，也意味着降低终身不婚不育比例还有很大的政策空间，就是把握时机实施旨在减少婚育阻力的政策。

中国民众的生育观念一方面受到现代化思想的影响而发生变化：理想子女数量减少、生育子女性别偏好由男孩转向无性别偏好、初婚年龄推迟、晚婚晚育与不婚不育倾向有所上升、对婚外生育的态度也更为宽容；另一方面仍然受到中国传统家庭文化的影响：晚婚、普婚、普育是社会主要的婚姻特征，不婚率很低，婚内生育是主流，并且年轻一代人的生育观念变化缓慢，传统生育的家庭基础依然牢固。所以，未来一段时期内传统与现代并存的生育文化是主流，在传统与现代并存的生育文化下包容多样化的生育观念和生育行为，更加宽容看待并充分尊重个体和家庭的多元化选择是顺应时代发展的需要。

[①] 李婷、郑叶昕、闫誉腾：《中国的婚姻和生育去制度化了吗？——基于中国大学生婚育观调查的发现与讨论》，《妇女研究论丛》2022年第3期，第85~102页。

五　当务之急：抓住生育支持政策的实施时机，巩固生育文化基础

如同不婚意愿和不婚事实，生育上也有两个概念需要分辨清楚。一是理想子女数，是指在不受外界环境影响下希望生育子女数量，表示当时生育观念下的真实反映。二是意愿生育子女数，是指受到环境影响，自己打算生育的子女数量，是接近实际生育的子女数量。从多次调查中看，中国年轻人的理想子女数与意愿生育子女数是有差异的，这个差异就是目前造成低生育率的真正原因。2021年中国大学生调查显示，大学生的平均理想子女数量是1.86个，超过80%的个体偏好2个子女，同时显示自己实际打算生育子女的平均数量却是1.36人，近50%的大学生打算生育子女数量少于2个，远低于理想生育子女数量，这两者之间形成的差异即生育率持续低下的原因，也就是年轻人想生但不敢生的阻力所在。研究表明，在婚姻方面，高等教育的扩招、就业形势的严峻、房价的攀升、预期收入低等都是年轻人无法适龄结婚的制约因素，成为结婚阻力。在生育方面，对于男性来说，住房、结婚成本、教育、托育等婚育成本是最大的生育阻力，对女性来说，就业歧视、带薪产假等工作压力是最大的生育阻力[1]。所以，现阶段改变低生育水平的迫切任务是提供减少婚育阻力的生育政策而非对生育观念变化的担忧。如果说西方国家发生的生育率低于更替水平的下降是因为个体主义的兴起等价值观念的改变，那么对于中国在短时期内出现生育率低于更替水平并继续下降的原因则是婚育成本的居高不下。所以实施减少婚育成本的生育支持政策是当务之急。

---

[1] 李婷、郑叶昕、闫誉腾：《中国的婚姻和生育去制度化了吗？——基于中国大学生婚育观调查的发现与讨论》，《妇女研究论丛》2022年第3期，第85~102页。

（一）抓住调整生育支持政策的窗口期，培育新时代生育友好型文化

提供生育支持政策不仅能够及时消除生育主体面临的阻碍，还能更好地构建生育友好环境，有助于稳定和构建友好的新型生育文化。青年是未来 10～20 年婚育行为的核心主体，其婚育观念将会对中国生育水平、人口结构和人口发展趋势产生重要影响。现阶段青年人群还是将婚姻和生育作为人生的必要选择，传统生育文化还有存在的社会基础。所以抓住未来几十年这个窗口期，积极建设有利于生育的公共政策和公共服务体系将对稳固婚育文化的传统社会基础有积极作用，有利于形成生育友好型的生育文化。

（二）减少婚育阻力

对当下大多数年轻人来说，就业、收入和居高不下的彩礼等都是阻碍适龄结婚的因素，所以进一步提高人力资本、创造就业机会，稳定房价、提高年轻人收入水平以及进行高价彩礼的治理，营造节俭文明的婚嫁风气等可以减轻婚姻阻力。另外，应拓宽寻求配偶的多种途径帮助适龄未婚人群寻找合适的伴侣。对于男性来说，生育成本主要来源于经济负担，住房还贷、孩子的托育、教育等费用是最大的生育阻力，而对女性来说，就业歧视、生育后带薪产假时间短等工作压力以及孩子照料等生活压力是最大的生育阻力。所以，现阶段应制定相应政策以减少人们的托育、教育的经济负担，减少女性在劳动力市场中的就业歧视；完善女性生育产假制度；提供 0～3 岁托幼服务，避免女性因为生育而出现工作机会和收入的减少。

（三）包容生育观念的多元化，防止群体性不婚不育，构建生育友好型社会

虽然中国普婚普育的传统生育文化基础仍然存在，但是年轻人生

育观念的现代化趋势不可阻挡，中国传统文化也在进行现代化的自我再造，家庭婚育的价值基础向多元化转变，不可避免地会出现生育行为的多样化。在传统与现代并存的生育观念长期存在的情况下，除了提供经济和福利支持的生育友好政策之外，还必须构建包容婚育观念多元化带来的生育形式多样化的社会文化，包容性包括两个层面，一是将生育决策权交由家庭，提供给人们充分选择婚育形式的空间，营造开放、包容的社会环境，有助于缓解婚育焦虑。二是随着家庭婚姻和生育观念多元化，国家和社会要提供包容性的生育环境，包括对人们思想观念变化的尊重和对相关政策的支持等。但在包容婚育行为多样化的同时，也要防止群体性不婚不育观念的出现。在信息社会，互联网文化与社会舆论的影响非常强大，有研究表明，"上网"会增加年轻人生育焦虑和挤压养育预算而降低生育率①，如果个体的不婚不育的生育观念在网络上不断被强化放大并进一步传播，会对群体产生巨大影响，并最终成为社会性的生育观。所以稳固现有的普婚普育的生育文化基础、防止跟风性的群体性不婚不育思想出现，是新时代生育文化建设的重要内容。

（四）加强家庭文化建设，塑造新时代生育文化

中国社会最基本的单元是家庭。中国的社会价值取向、政治与经济关系的构建始终是从家庭出发，形塑着"家国一体"的秩序体系。中国各种制度设计和实践无不渗透着中国的传统伦理和文化逻辑，所以包容性生育文化的建设需要植根于家庭建设并进行新时代生育文化的自我再造。事实上，中国当代年轻人的家庭观念非常浓厚，即使在个体化思想的影响下，青年人也将其进行了本土化创造，为家庭赋予

---

① 陈卫民、万佳乐、李超伟：《上网为什么会影响个人生育意愿？》，《人口研究》2022年第3期，第16~29页。

了新含义，形成了以家庭价值稳固和个体意识崛起为特征的新家庭主义，年轻一代没有丢掉传统，而是在对传统文化的坚守与个体自由之间寻求平衡①②，相比个体理想的实现，人们更看重拥有幸福的家庭。在养老上，虽然社会化养老越来越完善，但是年轻一代仍然更认同家庭承担养老责任③，在婚姻上，婚姻中的性别分工观念也出现了向传统回归的现象等④。这些都说明年轻人并没有为了个人利益舍去家庭。所以顺应年轻人尚存的家庭基础，加强家庭文化建设，增强人们对家庭的心理和情感需求，有助于稳固年轻一代的普婚、普育的传统文化，进而有助于提高生育率。

---

① Yan Yunxiang, "Neo-familism and the State in Contemporary China," *Urban Anthropology and Studies of Cultural Systems and World Economic Development*, 2018, 47（3），181-224.

② 钟晓慧、何式凝：《协商式亲密关系：独生子女父母对家庭关系和孝道的期待》，《开放时代》2014 年第 1 期，第 155~175 页。

③ 陆杰华、王馨雨、张雁雯：《社会转型背景下不同代际队列的养老责任观念变化探究——来自 2015 年中国综合社会调查数据的验证》，《华中科技大学学报》2019 年第 2 期，第 105~115 页。

④ 杨菊华：《近 20 年中国人性别观念的延续与变迁》，《山东社会科学》2017 年第 11 期，第 60~71 页。

G.7
生育率政策：政策实践与顶层设计

都阳 曲玥 程杰*

摘　要： 我国生育率处于极低水平，人口政策进行了适应性调整，各地也在积极探索鼓励生育的政策措施，但目前地方政策差异性较大且缺乏总体设计，面向家庭的支持力度有限，政策成本分担机制尚不明确，政策实际效果不理想。地方政策实践中凸显的问题，反映出人口政策的独特属性，生育具有正外部性，其收益主要归国家，这决定了生育政策主要体现中央事权，偏离这一原则将扭曲地方政府行为，政策成本转嫁给用人单位和家庭。生育支持政策体系的顶层设计要明确中央与地方之间的权责关系，抓住女性生育与劳动力市场发展冲突这一主要矛盾，优先选择既有利于生育又能够提高女性就业竞争力的政策工具，个人所得税抵扣是一举多得的政策。同时，鼓励地方政府盘活土地、房产、人力资源等各类存量公共资源，加大对生育服务体系支持力度，实现生育率回升、新兴服务业发展与区域经济增长的多重目标。

关键词： 生育率　外部性　劳动力市场　个人所得税抵扣

* 都阳，中国社会科学院人口与劳动经济研究所党委书记、所长、研究员，主要研究方向为劳动经济学、发展经济学、人口经济学；曲玥，中国社会科学院人口与劳动经济研究所研究员，主要研究方向为劳动经济与就业；程杰，中国社会科学院人口与劳动经济研究所副研究员，主要研究方向为社会保障与劳动就业。

我国生育率处于极低水平，通过继续加强支持和鼓励生育的政策举措，使生育率回归至与我国经济发展阶段相适应的水平尚有余地。近年来，各级政府相继出台了一系列支持和鼓励生育的政策措施，但政策效果不理想，关键是没有解决制约生育的"痛点"。当务之急是加强生育政策的顶层设计，明确国家、社会与家庭之间的关系，抓住主要矛盾，瞄准对生育政策反应更敏感的群体，处理好女性生育与劳动参与之间的冲突，力求达到最好的政策效果。

一　生育支持政策的地方实践

（一）生育支持政策的主要类型

按照政策对象进行归纳，现行鼓励生育相关措施主要包括以下几个方面。一是面向家庭的支持政策。主要有国家层面实施的3岁以下婴幼儿照护个人所得税专项附加扣除，地方政府在国家规定的假期标准基础上延长产假、陪产假，一些城市针对生育二孩及以上家庭直接发放育儿补贴，给予购房补贴、公租房政策倾斜等举措。二是面向托育和教育机构的支持政策。国家层面制定了托育机构设置标准和管理规范，地方政府陆续落实托育机构建设补贴、运营补贴（托育床位补贴）以及示范奖励补贴等举措，在税费、房产、土地、水电等方面给予优惠政策。三是面向用人单位的支持政策。国家层面出台指导性意见，鼓励用人单位与职工协商确定灵活休假和弹性工作方式，支持有条件的用人单位为职工提供福利性托育服务，鼓励通过多种方式参与兴建托育机构。四是面向城乡社区的支持政策。主要支持社区公共服务配套设施建设，一些城市鼓励社区"嵌入式"托育机构和家庭互助式托育服务。此外，各级政府管理部门也从落实相关专项规划、加强女性权益保护、优化医疗（生育）保险政策、完善婚姻生育登记管理等方面出台了举措。

总体来看，现行措施呈现以下几方面特征。（1）政策举措比较零散，缺乏总体设计和统一思路，也没有明确关键矛盾和主要政策着力点，国家层面提出了一些指导性意见，但尚未建立起完整的生育支持政策体系。（2）地方政策标准不一致，存在相互攀比现象。有地方将产假延长到 148 天至 190 天不等（见表 1），也纷纷出台 10~30 天不等的陪产假政策，但大多地方并未就延长产假带来的直接成本（生育津贴）和间接成本（企业经营）予以考虑。在国家层面政策指导下，为了加快推动托育服务体系建设，各地按照 2025 年全国每千人 4.5 个托位目标层层分解任务，出台托育机构建设补贴和运营补贴的普遍政策，但各地补贴标准大相径庭。（3）没有明确政府、社会与家庭的责任以及各级政府公共财政的制度性安排。目前来看，地方财政承担了面向家庭和用人单位的相关政策的投入，中央财政投入相对较少，社会和家庭则被动地承担了延长产假、灵活工作等政策的直接和间接成本。

表 1 各地推出的产假与陪产假政策

单位：天

地区	产假天数	陪产假天数	地区	产假天数	陪产假天数
北京	158	15	湖北	158	15
天津	158	15	湖南	158	20
河北	158（188/三孩）	15	广东	178	15
山西	158	15	广西	148	25
内蒙古	158（188/三孩）	25	海南	190	15
辽宁	158	20	重庆	178	20
吉林	180	25	四川	158	20
黑龙江	180	15	贵州	158	15
上海	158	10	云南	158	15
江苏	158	15	西藏	365	30
浙江	158（188/二孩）	15	陕西	158（350/三孩）	15

地区	产假天数	陪产假天数	地区	产假天数	陪产假天数
安徽	158	30	甘肃	180	30
福建	158~180	15	青海	188	15
江西	188	30	宁夏	158	25
山东	158	15	新疆	158	15
河南	190	30	全国	98	—

资料来源：根据各地新修订的《人口与计划生育条例》整理得到。截至 2023 年 8 月。

（二）面向家庭的生育支持政策

面向家庭的生育支持政策激励效果相对更明显，释放出更强的鼓励生育的信号。目前国家层面尚未出台统一的生育补贴、托育补贴等面向家庭的直接支持政策，各地根据自身实际情况出台相关举措，四川攀枝花市被视为全国首个启动生育补贴的城市。总结来看，地方实践的家庭支持政策呈现以下几个特点。

一是政策工具多样化，涵盖家庭的收入、住房、托育服务、医疗服务、养老服务、社会保险、就业创业等多个方面，旨在对民生福祉全方位的保障，提高家庭生育意愿。二是补贴方式差异化，既有一次性或按月（年）发放的直接现金补贴，也有购房优惠、消费券、医疗报销偿付、社保缴费补贴等定向补贴。三是政策瞄准群体逐步扩展，起初出台支持政策的城市主要针对二孩、三孩家庭，随后逐渐意识到覆盖群体有限、政策效果不佳，一孩是二孩三孩的基础，一些城市（如深圳市、宁陕县、温州市等）将政策向所有孩次延伸。四是一些创新性的政策工具也在试验。例如，浙江绍兴市上虞区针对三孩家庭除了发放消费券之外，还按照人均可支配收入的 20% 给予生活补助，实现了补贴标准与收入水平动态挂钩，同时探索出台了购买商品房优惠的"房票"举措，既降低购房成本又不干扰商品房市场；

吉林省针对二孩三孩家庭夫妻创办小微企业给予减免增值税、企业所得税的政策，既鼓励生育也支持创业就业。

目前地方实践的政策表现出一些普遍性问题。一是政策对象的限制条件仍然较为严格，绝大多数城市要求本地户籍家庭、且孩子需要入户才能享受补贴待遇，而户籍人口的老龄化普遍较高、生育水平普遍更低，非本地户籍的常住人口尚未被有效覆盖，而这部分群体恰恰是生育意愿和潜在生育水平更高的群体，对政策反应更为敏感。二是政策的信号作用强于提高生育率的实际作用，例如某些城市的生育补贴达到数万元标准，但实际上受益对象很窄（限定为本地户籍的三孩家庭）、财政投入总量并不高，大部分城市的政策仍然偏于保守，以二孩和三孩家庭为主，且政策周期大多限定在3岁以内婴幼儿（三年周期），对于覆盖所有孩次的政策较为谨慎，而一孩生育率提升是扭转总和生育率下降的关键。三是政策力度与补贴标准的地区差异较大，各地生育补贴的标准从几百元到数万元不等，这主要取决于地方财政能力与鼓励生育内在动力，深圳市有条件制定相对较高的生育补贴标准，并将政策对象覆盖所有孩次，宁陕县财政能力有限，但生育率长期偏低、人口收缩压力很大，地方政府也有动力鼓励生育，每年列支近千万元财政预算给予所有孩次生育补贴（见表2、表3）。

表2 生育补贴政策的地方实践

典型地区	补助方式	政策标准	政策对象
四川攀枝花市	按月发放	每月每孩500元，直至三周岁	二孩三孩、户籍家庭
湖南长沙市	一次性发放	每孩发放10000元	三孩及以上、户籍家庭
浙江杭州市	一次性发放+孕产补助	二孩：5000元、孕产补助2000元；三孩：20000元、孕产补助5000元	二孩三孩（须入户）、本地户籍孕产妇

续表

典型地区	补助方式	政策标准	政策对象
云南省	一次性补贴+按年发放	二孩：一次性补贴 2000 元、每年 800 元；三孩：一次性补贴 5000 元、每年 800 元；政策期限：2023~2025 年	二孩三孩、户口登记本省
湖北武汉东湖高新区	按年方法	每孩每年 10000 元，直至六周岁	三孩及以上（须入户）、夫妻一方本地户籍
浙江绍兴市上虞区	消费券+生活补助	二孩：每月 300 消费券；三孩：每月 500 元消费券+人均可支配收入 20%生活补助；直至三周岁	二孩三孩（须入户）、夫妻一方本地户籍
广东深圳市	一次性补贴+按年发放	一孩：一次性补贴 3000 元、每年 1500 元；二孩：一次性补贴 5000 元、每年 2000 元；三孩：一次性补贴 10000 元、每年 2000 元；直至三周岁	所有孩次（须入户）、夫妻一方为本地户籍
陕西宁陕县	一次性发放+按月发放	一孩：一次性补贴 2000 元；二孩：一次性补贴 3000 元、每月 600 元；三孩：一次性补贴 5000 元、每月 1200 元；直至三周岁	所有孩次（须入户）、夫妻一方为本地户籍
浙江温州市	一次性发放	一孩：1000 元；二孩：2000 元；三孩：3000 元	所有孩次、夫妻双方本地户籍（或单方本地户籍且子女入户）

资料来源：根据各地政府最新颁布的人口与生育政策整理得到。截至 2023 年 8 月。广东深圳市政策为社会征求意见稿。

表3　面向家庭的相关生育支持政策

典型地区	政策类型	政策标准	政策对象
甘肃酒泉市	住房支持	一次性购房补贴：二孩家庭 5 万元，三孩家庭 10 万元	符合政策生育二孩和三孩家庭

续表

典型地区	政策类型	政策标准	政策对象
江苏海安市	住房支持	购房价格补贴：二孩家庭每平方米优惠 200 元，三孩家庭每平方米优惠 400 元	本市常住居民、子女未成年
浙江宁波市	住房支持	公积金贷款额度上浮：60 万元提高到 80 万元	二孩或三孩家庭首次申请公积金贷款购买首套住房
浙江绍兴上虞区	住房支持	房票：购买商品房一次性发放 30 万元	三孩家庭、本区户籍（子女入户）
河北衡水市	托育服务	一孩：每月 300 元；二孩：每月 500 元；三孩：每月 800~1200 元	市域内登记备案的托育机构入托的 3 岁以下婴幼儿
浙江舟山市	托育服务	二孩：每月 500 元；三孩：每月 1000 元	二孩三孩，本市户籍，本市入托
山东淄博市	托育服务	托育服务消费券：100、300、500 元定额	定点托育服务机构的 0~3 岁婴幼儿
四川成都市	托育服务	托育服务消费券：1000 元一次性领取	定点托育服务机构的未满 3 周岁婴幼儿
宁夏银川市	医疗服务	城乡居民医保参保人员二孩住院分娩医疗费医保支付不低于 1500 元，三孩不低于 3000 元；城镇职工医保参保人员二孩及三孩住院分娩医疗费政策范围内报销比例达到 85%	二孩三孩，生育住院分娩女性
山东济南市	医疗服务	新出生婴儿六个月内参加本市居民基本医疗保险个人缴费由财政全额补助	二孩三孩，本市居民医疗保险参保者

典型地区	政策类型	政策标准	政策对象
江苏省	社会保险	基本养老、基本医疗、工伤保险、失业保险四项保险费单位实际缴纳部分：二孩补贴50%，三孩补贴80%；从生育当月起补贴6个月	二孩三孩，生育女职工
浙江省	社会保险	基本养老、基本医疗、失业保险三项保险费单位实际缴纳部分的50%；从生育当月起补贴6个月	所有孩次，生育女职工
云南省	养老服务	三孩家庭老年人优先优惠入住公办养老机构	三孩家庭的老年人
吉林省	创业服务	小微企业减免增值税、企业所得税，支持银行机构为夫妻提供婚育消费贷款	二孩三孩夫妻

资料来源：根据各地政府最新颁布的人口与生育政策整理得到。截至2023年8月。

（三）地方实践的经验与教训

现行各地鼓励生育措施积累了一些经验，实际效果尚不明确，但一些问题已经显现。突出矛盾表现在：地方政策大多关注于生育表层问题，没有从根本上触及制约生育意愿和行为的关键"痛点"，即女性生育与劳动力市场发展之间的冲突，地方政府对相关政策措施的经济效应评估不足，导致一些政策实际效果违背初衷。

现行政策设计侧重于短期效应，缺少合理成本分担机制，实际上最终损害了女性权益。简单地将政策实施成本转嫁给用人单位和社会，用人单位则倾向设法规避成本，谨慎雇佣育龄女性，最终将政策成本转变为女性生育的机会成本，导致一些政策措施事与愿违。例如，各地纷纷推出延长产假举措的出发点是鼓励生育，但不可避免地增加了用人单位雇佣成本，目前各级政府并未对政策带来的经济成本进行充分评估并给予合理的补偿，政策实际效果表现为抑制了劳动需求，损害了女性就业权利和福利，从而加重女性生育负担、阻碍生育意愿。现行鼓励生育措施效果不佳的关键症结在于女性生育与劳动力市场发展之间的冲突，合理的成本分担机制是破除这一症结的关键所在。

鼓励生育、支持养育等政策纷繁复杂，但政策的有效性不在于数量的多寡，而是要抓住制约生育的主要矛盾，才能真正起到实效。生育率持续下降的深层次原因在于女性在现代社会中的角色转变，传统社会中女性的"生育"功能已经让位于女性独立自主与个性发展，反映在女性劳动参与率提高和人力资本水平提升上。政策要解决制约生育的"痛点"，妥善处理好女性生育与劳动参与之间的冲突，优先选择既有利于鼓励生育又能够促进女性劳动力市场发展的政策工具。试图让女性回归家庭实现生育水平反弹终究是不可行的，一个积极有效的人口政策必须是女性友好与就业优先的政策。

二 生育政策顶层设计的理论逻辑

（一）生育具有正外部性

人口是国家与民族繁荣延续的载体。在人类文明进程中，大国兴衰的过程伴随着人口的繁荣与萎缩，特定族群的消失也就意味着一个文明的消亡，人口的历史就是一个经济社会与文明史。中华文明绵延不绝，成为世界上唯一以国家形态延续至今的伟大文明，文明的连续性与人口的发展息息相关①。人口大爆炸与人类现代化进程同步，公元前 1 万年世界人口仅有约 600 万人，经历漫长爬坡与徘徊，到工业

---

① 都阳：《以人口高质量发展推进中华文明现代化》，《中国工业经济》2023 年第 7 期，第 14~17 页。

革命初期世界人口勉强接近 8 亿人，之后仅用不到 300 年时间就扩张到 80 亿人①。人们对于新一轮科技革命接续上演、现代文明不断演进是充满信心的，但人口扩张极大概率将在 21 世纪末终结。文明载体的萎缩迫使我们审慎思索人类文明的走向。从微观视角，生儿育女是家庭或家族内部的私事，而从宏观视角，人口繁衍则是"国家大事"，关系整个经济体稳定的劳动力供给与经济增长，影响到长期社会支持体系的可持续，在大国竞争与地缘政治安全中也是不可忽视的因素。从这个逻辑上看，家庭的生育行为产生了正外部性，国家是受益主体，理应肩负起文明延续的责任。

人口是影响历史进程的关键因素。从世界历史的长周期看，人口并非持续不间断地增长，而是经历了增长与衰退的周期。人口增长是技术进步和经济增长的结果，而每一轮人口快速增长又带来要素相对价格变化以及需求品短缺引发的"价格革命"，进而影响新一轮的技术选择和经济增长。有历史学家观察了中世纪以来欧洲四次长周期的"价格革命"以及随之而来的四个均衡发展期，工资、物价、租金与利率的周期性变动的内在驱动力量都是人口②。从新中国的发展历程来看，人口膨胀、劳动力价格对于中国经济奇迹发挥重要作用，而人口转型之后的技术选择和经济发展道路仍然绕不开人口因素。人口、技术选择与经济发展之间存在严密而复杂的内在逻辑。那么，人口究竟何其重要呢？从短期来看，年度之间的人口增减对经济社会影响微乎其微；从中长期来看，世代之间的人口变化对经济发展的影响不可忽视，至少扮演了乘数效应；从更长期的稳态经济来看，按照新古典增长理论的启示，人均产出增长完全取决于人口增长和外生技术进

① 〔意〕马西莫·利维-巴奇：《世界人口简史》，王帅等译，中国友谊出版公司，2022。
② 〔美〕大卫·哈克特·费舍尔：《价格革命：一部全新的世界史》，X. Li 译，广西师范大学出版社，2021。

步，而后者通常在人口规模较大的经济体中更容易出现，中国一直保持巨大的人口规模是创新发明的数量和种类在很长的历史时期位居世界前沿的关键因素；放眼到更长时段的人类文明进程，人口就是全部。

中国人口转变深刻影响世界格局变化。改革开放以来，中国的崛起受益于"人口红利"，世界也分享了这一红利，中国的人口力量维护了过去几十年全球低通胀、低利率和高增长的良好环境。但有学者警示，这一时代将一去不复返，当前中国和世界正在经历一个"人口大逆转"①，人口老龄化已经成为一个世界性的现象，将从根本上改变世界经济格局，带来全球通胀压力、高负债困境、经济放缓、不平等加剧及民粹主义。世界第一人口大国已经进入人口负增长阶段，全球人口总量在可预见的未来也将达峰，根据联合国最新人口预测，到 21 世纪末，紧随印度和中国之后，尼日利亚将成为第三人口大国，非洲人口占到世界人口 40%，日本、韩国人口将减少约 40%，德国、俄罗斯人口将减少约 20%，美国人口维持在世界前十位，但结构将发生巨变，白人成为"少数族裔"。世界人口的地域分布、种族结构、迁移方式都将发生调整，这将对大国博弈与世界政治格局产生重大影响。中国快速人口转变已经激起了一串"涟漪"，未来中国复兴之路与世界格局调整必然要做出响应。

人口问题事关中华民族伟大复兴和国家繁荣昌盛。保持适度的人口规模与平稳的人口更迭，是我国经济社会可持续发展的重要支撑，是保持国际竞争优势地位的基础条件。生育具有正外部性，主要体现在以下几个方面。一是生育正外部性表现在为国家与民族的繁荣延续提供了人口基础。生育行为将"小家"（家庭）与"大家"（国家）

---

① Charles Goodhart, Manoj Pradhan. The Great Demographic Reversal: Ageing Societies, Waning Inequality, and an Inflation Revival. Palgrave MacMillan, 2020. https://doi.org/10.1007/978-3-030-42657-6.

紧密相连，从个体决策来看，生育主要是家庭事务，但从其系统性影响来看，生育则是"国家大事"，关系整个经济体稳定的劳动力供给与经济增长，影响到长期社会支持体系的可持续，在未来大国竞争与地缘政治安全中也是不可忽视的因素。二是随着经济发展阶段变化，生育正外部性收益也在转换。从劳动力供给过剩到相对短缺阶段，人口与劳动力资源在经济社会发展中的约束性更强，相对稀缺意味着要素价格更高，生育带来的正外部性收益也更多，在可预见的人口负增长阶段，这一趋势将进一步强化。三是正外部性收益在地区间难以计量和分割。过去城乡与区域分割格局已经被打破，人口与劳动力在地区之间充分自由流动，一个人从出生、接受教育到进入劳动力市场的地点随时可变动，这意味着生育正外部性收益在地区之间是可转移的，分布也是不均匀的，在国家与地方、地方之间难以准确度量。

从理论逻辑来看，家庭生育的正外部性最主要受益主体是国家，鼓励和支持生育的政策主要属于中央事权，其成本理应主要由中央财政负担。生育支持政策顶层设计的核心问题就是要明确中央与地方、社会与家庭之间在政策体系中的角色定位，建立合理的生育成本分担机制。

（二）生育政策主要体现中央事权

生育的正外部性收益主要由国家（中央政府）获得，依靠地方政府投入为主的制度安排体现着事权与财权不匹配，导致地方政府内在激励不足，政策效果违背初衷。政策设计偏离中央事权原则，将对地方政府和市场主体产生一连串的行为扭曲。生育支持政策的成本最终还是由个人和家庭承担，支持政策实际上发挥了意想不到的抑制生育的效果。目前政策设计扭曲突出表现在以下三个方面。

一是地方政府对长期才能见效的生育支持政策积极性不高。由于生育的外部收益主要落在国家层面，地方政府从根本上缺乏分担生育成本的内在动力，即便面对劳动力日趋短缺的形势，地方政府的行为动机更关注于"当下的人"而不是"未来的人"，热衷于短期立竿见影的"抢人大战"，对长期才能起作用的生育支持政策缺乏热情。

二是地方政府政策更倾向于"转嫁成本"。地方政府出台了一些表面化的举措，旨在回应国家层面的倡议和指导性意见。由于生育支持政策的收益分配具有不确定性，国家和中央政府是受益主体，地方政府更倾向于将政策成本转嫁给用人单位和社会，而不太情愿投入"真金白银"。

三是家庭成为政策成本最终买单者。市场主体行为是理性的，用人单位也将设法规避成本，谨慎雇佣育龄女性，最终将政策成本转变为女性生育的机会成本，导致一些政策初衷与政策效果南辕北辙。

生育政策顶层设计要解决的一个关键问题是合理界定中央政府与地方政府之间的权责关系，妥善解决事权与财权不匹配矛盾，明确中央政府的主体责任，在中央财政预算中对生育支持政策给予制度性安排，纠正目前生育成本转嫁给用人单位和家庭的不合理现象。

三　生育政策的选择：个税抵扣政策 为何是优选工具？

（一）既是生育政策也是经济政策

核心的生育政策应该被纳入宏观经济政策范畴，能够有效促进劳动参与的宏观经济政策就是生育政策的优先选择。这其中，个人所得税抵扣政策是衔接个人生育行为与劳动力市场的有效工具。各项宏观经济政策中，个人所得税的手段不仅改变个人收入，更直接改变劳动力面临的劳动力市场价格。相比于其他货币政策或财政政策，作用机制与劳动力市场直接相连，对就业的促进最为直接。财政政策通过收纳税收再作用于劳动力市场或其他针对性领域，中间的传导机制众多，难以做到政策的精准有效，而个人所得税抵扣甚至负缴可以直接针对政策目标群体和目标领域。

个人所得税抵扣政策与其他类型的政策不同之处在于，它兼顾了生育支持和劳动力市场行为的关系。专项抵扣针对生育、养育行为，具有明确的鼓励生育的含义。由于个人所得税的征税对象是从事经济活动并获得一定水平以上收入的群体，因此，参与劳动力市场活动是享受这一政策的前提。这一政策安排，对于解决职业—家庭的兼容性有一定的作用，针对主要的低生育率群体，抓住了当前制约生育的主要矛盾。与此同时，女性因为生育、养育行为获得税收优惠，实际上降低了企业使用生育期女性的劳动力成本，提高了这些女性在劳动力市场上的竞争力，更有利于女性兼顾就业与生育，也向企业发出了明确的支持生育的信号。

女性生育决策与劳动力市场决策如图 1 所示，横轴为闲暇（反向横轴代表工作时间或工作强度），纵轴为收入水平。对于未生育的女性而言，其收入预算线为 ABE（非劳动收入为 AB）。假定女性生育后，养育的综合成本为 BC，此时女性可以选择继续工作并支付养育成本（预算线移动至 ACD）；或者选择不工作自行照顾幼儿，即点B。从图中情形可以看到，女性的最优选择为不工作，其在 B 点的效用水平高于 ACD 段上的 X 点。

点 B 和 ACD 线反映了生育之后女性面临的"两难选择"，B 点是不工作的女性，可以亲自育儿并节约相应的育儿费用，其机会成本为不工作损失的工作收入；在 ACD 线上选择工作可获得工作收入但要支付较高的育儿成本。个人所得税税收抵扣的机制只作用于有工作行为的 ACD 线段，带来其实际工资水平的提高，进而带来个人预算约束线斜率的提高（旋转），个税减免带来实际工资的变化使得个人预算约束线 ACD 旋转至 ACF，并带来劳动参与行为的实际改变（从不工作变为

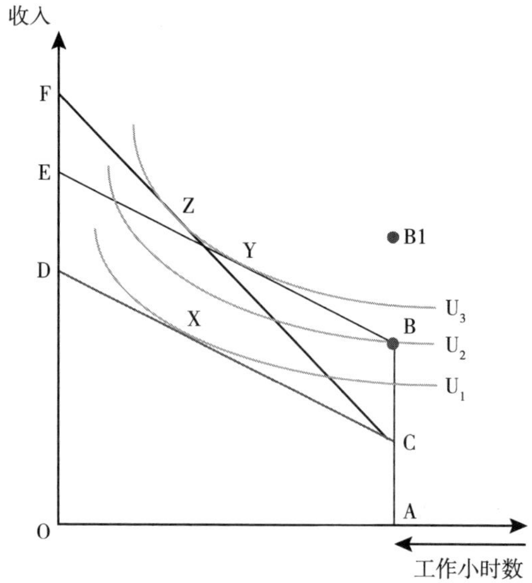

图1 女性生育决策与劳动力市场决策

资料来源：作者绘制。

工作，工作的效用由 U_1 增加到 U_3，并高于不工作的效用 U_2）。该图也反映了其他生育支持政策的作用机理：托育行为的市场化和服务体系的社会化可以降低托育成本，使个人预算约束线保持在 ABE 上，劳动参与和收入不会下降；生育补贴是非劳动收入，使生育后 ACD 线移动至初始的 ABE；但与此同时选择不工作也同样可以获得这样的补贴，B 点也相应上移至 B1 点，女性仍然选择不工作。只有与工作相连的生育补贴，使 ACD 移动至 ABE，而不工作不给予补贴（B 点不移动）能够带来对于女性劳动参与的改善效应。当前的生育补贴没有瞄准工作女性，难以激励劳动参与。从中长期来看，劳动参与率提升带来的劳动供给增长是经济增长的重要源泉[1]，税收优惠政策激励女性劳动供给

---

[1] 都阳、贾朋：《劳动供给与经济增长》，《劳动经济研究》2018 年第 3 期，第 3~21 页。

增加，扩大劳动力市场规模，从而促进经济增长，产生"拉弗曲线效应"，政策红利本身可以自行覆盖政策的成本。

（二）个税抵扣政策的有效性判断：目标群体的劳动供给释放效果

针对政策目标群体进行个税抵扣，可提高该群体的实际劳动力市场价格（工资收入水平），提高工资对劳动供给、劳动参与的释放效果则取决于劳动供给弹性。为了估算劳动供给弹性，需要测算所有已就业和未就业群体的影子工资水平，针对 16 ~ 60 岁的群体，以个人特征为解释变量估计当前就业群体的工资收入方程：[①]

$$lnw = lnage + edu + female + married + local + ur + city + \varepsilon$$

其中，$lnage$ 为年龄对数，edu 为系列受教育程度的虚拟变量，$female$ 为女性虚拟变量，$married$ 为是否有配偶虚拟变量，$local$ 和 ur 分别为反映户籍状况的"是否为本地劳动力（本地城市户籍）"虚拟变量以及对于外来劳动力"是否为城市户籍"虚拟变量，最后 $city$ 为一系列代表各城市的虚拟变量。模型的收入采用年工作收入（进行了 5% 的截尾处理），在估算出模型参数后，再将全部 16 ~ 60 岁群体的个人特征变量带入模型，依据估计方程中各项个人特征的系数推算每一个个体（包括实际未就业个体）的影子工资水平，最后将推算的影子工资作为劳动力价格纳入劳动参与决定方程得到劳动供给弹性，估算劳动参与的决定方程为：

$$LP = lnw + lnage + edu + female + married + local + city + \varepsilon$$

---

① 这里以中国城市劳动力调查（CULS）第四轮调查数据为基础进行相关测算，依据调查数据中的税后收入推算税前收入水平；进一步，将调查时点 2016 年税前年收入水平依据城镇单位就业平均工资指数进行外推，可推算出 2021 年的税前收入状况，后续依据当前个税税级进行进一步估算。

表 4 给出了总体以及分男女的估算结果，总体的劳动供给弹性为
1.257，其中女性的劳动供给弹性更大为 1.488，男性为 1.112，即工
资收入每提高 1 个百分点，劳动参与可提高 1.26% 左右。

表 4　劳动供给弹性估算

指标	总体	男	女
收入（对数）	1.257***	1.112***	1.488***
	（8.60）	（5.89）	（6.77）
年龄（对数）	−0.248***	−0.215***	−0.319***
	（−14.65）	（−9.34）	（−13.12）
婚姻状况已婚	0.339***	0.489***	0.177***
	（15.66）	（17.50）	（5.49）
女性	0.138***		
	（3.41）		
受教育程度	√	√	√
本地	√	√	√
城市	√	√	√
常数项	−12.51***	−11.19***	−14.42***
	（−7.94）	（−5.51）	（−6.24）
样本量	14307	7150	7157
R^2	0.284	0.399	0.176

注：括号内为 t 值，*、** 和 *** 分别代表在 0.1、0.05 和 0.01 水平上的显著性。
√ 表示变量已控制。
资料来源：作者依据中国城市劳动力调查（CULS）第四轮调查数据测算。

依据个体收入所处税级区间的不同，减税举措带来的实际工资变
化率并不相同，因此需要估算具体收入水平在面临相应减免个税的政
策下带来的实际收入变化率。这里将 16~60 岁的群体依据所处税级
分为 4 组：税前年收入小于等于 60000 元；税前年收入大于 60000 元
小于等于 96000 元；税前年收入大于 96000 元小于等于 204000 元；
税前年收入大于 204000 元。进一步，将总体样本、分男女的样本纳

入不同税级的收入组分别估算了各组别的劳动供给弹性。可以看到，处于收入组 1，也即无须纳税群体，劳动供给弹性的估算结果不显著，劳动参与的决策对于工资水平的变化不敏感；而收入组 2 和收入组 3 则对于收入的变化非常敏感，收入更高的收入组 3 劳动供给弹性更大，女性的劳动供给弹性更大。

表 5　劳动供给弹性估算（分性别/收入税级组）

收入分组	总体	男	女	样本数
收入组 1	不显著	不显著	不显著	1597
收入组 2	1.275	1.027	1.534	6632
收入组 3	1.467	1.261	2.136	6011
收入组 4	—			

注：高收入组 4 的样本观测值很少，不再单独分析。
资料来源：作者依据中国城市劳动力调查（CULS）第四轮调查数据测算。

不同的个税抵扣方案给各个群体带来的实际收入变化率均有差异，这里假设全部免税这一情形给现有各收入群体带来的实际收入变化率，再结合各群体的劳动供给弹性即可获得个税抵扣可释放的劳动供给。具体测算过程如下：

首先，劳动供给弹性为：$E_L = (dL/L) / (dw/w)$。依据个体（或群组平均）收入水平，可推算税收全部免除的收入百分比变化 dw/w，以 E_L 和 dw/w 可计算劳动参与的百分比变化以及对应群体的劳动供给释放数量，即 $dL/L = E_L \times (dw/w)$。其中，L 为该群体当前劳动力数量，dL/L 为劳动供给变化率，E_L 为估算所得该群体的劳动供给弹性，dw/w 为该群体税收减免带来的实际收入变化率。考虑到累进制个税政策的起征点与税率有差异，税收全部免除给不同收入组带来的实际工资变化存在差异，并最终反映到劳动供给释放效应中。

针对每一个收入水平均可得到个税全部减免的实际收入变化率 dw/w，结合对应群组的劳动供给弹性，可绘制个税全部抵扣的实际收入变化率以及劳动供给变化率。如图 2 所示，横轴为个体收入水平（税前），纵轴为变化率，灰色线为个税全部抵扣的实际收入变化率 dw/w，黑色线为个税全部抵扣带来的劳动供给变化率（dw/w×E_L）。随着所属税级的提高，减税带来的实际收入变化率更高，另外依据估算，所属税级更高的群组劳动供给弹性也更大，因此图中显示出收入越高，个税全部减免的劳动供给释放效应越大。

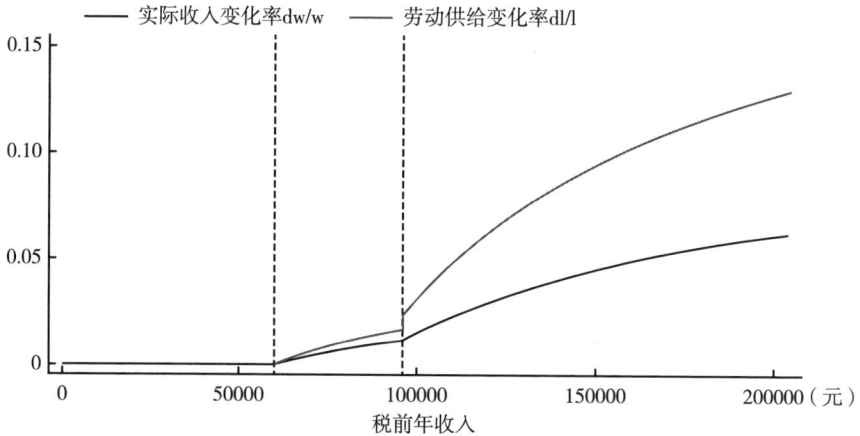

图 2　个税全部抵扣的劳动供给释放效应

资料来源：作者依据中国城市劳动力调查（CULS）第四轮调查数据测算。

四　完善生育支持政策体系的建议

人口问题始终是我国面临的全局性、长期性、战略性问题，要从中华民族伟大复兴战略全局认识人口问题，优化人口发展战略。人口变化具有相对的可预见性与不可逆性，人口的生物属性与社会属性在较长时期内遵循特定规律，在应对人口问题中没有太多短周期的政策工具，试图采用类似于宏观调控的"逆周期调节"难以奏效且成本高昂，我们必须更多着眼于长周期的预判，战略部署也要顺势而为，需要经济政策、公共服务政策、社会政策等相互作用、系统推进，抓住当前抑制生育意愿的主要矛盾出台针对性的政策。

（一）经济政策

优先选择既能够鼓励生育、又有利于女性劳动力市场发展的激励政策，同时政策设计要能够覆盖不同目标群体。大幅提高 3 岁以下婴幼儿照护个人所得税专项附加抵扣额度是一个切实可行的政策工具，2023 年将抵扣标准从每人每月 1000 元提高到 2000 元，政策力度和效果有所提高，但仍然偏低。根据当前劳动力市场中女性的工资分布与适用税率估算，若将抵扣标准逐步提高到 5000~10000 元，能够覆盖绝大多数潜在目标群体。同时，还需要调整政策瞄准对象，即从目前以家庭为对象转变为生育子女的女性[①]，逐步实现生育女性免征个人所得税，确保政策受益群体为女性，才能发挥鼓励生育和激励女性劳动参与的双重效果。

生育补贴是与税收优惠互补的政策。前者主要面向低收入群体，后者主要受益者是中等收入群体，两类政策工具都具有操作简便、效果直接的特点，也是目前更容易被广大群体接受的政策。劳动力市场中女性从事非正规就业的比例较高，正规就业中也有相当比例的女性工资水平尚未达到个税起征点。这些群体暂时就不能直接受益于个税优惠政策，有必要通过直接转移支付的政策设计，扩大生育支持体系的覆盖面。直接的现金补贴政策操作简便，面向广大普通家庭，世界

---

① 劳动力市场中存在工资性别差异，婚姻匹配与家庭结构中通常也表现为男性收入高于女性，前者适用于更高的边际税率，税收抵扣的政策边际收益也更高。因此，家庭在专项附加抵扣申报中倾向于选择男性使用该政策，对于提高女性劳动力市场竞争力的作用有限。

上有接近一半的国家曾经或正在实施直接生育补贴或奖励政策，对比来看，这也是最受普通家庭欢迎的政策工具。

在全国范围内实施生育补贴政策，制定国家基础的生育补贴标准。生育补贴政策工具应该被纳入国家层面的家庭支持体系中，确定一个国家基础的生育补贴标准，并根据经济社会发展水平和生育养育成本实际负担进行动态调整，中央财政承担相应责任，鼓励地方政府根据自身情况逐步提高补贴标准。将普惠性的生育补贴政策作为国家人口政策调整转向的标志性信号，重点覆盖劳动力市场之外的女性以及劳动力市场中的低收入群体，确保她们能够享受普惠性的生育支持政策。

通过财税政策激励生育养育服务创新发展。支持多种形式的托育机构发展，鼓励托育机构创新服务模式，以满足多样化的家庭需求。清晰界定公共或普惠托育机构与营利性托育机构之间的边界，慎重使用托位补贴、定向机构建设补贴等排他性政策，避免资源配置扭曲。营造良好的市场环境，规范托育行业发展秩序，鼓励社会资本进入，原则上不干预营利性托育机构的经营方式、服务范围和收费标准，也不给予托位、场地建设、投资运营等形式的财政补贴，让市场机制充分发挥作用。通过税费减免、融资信贷支持、场地设施租赁优惠等普惠性行业发展支持政策，降低托育机构运营成本，优先选择托育行业税费减免、托育从业人员个人所得税返还等经济激励政策。

（二）公共服务政策

建立0~3岁托育服务体系是能够同时释放女性生育潜力和劳动供给潜力的举措，应该摆在公共服务项目的优先位置。高收入国家托幼服务的市场化、公共教育体系等社会化服务的完善是促成生育率和女性劳动参与正向关系的主要原因[1]。托育服务能够有效释放女性就业和生产力潜能，为劳动力市场和经济增长注入活力。根据研究估算[2]，若当前托育服务需求能够得到充分满足，预计能够使女性总体劳动参与率提高 2~3 个百分点，根据 2020 年第七次全国人口普查数据，15~59 岁女性人口为 4.33 亿人，据此估算，托育服务能够释放900~1300 万女性进入劳动力市场。托育服务还有助于提高女性就业质量和收入水平，托育服务释放的劳动供给及其带来的经济产出，相当于目前女性经济总产出的 4.3%~7.2%。

　　公共服务领域的支持政策要从"补供方"逐步转向"补需方"。政府各类支持性政策倾向于"补供方"，而较少选择"补需方"，这一现象在教育、医疗、养老等公共服务领域长期普遍存在，根源于体制机制设计问题，在生育政策设计中应当尽力避免。但从目前各地政府相关规划和配套举措来看，仍然呈现供给侧主导的设计思路，托育床位数、托育机构以及社区公共服务设施等建设目标与家庭实际需求不匹配，单一供给模式与多元化需求存在矛盾。课题组调查研究显示[3]，若当前家庭托育需求保持不变，到 2025 年全国 0~3 岁幼儿入托需求规模为 492 万，按照目前规划目标和建设任务，全国 0~3 岁幼儿托位数到 2025 年末将增加到每千人 4.5 个（即 636 万个），届时将出现供过于求、公共资源闲置现象；若假定家庭多元化托育需求充分释放并达到 OECD 国家平均水平（35%的入托率），到 2025 年入托需求规模将增加到 1300 万，这意味着将出现约 650 万个供给缺口，

----

① Doepke, M., Anne Hannusch, Fabian Kindermann, and Michèle Tertilt. The Economics of Fertility：A New Era, *NBER Working Paper* No. 29948, 2022.
② 曲玥、程杰、李冰冰：《托育服务对女性劳动参与和经济产出的影响》，《人口研究》2022 年第 5 期，第 33~47 页。
③ 程杰、曲玥、李冰冰：《中国 0~3 岁托育服务需求与政策体系研究》，中国社会科学出版社，2021。

托位建设目标需要提高到每千人9.0个。

注重优化配置存量资源，推动生育支持体系软硬件转型。在经济增速趋于放缓、财政资源日趋紧张的背景下，优化现有资源配置是推动生育支持体系建设的切实选择。由于人口结构迅速变化，以前一些领域的公共投资逐渐失去了需求，盘活存量资源是优先选择，要积极推动与人口相关的各类资源转型，探索将城乡闲置的教育、培训、卫生等软硬件转化为与生育养育相关的公共服务机构，将各级政府尤其基层政府过去长期从事计划生育、卫生健康的公共人力资源，逐步调整配置到鼓励生育、积极应对老龄化等公共服务领域。将生育服务资源的供需匹配与合理分布作为政策体系建设的重要内容，加强家庭生育服务需求与生育服务供给的监测，为公共服务资源供给与合理配置提供科学依据。同时，整合各类社会资源，加强政府、社区与家庭协调合作。鼓励各级政府机关事业单位、国有和集体企业、街道和社区等公共资源向社会开放，开展共建、互助、外包等多种形式的托育服务，充分利用现有各类婴幼儿早期发展指导站（中心）、社区亲子活动室等资源。

加强高质量生育养育服务人才体系建设。加强育儿师资培训，补齐人力资源短板，通过地方政府探索新兴人才基地建设，支持职业教育、高等教育以及市场培训机构等多渠道壮大育儿师人才队伍。托育服务体系建设不仅要解决"托（照护）"问题，同样要重视"育（教育）"功能，引入科学和先进的养育理念和课程体系，吸纳更多具有较高人力资本的高校毕业生进入托育服务行业，为托育服务高质量发展奠定关键人才支撑。注重生育与教育体系联动，继续推进教育资源均等化。

完善住房、医疗等社会保障制度，缓解家庭生育的后顾之忧。规范和引导住房市场发展，通过价格监管、贷款制度改革、公租房市场发展等手段，缓解年轻人因住房困难而推迟婚育的困境，针对二孩及以上家庭在申请廉价公租房、购房、购车等方面给予适当倾斜。完善医疗卫生及相关保障制度，将生殖辅助技术、无痛分娩等纳入医保范围，解决育龄人群的生育障碍。同时，加强人口与生育调查监测及政策评估，建立全国和地区层面生育服务供给资源监测平台，为公共服务资源供给与合理配置提供科学依据，对生育支持政策的实施效果进行科学评估，并根据实际情况及时优化调整。

（三）社会政策

持续强化公平就业与性别平等。依靠劳动力市场制度改善和家庭观念改变，在法律、舆论、教育共同作用下推动性别平等，需要重塑社会和家庭中性别角色，倡导以性别中立观念对待生育养育，女性与男性共同肩负起生育养育责任。全社会要努力形成并不断强化性别平等与女性生育友好的共识，加强女性权益保护。营造良好的全社会生育养育文化氛围。鼓励用人单位支持员工协调家庭—工作关系，例如通过工会经费合理使用，支持托育服务发展。通过税收和社保缴费减免等举措，激励用人单位支持女性职工弹性就业、居家办公，如从失业保险基金中拨付一定比例用于支持企业开展育龄女性转岗培训。

积极消除过去制度和政策的"惯性"。东亚儒家文化影响下的自主婚姻和家庭观念转变只是最近百年间的现象，生育观念和生育行为完全摆脱文化和价值观束缚仍需要时间，但我们仍然可以有所作为。积极消除过去制度和政策遗留在观念上的"惯性"，营造生育友好的社会文化与环境，让理想生育水平恢复到现代文明家庭的平均水平，从"三孩"政策向全面自主生育的调整几乎不会提高总和生育率，但对于未来生育观念和意愿具有积极意义。加强文化、教育和咨询服务，从观念、态度、知识和信息等方面为家庭构建和发展扫除障碍、提供支持，潜移默化改变年轻人的生育观念。

人口发展理念也要转变。生育的"功能性"属性应该弱化，人口不仅是国民经济的一种"生产要素"，生育也不仅仅服务于家庭、民族和国家的延续，更是人们对美好生活向往和人类文明进步的内在要求。文化观念转变是根本，性别平等理念经历了漫长的历史过程才深入人心，社会政策根植于历史和文化的土壤，重塑性别角色需要付诸长期努力，改变往往是潜移默化的，但成效是长久的。

技术进步与经济增长

Technological Progress and Economic Growth

G.8

人口达峰后的等效人力资源数量

张翕　都阳*

摘　要： 中国总人口达峰固然是一个标志性事件，但从经济增长的
角度看，劳动力的规模和质量才是决定性因素。劳动力来
自劳动年龄人口，劳动力的质量则主要体现于人力资本。
由劳动年龄人口体量和受教育经历结合成的人力资源，是
国家推进高质量发展和中国式现代化的基础。本文根据人
口普查数据、人口预测数据和教育相关数据，考虑劳动边
际生产率的教育回报，估计了中国人力资源的等效规模并
描绘其发展轨迹。结果表明，中国人力资源规模将经历下
降—上升—下降的过程，大约在 2040 年"二次达峰"；
人力资源数量对教育回报率十分敏感，也受到退休年龄的

---

* 张翕，中国社会科学院人口与劳动经济研究所助理研究员，主要研究方向为教育
和人力资本；都阳，中国社会科学院人口与劳动经济研究所党委书记、所长、研
究员，主要研究方向为劳动经济学、发展经济学、人口经济学。

显著影响。本文最后提出了提高教育回报率、延迟退休、配套制度改革等方面的政策建议。

关键词： 等效人力资源　人力资本　教育回报率　退休年龄

一　引言

总人口达峰是中国人口转变过程中的标志性事件。未来若无重大变故，中国人口将长期持续减少。人口负增长将从供给侧和需求侧给经济社会发展带来多重挑战，具体的效应和机制前置文章已有所讨论。然而，人口作为一个国家最重要的资源，其属性和作用不仅在于数量，更在于质量。面对人口数量下降的不可逆趋势，推动人口高质量发展是必然的选择。人口的质量包含许多维度，从经济增长角度看，人口质量集中体现为人力资本的积累。所谓"人力资本"，意指一切蕴含于个人的、可投资的、产生收入流的素质，主要包括来自教育培训的知识和技能，以及个人的健康。本文旨在研究人口负增长背景下中国各阶段教育普及带来的人力资本积累效应，及其对中国人力资源数量和经济增长速度的影响。

人力资本的重要性早已成为劳动经济学和发展经济学的共识。在经济全球化的今天，劳动生产率和人均收入仍然存在巨大的国别差异。对此研究者提出了不同的解释，资本存量、技术、制度、垄断、人力资本等。中低收入国家为何不吸收资本，技术进步为何缓慢，制度变革为何迟滞，发达国家的产业垄断为何难以打破，归根结底都和后发国家人力资本匮乏有直接联系。从另一个角度看，发达国家的人口数量并不多。美国人口3.33亿，日本人口1.26亿，其他OECD国家人口都在1亿以内，OECD国家人口加总也不及中国或印度。然而发达国家却创造了世界一半以上的 GDP，足见人口素质的极端重要性。

当前中国一方面在经历人口特别是劳动年龄人口负增长，另一方面仍处于教育扩面、国民受教育水平快速提高的阶段。人口数量和质量此消彼长，就引出一系列有意义的问题：如果考虑接受教育对劳动者生产效率的促进作用，中国的等效人力资源或劳动年龄人口当量的变化轨迹如何？人力资源数量的变化将如何影响经济增长速度？为保持乃至扩充人力资源，应采取哪些针对性政策？本文基于教育回报率概念，利用全国人口普查数据和教育统计数据折算中国人力资源规模，推演其变化趋势，并估计经济增速受到的影响，最后提出政策建议。

二 等效人力资源规模的测算

（一）方法概述

要衡量劳动者因接受教育而提升生产效率的幅度，最直接的做法是根据受教育年限将教育回报率叠加在劳动年龄个体上。所谓教育回报率，是指个体劳动收入随单位受教育年限增长的比例。对不同国家、不同地区和不同群体的研究显示，收入的教育回报率从5%左右到15%不等，一般随发展阶段提升而下降①。假如劳动力市场是竞争

---

① Gunderson, M. & P. Oreopolous, "Returns to Education in Developed Countries", in S. Bradley & C. Green ed., *The Economics of Education*：*A Comprehensive Overview（Second Edition）*,（London：Academic Press, 2020）, pp. 39 - 51; Patrinos, H. A. & G. Psacharopoulos, "Returns to Education in Developing Countries", in S. Bradley & C. Green ed., *The Economics of Education*：*A Comprehensive Overview（Second Edition）*,（London：Academic Press, 2020）, pp. 53-64.

性的，劳动按照其边际产出定价，劳动收入提高一个比例 h，就等效于（$1+h$）个劳动力在工作。这样折算固然忽视了劳动力市场丰富的结构和要素间复杂的互补替代关系，却使得测算中国的等效人力资源规模成为可能。根据全国人口普查分年龄、性别和教育程度数据，可以得到每个年龄组别内各种受教育程度的人数，等效人力资源规模 H 利用以下公式计算：

$$H = \sum_n \sum_e P_{n,e} \exp(r T_e) \tag{1}$$

其中 P、r、T 分别代表人口数量、教育回报率和受教育年限，下标 n 和 e 分别代表年龄组别和受教育程度组别。结合中国目前的劳动法规和退休制度，年龄范围男性取 16~59 岁，女性取 16~54 岁。不同受教育程度所对应的年限按照标准学制赋值，小学为 6 年，初中为 9 年，高中（含中职）为 12 年，大学专科为 15 年，大学本科为 16 年，硕士研究生为 19 年，博士研究生为 22 年。人口普查公开数据不含各教育阶段在校、毕业、辍学和肄业的比例，本文计算中会利用其他数据加以调整，后文有详细的介绍。教育回报率方面，本文的测算不考虑各教育阶段的回报率差异，而是取统一的年平均教育回报率。由于不同研究得到的教育回报率估计值存在较大差异，且教育回报率是多方面制度和政策作用的结果而非定数，故计算中选取 5%、7.5% 和 10% 三档水平，一方面为等效人力资源规模的测算提供一个范围，另一方面展示教育回报率对测算结果的影响。

利用 2020 年第七次全国人口普查数据和相关教育数据，可以由式（1）得到 2020 年基准人力资源数量。要预测人力资源变化的轨迹，理想情况下应有未来区分年龄、性别、受教育程度的人口数据，但实际中缺乏这样详细权威的数据。这里采取的方法是以 2020 年为基准，逐年计算未来人力资源的新增和流失数量，从而得到可供劳动力市场使用的人力资源存量的变化轨迹。人力资源的新增来自达到

16 周岁的人口，包括初中、高中及以上各教育阶段的毕业生，在校学生一般不参与社会经济生产活动，所以还要减去初中及以上各教育阶段的入学人员。人力资源的流失则包括达到退休年龄不再参与劳动力市场的人口和死亡的劳动年龄人口。于是人力资源的预测转化为两个问题，一是各教育阶段毕业和入学人数预测，二是分年龄分性别的人口预测，前者又可以拆解为毕业率、入学率和分年龄段人口的预测问题。分年龄段分性别人口预测的准确度相对较高，特别是当前已出生人口的变迁轨迹较清晰，许多研究组织和机构都会发布相关数据。为了确保与前置文章的一致性，本文采用的分年龄分性别人口预测数据采用 G2、G3 文章得到的结果。入学率和毕业率的预测方法将在后文详述。

值得一提的是本文测算与厉克奥博等的区别。首先，在人力资源的界定上，厉克奥博等认为所有 15 岁以上人口都应被纳入人力资源测算。然而除了少部分在职学生和高年级研究生，在校生几乎不产生经济效益，达到退休年龄的人口大多也不再工作。将他们纳入人力资源统计实质上忽视了教育的机会成本，也低估了老龄化对劳动供给的冲击。其次，在人力资本的测算方面，厉克奥博等[1]引入 Caselli[2] 的教育回报率设定，未展示教育回报率水平对人力资源数量的影响；其直接使用维特根斯坦中心（Wittgenstein Centre）的宽年龄组平均受教育年限的预测数据（2018 年版本），而未充分利用 2020 年人口普查分年龄、性别、受教育程度数据，或教育部历年学生统计数据的信

---

[1] 厉克奥博、李稻葵、吴舒钰：《人口数量下降会导致经济增长放缓吗？——中国人力资源总量和经济长期增长潜力研究》，《人口研究》2022 年第 6 期，第 23~40 页。

[2] Caselli, F., "Accounting for Cross-Country Income Differences", in P. Aghion & S. N. Durlauf ed., *Handbook of Economic Growth* (*Volume* 1A), (Amsterdam: North-Holland, 2005), pp. 679–741.

息，可能人为平滑了人力资源数量的时序变异。此外，厉克奥博等将扣除疾病调整年数的健康寿命与预期寿命的比值作为健康指数，成为类似人力资本指数一样的生产率指标，与劳动年龄人口相乘，但此健康指数随时间的增长主要来自老年人群，在老年人劳动参与率很低的情况下，加入健康指数进一步冲抵了人口老龄化的影响。总而言之，本文测算的范围和方法不同于厉克奥博等，为相关研究提供了有益的补充和对照。

（二）2020年基准人力资源规模

在 2020 年，中国进行了第七次全国人口普查。人口普查收集了个人的年龄、性别和受教育程度，构成测算当年等效人力资源的数据基础。《2020 年全国人口普查年鉴》第 4 卷表 4-1《全国分年龄、性别、受教育程度的 3 岁及以上人口》，公布了每个年龄不同性别不同受教育程度的人数。基于此表，可通过公式（1）分别算出 16~59 岁男性和 16~54 岁女性的等效人力资源规模，记为 H_0^m 和 H_0^f。

然而，根据人口普查相关规则，受教育程度按照就读过的最高教育阶段填写，即除毕业生外，还包含该教育阶段的在校生、肄业生和辍学生，未完成教育的群体使直接加总的等效人力资源存在偏误。在校生群体尚未进入劳动力市场，暂时不属于可用人力资源，应予以剔除；肄业生和辍学生没有完整地接受对应阶段的教育，虽已离开学校，属于可用人力资源，但用完整教育年限计算会高估其人力资源当量，应核减受教育年限。利用教育部门的在校生数据，不难剔除在校生群体，但辍学和肄业偏差因缺乏数据不易纠正。不过，本文研究主要关注等效人力资源的变动趋势，2020 年的数据只提供一个逐年加减的基准，轻微的偏差并不影响本文主要结论。

根据《2020 年全国教育事业发展统计公报》和《中国统计年鉴2021》，可以得到高中阶段、普通专科、普通本科、硕士研究生和博士研究生的在校生人数。按照教育法规和惯例，初中和高中阶段在校生年龄应分别在 12~14 岁和 15~17 岁，16 岁及以上人口绝大多数结束了初中学习，故不再考虑初中在校生。而高中在校生中存在一定比例的 15 岁及以下人口，这里用 2020 年高中在校人数减去 2020 年入学人数，衡量 16 岁及以上高中在校生数量。另外，由于在校生数据没有区分性别，计算时假设男性和女性接受教育的机会一样，则男女生数量比就是对应年龄段男女性别人口比。上述五个教育阶段对应的年龄段分别为 15~17 岁、18~20 岁、18~21 岁、22~24 岁、25~27 岁，分别以上述年龄段的性别人口比作为对应教育阶段的男女生数量比。最后从 H_0^m 和 H_0^f 中减去高中阶段、普通专科、普通本科、硕士研究生和博士研究生男女在校生所对应的人力资源数量，就得到 2020 年男性和女性的基准人力资源规模 H_0^m 和 H_0^f。结果如表 1 所示。

表 1　2020 年中国的等效人力资源规模

单位：万人

分类	人数	人力资源 教育回报率=5%	人力资源 教育回报率=7.5%	人力资源 教育回报率=10%
男性	41779.84	71593.75	94669.32	126048.85
女性	34625.85	59581.71	79066.76	105740.12
全体	76405.69	131175.46	173736.08	231788.97

资料来源：根据第七次全国人口普查数据、本书 G2 人口预测数据和《全国教育事业发展统计公报》数据计算得到。

可以看出，由于男性劳动年龄区间比女性多 5 年，且劳动年龄段内同岁男性人口比女性人口多，无论是单纯的劳动年龄人口还是人力资源当量，男性都比女性高 20% 左右。计入教育回报的等效人力资源大幅高于劳动年龄人口数量，体现了人力资本积累的重要意义，说明人力资源规模优势不仅来自劳动力的数量，更取决于其质量。等效人力资源规模对教育回报率的变化十分敏感，教育回报率每提高 2.5

个百分点，可使等效人力资源增加约1/3。原因在于中国在教育方面取得了巨大成就，平均受教育年限已较长，而教育回报率以时间指数形式叠加，对人力资源起到很强的增益作用。在教育回报率高达10%的乐观情境下，2020年中国的等效人力资源规模约为23.2亿人，即在劳动年龄人口充分从事生产的情况下，发挥的生产力相当于23.2亿未接受过正规教育的劳动者。

（三）人力资源的新增：毕业与入学

以2020年等效人力资源数量为基准，逐年计算新产生的和流失的人力资源，就可以得到人力资源规模的变化轨迹。

以16岁及以上且不在校就读为标准，新增的人力资源有两类来源，一是不在校15岁人口进入16岁组别，二是高中及以上教育阶段的16岁以上学生毕业。同时，教育系统也从16岁以上人口中招生，计算人力资源的净增量还要剔除这部分人口。

当前中国已经实现了义务教育普及，小学净入学率达到99.9%以上，初中毛入学率保持在100%以上，因而可假设中国所有16岁及以上人口均完成了6年小学教育并进入初中。由于初中毕业标准年龄应为15周岁，某一年未在学校就读且由15岁进入16岁的人口，一部分是前一年未升学的初中毕业生，另一部分是与之同级的未完成学业的辍学肄业生。前者由上一年初中毕业人数减去上一年的高中入学人数得到，后者由4年前的初中招生数量减去上一年的毕业生数量得到。

现在问题转化为如何预测初中招生数、毕业生数和高中阶段招生数。由于已经假设所有15岁以上人口均上过初中，未来初中招生数就取当年12岁人口数，而初中毕业生数可用3年前的初中招生数乘以初中毕业率得到。根据《全国教育事业发展统计公报》的数据，2020~2022年初中毕业率（毕业生数/3年前招生数）分别为

99.2%、99.0%和99.1%，故假设未来中国初中毕业率一直保持在99%。基于分年龄人口预测数据和假设的毕业率水平，就可以测算未来每年的初中毕业生数和辍学肄业人数（见表2）。

为计算高中阶段（含普通高中和中等职业教育）招生数，除了已经得到的初中毕业生数序列，还要根据历史数据设定未来的初升高升学率。由表3可知，2015年以来升学率在99%上下波动，故假设2023年之后的升学率为99%，以得到未来的高中招生数序列。

表2　初中招生数、毕业生数和辍学肄业人数：历史数据与预测规则

年份	12岁人口（人）	初中招生（人）	入学率（%）	初中毕业（人）	毕业率（%）	初中辍学和肄业（人）
2010		17165800				
2011		16347300				
2012		15707700				
2013		14960900		15615500	90.97	1550300
2014		14478200		14135100	86.47	2212200
2015		14110200		14175900	90.25	1531800
2016		14871700		14238700	95.17	722200
2017		15472200		13974700	96.52	503500
2018		16025900		13677700	96.93	432500
2019		16388500		14540900	97.78	330800
2020	17356919	16321000	94.03	15352900	99.23	119300
2021	17691705	17054400	96.40	15871500	99.04	154400
2022	17341427	17313800	99.84	16239000	99.09	149500
2023—	12岁人口预测	12岁人口预测	100（假设）	初中招生×毕业率	99（假设）	初中毕业-3年前初中招生

注：2020年12岁人口数据来自第七次全国人口普查，之后的人口数据来自人口预测。2022年及以前的招生和毕业人数为真实历史数据，之后为推算数据。辍学和肄业人数均为推算数据。

资料来源：根据第七次全国人口普查数据、人口预测数据和历年《全国教育事业发展统计公报》数据计算得到。

表3 初中毕业生数和高中招生数

年份	初中毕业生数（人）	高中阶段招生数（人）	升学率（%）
2015	14175900	13978600	98.61
2016	14238700	13962600	98.06
2017	13974700	13824800	98.93
2018	13677700	13497600	98.68
2019	14540900	14398600	99.02
2020	15352900	15211000	99.08
2021	15871500	15566400	98.08
2022	16239000	15995200	98.50
2023—	表2测算值	初中毕业生数×高中升学率	99（假设）

注：2022年及以前的招生和毕业人数为真实历史数据，之后为推算数据。

资料来源：根据第七次全国人口普查数据、人口预测数据和历年《全国教育事业发展统计公报》数据计算得到。

准备好以上数据后，便可以计算不在校的进入16岁的人群所对应的人力资源。以2023年为例，首先是上一年未升学的初中毕业生，等于2022年初中毕业生数减去2022年高中阶段招生数，其受教育年限为9年；其次是2022年初中辍学和肄业生，等于2019年初中招生数减去2022年初中毕业生数，其受教育年限定为7.5年，即小学6年加高中3年的一半。再根据式（1）得到人力资源数量即可。

高中及以上教育阶段净增加的人力资源的计算也类似，需要预测高中及以上教育阶段的毕业生数和高等教育各阶段的招生数。由高中阶段进入人力资源池的群体为未升学的高中阶段毕业生，以及高中阶段辍学和肄业生。首先要设定高中阶段毕业率，结合高中阶段招生数预测值，得到毕业生数和辍学肄业人数；再设定高中阶段毕业升入大学本专科的比例，得到本专科招生数，从高中毕业生中扣除。表4展示了高中毕业生、辍学肄业生和本专科招生人数的历史数据和推算方法。

表4 高中毕业生数、辍学肄业生人数和本专科招生数

年份	高中阶段招生（人）	高中阶段毕业（人）	毕业率（%）	辍学肄业生人数（人）	本科招生数（人）	高升本比例（%）	专科招生数（人）	高升专比例（%）
2010	15905500							
2011	15606800							
2012	14929300							
2013	14112000	13855900	87.11	2049600	3814331	27.53	3183999	22.98
2014	14163600	14225700	91.15	1381100	3834152	26.95	3379835	23.76
2015	13978600	13655300	91.47	1274000	3894184	28.52	3484311	25.52
2016	13962600	13259700	93.96	852300	4054007	30.57	3432103	25.88
2017	13824800	12726100	89.85	1437500	4107534	32.28	3507359	27.56
2018	13497600	12665200	90.60	1313400	4221590	33.33	3688341	29.12
2019	14398600	12827200	91.87	1135400	4312880	33.62	4836146	37.70
2020	15211000	12714000	91.97	1110800	4431154	34.85	5243364	41.24
2021	15566400	12643000	93.67	854600	4446000	35.17	5073800	40.13
2022	15995200	13433700	93.30	964900	4679400	34.57	5389800	39.82
2023—	表3预测值	3年前招生数×毕业率	前值+0.5，直至99	3年前招生数-毕业生数	毕业生数×升本率	35%（假设）	毕业生数×升专率	40（假设）

注：2022年及以前的招生和毕业人数为真实历史数据，之后为推算数据。辍学和肄业人数均为推算数据。

资料来源：根据第七次全国人口普查数据、人口预测数据，历年《全国教育事业发展统计公报》和《人力资源和社会保障事业发展统计公报》数据计算得到。

163

由普通专科阶段净进入人力资源池的群体假设为所有普通专科毕业生。此处不讨论辍学肄业情况是由于大专毕业生数要高于3年前的大专招生数，其原因在于有社会人员通过成人教育获得了正式的大专文凭，这部分人也视作接受了完整的大专教育。不再扣除升学人数是假设硕士研究生招生都来自本科毕业生，专升本的情况则视为从高中毕业就一直在读本科。普通毕业生数的测算如表5所示。

表5 普通专科毕业生数

年份	普通专科招生数（人）	普通专科毕业生数（人）	普通专科毕业率（%）
2010	3105000		
2011	3248598		
2012	3147762		
2013	3183999	3187494	102.66
2014	3379835	3179884	97.88
2015	3484311	3222926	102.39
2016	3432103	3298120	103.58
2017	3507359	3516448	104.04
2018	3688341	3664729	105.18
2019	4836146	3638141	106.00
2020	5243364	3766894	107.40
2021	5073800	3984100	108.02
2022	5389800	3年前招生数×毕业率	108（假设）
2023—	表4数据	3年前招生数×毕业率	108（假设）

注：2021年及以前的招生和毕业人数为真实历史数据，2022年招生数为真实数据，毕业生数尚未披露，为推算数据，之后均为推算数据。

资料来源：根据第七次全国人口普查数据、人口预测数据、历年《全国教育事业发展统计公报》和《中国统计年鉴》数据计算得到。

由普通本科阶段净进入人力资源池的群体为未录取为硕士研究生的本科毕业生。这里也存在本科毕业生多于4年前新生的问题，包括成人本科教育转为普通本科毕业和专升本，同样假定多出的这部分毕业生完整接受了 4 年本科教育。2021 年本科毕业生数约为硕士招生数 4 倍，硕士阶段的招生数量主要取决于研究生教育资源和国家教育规划，所以这里不再设定升学率序列，而是基于过去硕士招生数据轨迹，假设 2023 年后每年的招生数在上一年招生数基础上增加 50000人。对于本科生直博的情况，没有数据可以支持更加精细的测算，且实际中直博往往以硕博连读的形式实现，相继计入硕士招生和博士招生，故简单假设博士研究生都来自硕士毕业生。本科毕业生数和硕士招生数的测算如表 6 所示。

表 6 普通本科毕业生数和硕士研究生招生数

年份	普通本科招生数（人）	普通本科毕业生数（人）	普通本科毕业率（%）	硕士招生数（人）
2010	3512600	2590500		540900
2011	3566411	2796229		494600
2012	3740574	3038473		521300
2013	3814331	3199716		540900
2014	3834152	3413787	97. 19	548700
2015	3894184	3585940	100. 55	570600
2016	4054007	3743680	100. 08	589800
2017	4107534	3841839	100. 72	722200
2018	4221590	3868358	100. 89	762500
2019	4312880	3947157	101. 36	811300
2020	4431154	4205097	103. 73	990500
2021	4446000	4281000	104. 22	1050700
2022	4679400	三年前招生数×毕业率	105（假设）	1103500
2023—	表 4 数据	三年前招生数×毕业率	105（假设）	上一年招生数+50000

注：2021 年及以前的招生和毕业人数为真实历史数据，2022 年本科招生数为真实数据，本科毕业生数尚未披露，为推算数据，之后均为推算数据。

资料来源：根据第七次全国人口普查数据、人口预测数据、历年《全国教育事业统计公报》和《中国统计年鉴》数据计算得到。

　　从硕士阶段净进入人力资源池的人群为未继续攻读博士的硕士毕业生和辍学肄业生。硕士毕业生数与3年前的硕士招生数之比被视为硕士毕业率，未毕业的视为辍学肄业生，2023年之后的硕士毕业率结合历史数据确定，假设未来保持在95%。要扣除的博士招生数采取和硕士招生数相似的方式外推，假设2023年之后博士招生数每年递增10000人。硕士毕业生数和博士招生数的测算如表7所示。

表7　硕士研究生毕业人数和博士研究生招生数

年份	硕士招生数（人）	硕士毕业生数（人）	硕士毕业率（%）	硕士辍学肄业人数（3年前招生数-毕业生数，人）	博士招生数（人）
2010	540900				70500
2011	494600				65600
2012	521300				68400
2013	540900	460500	85.14	80400	70500
2014	548700	482200	97.49	12400	72600
2015	570600	497700	95.47	23600	74400
2016	589800	508900	94.08	32000	77300
2017	722200	520000	94.77	28700	83900
2018	762500	543600	95.27	27000	95500
2019	811300	577100	97.85	12700	105200
2020	990500	662500	91.73	59700	116000
2021	1050700	700700	91.90	61800	125800
2022	1103500	779800	96.12	64904	139000
2023—	上一年招生数+50000	三年前招生数×毕业率	95（假设）	3年前招生数-毕业生数	上一年招生数+10000

　　注：2022年及以前的招生和毕业人数为真实历史数据，之后为推算数据，硕士辍学肄业人数均为推算数据。

　　资料来源：根据历年《全国教育事业统计公报》数据计算得到。

最后，2023 年之后的博士毕业人数取 3 年前的博士招生数量乘以博士毕业率，未毕业的视为辍学或肄业。博士毕业率根据历史数据设定，假设 2023 年后均为 80%。需要注意的是，在博士研究生阶段延迟毕业的比例很高，且学制长短不一，用 3 年前的招生数推算毕业生数可能导致偏误。此部分也尝试采用 4 年前的博士招生数进行推算，毕业生数的确存在 7% 左右的差异，但由于博士群体体量小，偏差与人力资源增量总量相比并不大，不影响后续主要结果。博士毕业人数的测算如表 8 所示。

表 8　博士研究生毕业和辍学肄业人数

年份	博士招生数（人）	博士毕业生数（人）	博士毕业率（%）	博士辍学肄业人数（人）
2010	70500	53100		
2011	65600	50300		
2012	68400	51700		
2013	70500	53100	75.32	
2014	72600	53700	81.86	16800
2015	74400	53800	78.65	11800
2016	77300	55000	78.01	13400
2017	83900	58000	79.89	12500
2018	95500	60700	81.59	11900
2019	105200	62600	80.98	11800
2020	116000	66200	78.90	11100
2021	125800	72000	75.39	11900
2022	139000	82300	78.23	13200
2023—	上一年招生数+10000	3 年前招生数×毕业率	80（假设）	3 年前招生数-毕业生数

注：2022 年及以前的招生和毕业人数为真实历史数据，之后为推算数据，辍学肄业人数均为推算数据。

资料来源：根据历年《全国教育事业统计公报》数据计算得到。

综合上述，按照不同群体对应的受教育年限，应用公式（1），可计算出中国未来每年人力资源的增量，一些年份的结果汇总在表

9 中。计算结果显示，无论教育回报率取何值，中国新增的人力资源在 2021~2050 年都呈现先增后降趋势，增量最大值出现在 2035年前后（根据完整数据，峰值出现在 2034 年）。新增人力资源数量十分庞大，即便是保守情境下也在 2000 万以上，充分体现了接受教育对人力资源的增益作用。由于此部分测算的对象更加年轻，平均受教育年限更长，人力资源新增数量对教育回报率的变化更加敏感。教育回报率每提高 2.5 个百分点，可使人力资源新增数量扩大 45%左右。

表 9　中国未来特定年份的人力资源新增数量

年份	等效人力资源新增数量（万人）		
	教育回报率=5%	教育回报率=7.5%	教育回报率=10%
2021	2503.94	3609.53	5221.00
2022	2896.10	4170.54	6026.03
2023	3053.97	4408.01	6383.67
2024	3045.92	4401.36	6381.46
2025	3138.94	4537.54	6581.40
2030	3707.59	5374.86	7817.18
2035	3971.48	5785.92	8455.24
2040	2982.95	4395.35	6498.08
2050	2201.16	3262.45	4859.97

资料来源：根据第七次全国人口普查数据、人口预测数据、历年《全国教育事业发展统计公报》、《人力资源和社会保障事业发展统计公报》和《中国统计年鉴》数据计算得到。

（四）人力资源的流失：退休和死亡

人力资源有新增也有流失。人力资源流失的途径可分为两条，一是随着时间推移，人口超过劳动年龄上限而不再属于可用人力资源，后文简称为退休；二是人口在劳动年龄范围内的死亡。

按照中国目前的退休制度，男职工年满 60 岁退休，女工人年满 50 周岁退休，女干部满 55 周岁退休，县处级女干部和具有高级职称的女性专业技术人员满 60 周岁退休。为简化起见，此部分的测算假设男性统一在 60 周岁退休，女性统一在 55 周岁退休。当然，在农业生产者、自营者和企业管理层中，存在一定比例的高龄劳动者，但与此同时也有不少劳动年龄人口因各方面原因丧失了工作能力，这些情况都不再考虑。

设定退休年龄后，未来某一年因年龄过大而退出的人力资源，就是退休年龄组人群所携带的人力资源，其数量可根据 2020 年对应年龄组的人力资源和分年龄人口预测数据估算。显然，2020 年某年龄组的人力资源不完全等于该年龄组达到退休年龄时流失的人力资源。首先，2020 年该组别的个体可能还会接受教育，其等效人力资源数量尚未固定。其次，从 2020 年到指定年份的过程中必然出现个体死亡，边际退休年龄人口并不等同于 2020 年对应年龄组人口。由于测算时期较短，第一个问题的影响不大。本文测算最远至 2050 年，2050 年 60 岁的男性个体在 2020 年为 30 岁，大多数已经完成了正规教育。对于硕士和博士在校生，人口普查时其受教育程度也会登记当前就学阶段，不会造成偏差。唯一可能遗漏的是 2020 年时尚未入学，但未来将会接受高等教育特别是研究生教育的群体，但其比例很低，可忽略不计。相比之下，2050 年 55 岁的女性个体在 2020 年为 25 岁，将 2020 年受教育程度视作终身受教育程度，偏差可能更大，但偏差也主要集中在硕士和博士阶段，产生的影响有限。而对于 2045 年之前达到退休年龄的队列，绝大多数人的受教育程度在 2020 年已经固定，基本不存在低估问题。对于死亡导致的各年龄组人口数量和结构的变化，则直接利用人口预测数据确定达到退休年龄的人数，并假设不同受教育程度个体的死亡概率相同，即假设特定年龄组人口的教育结构不变。当然，研究表明接受教育显著利于健康[1]，实际上退休年龄人口的平均受教育程度很可能高于 2020 年对应年龄组。教育结构不变的假设将低估退休带来的人力资源流失。

综合上述，具体做法如下：首先确认年份 t 和相应的边际退休组别，并在 2020 年人口普查中进行定位，例如 2021 年 60 周岁男性和 55 周岁女性将退休，他们在 2020 年人口普查时分别为 59 周岁和 54 周岁，以此类推。然后从人口预测数据中获取边际退休组的人口数量 N_t，并根据人口普查数据得到 2020 年对应年龄组的人口数量 N_0 和人力资源数量 H_0。最后算出年份 t 时因达到退休年龄而退出的人力资源数量 $H_t = H_0 \times (N_t/N_0)$。由于男女退休年龄不同，此处区分性别计算。未来因退休流失的人力资源数量如表 10 所示。可以看出，因退休流失的人力资源数量在时间上变化较大，给定年份还存在明显的性别差异，原因在于历史上年度出生人口数量有很大波动且男女退休年龄不同。

表 10　达到退休年龄而流失的等效人力资源

单位：万人

年份	男（60 岁退休）			女（55 岁退休）		
	教育回报率=5%	教育回报率=7.5%	教育回报率=10%	教育回报率=5%	教育回报率=7.5%	教育回报率=10%
2021	826.98	1059.57	1365.44	1780.66	2221.18	2786.81
2022	1513.34	1937.14	2493.94	1588.99	1983.72	2490.98
2023	2065.82	2648.01	3414.41	1990.74	2498.91	3155.99
2024	1757.90	2248.17	2892.54	1868.19	2353.66	2983.72
2025	1790.64	2282.50	2926.75	2010.91	2547.42	3247.31

---

① Conti, G., J. Heckman & S. Urzua, "The Education-Health Gradient," *American Economic Review* 100 (2010), 2, pp. 234-38; Huang, W., "Understanding the Effects of Education on Health: Evidence from China," IZA Discussion Papers, No. 9225 (2015), Institute for the Study of Labor (IZA), Bonn.

年份	男（60岁退休）			女（55岁退休）		
	教育回报率＝5%	教育回报率＝7.5%	教育回报率＝10%	教育回报率＝5%	教育回报率＝7.5%	教育回报率＝10%
2030	2010.94	2585.98	3345.65	1592.52	2056.22	2672.91
2035	1607.08	2096.13	2752.03	1438.79	1908.66	2550.80
2040	1453.42	1936.00	2597.15	1653.62	2231.04	3032.37
2050	2290.16	3119.26	4276.58	1516.86	2122.24	2988.33

资料来源：根据第七次全国人口普查数据和人口预测数据计算得到。

人力资源流失的另一条渠道是劳动年龄人口的死亡。理想情况下，应了解不同年龄和不同受教育程度人口在未来特定年份的死亡率，分别计算再加总。实际中只能得到隐含在人口预测数据中的时间-年龄别死亡率。因此不得不引入假设，在特定年份，同一年龄组内不同受教育程度群体的死亡率相同。由于受教育程度与健康和预期寿命之间存在正向关联，劳动年龄段内死亡人口的平均受教育程度应低于存活人口，上述假设高估了劳动年龄人口死亡造成的人力资源流失，恰好与退休途径的低估相互抵消。为进一步简化运算，这里不再分解计算每个年龄组流失的人力资源，而是取劳动年龄人口的中位数年龄，以中位数年龄的死亡率计算全体劳动年龄人口人力资源的死亡流失。2021~2050年，男性劳动年龄人口的年龄中位数在39~40岁波动，女性劳动年龄人口的年龄中位数在36~38岁波动。为简便起见，分别将40岁和37岁作为固定的男女中位数年龄，具体数据如表11所示。男性40岁死亡率明显高于女性37岁死亡率，一方面是死亡率随年龄增长而升高，另一方面是女性的预期寿命有优势。随着时间推移，男性和女性的死亡率都有所下降，体现了经济社会发展带来的健康增益。

表 11　劳动年龄人口中位数年龄死亡率

年份	男性 40 岁死亡率(‰)	女性 37 岁死亡率(‰)
2021	1.56	0.47
2022	1.55	0.47
2023	1.40	0.63
2024	1.37	0.62
2025	1.34	0.61
2030	1.19	0.55
2035	1.06	0.50
2040	0.93	0.46
2050	0.74	0.38

资料来源：根据第七次全国人口普查数据和人口预测数据计算得到。

三　等效人力资源规模轨迹与分析

将前述人力资源的新增与人力资源的退休和死亡流失相结合，完整的人力资源递推公式如下：

$$H_t = H_{t-1}(1 - D_t) - R_t + E_t \qquad (2)$$

其中H_t代表 t 期的人力资源，D_t代表死亡率，R_t和E_t分别为退休流失的人力资源和教育体系新增的人力资源。具体计算时区分性别，新增人力资源E_t按照 15～30 岁人口的性别比划分给男性和女性。根据上式，可以从 2020 年的基准人力资源数量数年递推未来的人力资源规模。

图 1 展示了未来等效人力资源数量的变化轨迹。首先可以看出，对不同的教育回报率，人力资源规模的水平差异极大，且随着时间推移，劳动年龄人口平均受教育水平持续提高，此差异会

趋于扩大。其次，中国人力资源规模呈现下降—上升—下降的趋势，在 2040 年前后将出现人力资源的"二次达峰"。最后，不同教育回报率所对应的人力资源数量的变化轨迹有所不同，教育回报率越高，第一次下降的幅度越小，触底越早，二次达峰的高度越高。若取 5% 的教育回报率，中国的等效人力资源数量在 2020 年或之前就已经进入下降轨道，极小值出现在 2030 年，水平为 2020 年基准值的 96.34%，二次达峰出现在 2039 年，峰值为 2020 年的 99.05%。若取 7.5 的教育回报率，2020～2022 年是人力资源规模的第一个波峰，极小值出现在 2026 年，为 2020 年基准值的 98.81%，二次达峰出现在 2040 年，峰值比 2020 年高出 6.41%。而如果设教育回报率为 10%，人力资源几乎没有第一次触底，第一个极大值出现在 2022 年，紧接着在 2023 年出现极小值，等于 2020 年基准值的 100.30%，最高峰出现在 2040 年，峰值比 2020 年高出 11.63%（汇总于表 12）。

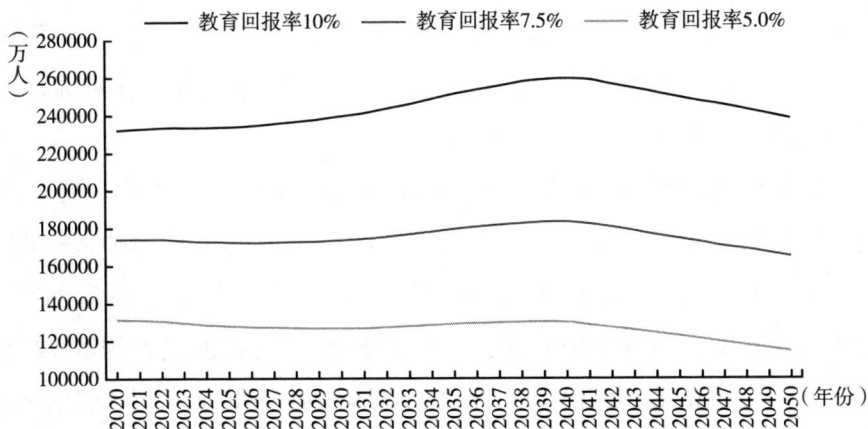

图 1　不同教育回报率下中国等效人力资源规模的变化轨迹

资料来源：根据第七次全国人口普查数据、人口预测数据、历年《全国教育事业发展统计公报》《人力资源和社会保障事业发展统计公报》和《中国统计年鉴》数据计算得到。

表 12　不同教育回报率下人力资源触底和达峰情况

教育回报率 (%)	触底时间 (年)	低值水平 (万人)	低值/2020 基准值(%)	达峰时间 (年)	峰值水平 (万人)	峰值/2020 基准值(%)
5.0	2030	126630.43	96.34	2039	130198.41	99.05
7.5	2026	172018.51	98.81	2040	183047.51	106.41
10.0	2023	232972.95	100.30	2040	259292.64	111.63

资料来源：根据第七次全国人口普查数据、人口预测数据、历年《全国教育事业发展统计公报》、《人力资源和社会保障事业发展统计公报》和《中国统计年鉴》数据计算得到。

　　图 1 趋势与厉克奥博等人[1]的测算结果有相同点也有不同点。相同点在于两项测算均显示中国人力资源总量将在 2040 年达峰。不同点在于，厉克奥博等人认为人力资源总量在 2040 年之前会单调递增，而本文结果表明，如果教育回报率不够高，人力资源数量会先降后升；厉克奥博等还认为中国人力资源总量会在 2040 年至 2050 年进入高平台期，而本文测算显示，人力资源规模将在 2040 年后持续较快下降。差异的原因在于人群范围的限定、教育信息的利用和对健康因素的处理等。

　　如果认为教育回报率取 7.5% 最贴近中国实际，仅从劳动要素供给的角度看，2023~2026 年可能是中国经济发展的挑战期和转折期。假设生产函数取柯布道格拉斯形式，且劳动的收入份额为 60%，2020~2026 年，经济增长将因人力资源规模缩减而被拖累约 0.72 个百分点，年均 0.12 个百分点。而从 2026 年到 2040 年，中国经济重回人才红利机遇期，人力资源数量的增加将使经济增长率平均每年提

---

[1]　厉克奥博、李稻葵、吴舒钰：《人口数量下降会导致经济增长放缓吗？——中国人力资源总量和经济长期增长潜力研究》，《人口研究》2022 年第 6 期，第 23~40 页。

升 0.32 个百分点。

当前各国积极应对人口老龄化、扩充人力资源的主要措施包括延迟退休、鼓励生育和吸纳移民。就中国而言，延迟退休具有较大的政策潜力。改革开放以来，中国国民预期寿命和预期健康寿命大幅延长，而法定退休年龄长期未变，已经在相同发展阶段国家中处于较低水平。特别是中国女性退休年龄偏低，不利于人力资源的充分利用。而与延迟退休相比，鼓励生育政策的响应有限，且"远水不解近渴"，从生育到反哺劳动力市场需要较长时间；中国的文化制度特点亦不适宜大量吸收外来移民。党和政府也充分认识到延迟退休的重要意义，党的二十大报告明确提出"实施渐进式延迟法定退休年龄"。在此背景下，有必要在本文测算框架下探讨延迟退休政策对中国人力资源规模轨迹的影响。

这里探讨两种政策情景下的人力资源数量。一是在 2035 年前，全面实现男性和女性统一在 60 周岁退休；二是在 2035 年前，全面实现男性和女性 62 周岁退休。测算的方法变化不大，只需分别在人力资源基准值和人力资源流失的计算中改变劳动年龄范围，并截取 2035 年及以后的结果。测算结果如图 2 所示。如果上述政策情景能够实现，未来人力资源规模轨迹就会逐渐从实线并入虚线，人力资源数量将显著扩充，二次达峰的高度也将明显提高，但达峰时间没有明显变化。按照 7.5% 教育回报率的中变量方案，两种政策情境下等效人力资源峰值比退休年龄不变情境的峰值分别提高 6.24% 和 10.96%（见表 13），峰值较 2020 年基准值分别提高 11.93% 和 16.91%。需要强调的是，延迟退休的测算不只代表法定退休年龄延长，也适用于通过一些制度和政策使全社会老年劳动参与率提高的情形。

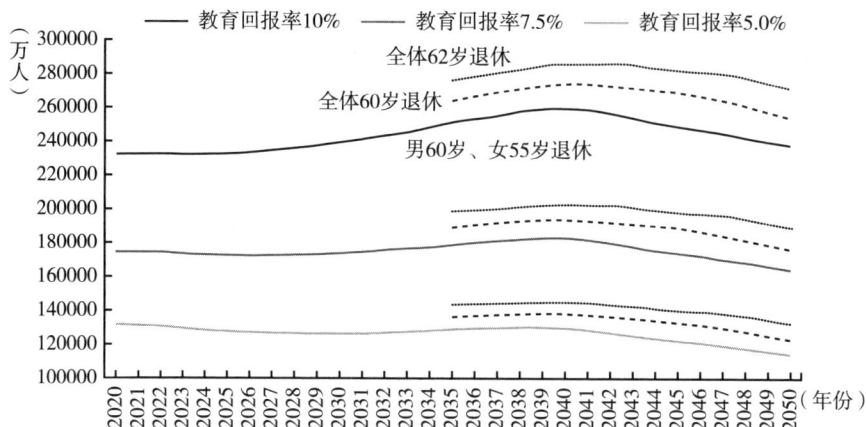

图2　延迟退休政策下人力资源数量轨迹

资料来源：根据第七次全国人口普查数据、人口预测数据、历年《全国教育事业发展统计公报》、《人力资源和社会保障事业发展统计公报》和《中国统计年鉴》数据计算得到。

表13　不同教育回报率和退休政策情境下的人力资源峰值

教育回报率（%）	退休年龄不变	情景1：男女均60岁退休		情景2：男女均62岁退休	
	人力资源峰值（万人）	人力资源峰值（万人）	峰值增长率（%）	人力资源峰值（万人）	峰值增长率（%）
5.0	130198.41	138501.53	6.38	145158.04	11.49
7.5	183047.51	194462.45	6.24	203113.16	10.96
10.0	259292.64	274804.41	5.98	286509.20	10.50

资料来源：根据第七次全国人口普查数据、人口预测数据、历年《全国教育事业发展统计公报》、《人力资源和社会保障事业发展统计公报》和《中国统计年鉴》数据计算得到。

四　政策启示

虽然中国相继经历了劳动年龄人口达峰和总人口达峰，但是从考虑教育回报的人力资源的角度看，在2040年之前中国的劳动要素等效规模不会明显下降，甚至还会出现"二次达峰"。鉴于这一结果，不应悲观看待中国经济增长的潜能。如果取教育回报率等于 7.5% 的适中方案，2023~2026 年的短期中，经济增长率平均每年受劳动要素供给拖累而降低 0.12 个百分点，但 2026~2040 年的更长时期，人力资源规模扩张平均每年将贡献 0.32 个百分点的经济增长。只要妥善应对当前的挑战和转折期，未来的经济形势将有所改观。

需要注意到，测算中采用的一些参数本质上是制度和政策的函数。如影响最大的教育回报率，是由教育质量和劳动力市场效率共同决定的；各教育阶段的升学率和毕业率，受到教育供给和教育普及政策的影响；实际退休的年龄，则取决于法定退休年龄规定和"银发资源"的利用水平。本文未充分讨论的劳动参与率，也是公共服务体系和劳动力市场包容性的结果。政府应从改革教育体系、建设高水平劳动力市场和调整退休与社会保障制度等方面发力，增加平均受教育年限和提高教育回报率，促进劳动参与，并提高劳动人口年龄上限。

在教育领域，中国各教育阶段的入学率已取得了长足的进步，下一步工作重点要从扩充数量转向提高质量。随着出生人口不断下降，一些地区的基础教育将会过剩。地方政府应盘活、整合教育资源，把应对人口挑战作为推进小班化教学、提升教学质量的契机。与此同时，由于教育资源相对宽裕，中高考的竞争性在长期中呈下降态势，应在此背景下加快实现从应试教育向素质教育的转变，重视非认知能力发展。高中阶段教育和高等教育要更加强调个性化，在有教无类的前提下做到因材施教，充分激发个体潜能。各类职业教育必须与市场深入对接，使教学内容符合市场需求，从而提高教育回报率，吸引学生参与。高水平大学的任务则是探索学术边界，培养领军人才，创造新知识新理念新模式，故应更加重视通识教育和基石能力培养，促进学科交融，淡化专业区分。另外，继续教育作为正规教育的补充和延伸，也应得到加强和完善。在技术和产业结构快速变迁的当下，人力资本折旧问题凸显，人力资本更新的必要性与日俱增。应扩大继续教育规模，增加社会供给主体，推行模块化和项目化教育培训，并建立有信力的认证机制，使继续教育供给高效匹配个人需求。同时政府应鼓励相关线上平台发展，以通过公开课、电子教材等方式帮助个人自学。

本研究并未全面考虑教育的机会成本。对于个人来说，多接受一年教育能提升后续的收入水平，但也减少了劳动年限，还使劳动的收入流整体推迟一年。从终身收入现值的角度看，每一年教育的收益是教育回报率，而代价是折现率加上最后一年收入占现值的比例，当然还要考虑个人和政府的教育资金投入。因此接受更多的教育并不必然符合经济效率。边际教育回报率、收入曲线形式、折现率、教育经费等多方面因素共同决定着最优受教育年限。相关部门应积极研究探索优化课程设置、缩短学制的可能性。

建设高水平劳动力市场应采取效率优先、兼顾公平的原则。有效的劳动力市场使得人尽其才，知识和技能获得最高的回报。劳动力市场效率既取决于需求方和供给方的匹配度，也体现了生产组织对人才的激励，核心影响因素是获取市场信息、缔结和解除合约、施加激励和监督等环节的交易成本。政府作为经济中最重要的协调方和规则制定者，要为市场主体的互动提供良好的制度框架，降低交易成本。具体措施包括健全各类招聘平台，打击不实信息提供方，完善劳动法和劳动合同法及执法，以竞争中性削弱企业垄断，推动零工经济相关立法等。从区域和城市经济视角看，经济集聚是影响劳动力市场效率的核心因素。在大体量、高密度的大城市中，市场主体受益于分享、匹配、竞争、学习等微观机制，有利于成本摊薄、供需匹配、激励强化和技能发展。经验研究也证实，大城市中不仅低技能劳动的收入水平更高，教育回报率也更高[1]。促进更多人口向大城市集聚，就可以提

---

[1] 张爽、陆铭：《提高回报　激发需求——改善中国农村教育的空间政治经济学》，《学术月刊》2019年第4期，第54~64页。

升全国平均的劳动生产率。因此，着力提升中国大城市的人口承载力，优化城市内部空间结构，及时扭转在经济地理劣势地区的低效投资，也应成为建设高水平劳动力市场的重要环节。

退休和社会保障等配套制度要更加适应新的人口形势。首先要认识到延迟退休对于维持中国人口人才红利和增强社保财政可持续性的重大意义，加快出台延迟退休试行办法，优先推进企业职工和专业技术人才延迟退休或返聘，允许民营单位自主选择退休方案。其次要调整现行社会保障制度，明晰退休制度和社会保障制度的区分与联系，让社会保障更多服务于老年劳动参与。具体可结合国际经验，研究论证社会保障降费率提年限、不退休领取养老金、养老保险和医疗保险待遇与超龄工作挂钩等机制。除了老年人口，青壮年人口的劳动参与率也存在提升空间。政府应进一步做好"一老一小"照料体系建设，发挥规模效应和再分配效应，减轻家庭成员照料负担，提高劳动参与率。财税方面可研究论证税基从所得税向消费税转变，一方面提高边际劳动收益，推动劳动集约边际的变化，另一方面影响经济不活跃人口的劳动参与决策。另外，对于 2040 年之后人力资源较快缩减的趋势，要未雨绸缪，从现在开始以较大力度鼓励生育，改善生育文化和观念，突破超低生育率陷阱。

G.9
人口达峰后的技术进步

屈小博*

摘　要：　总人口达到峰值的冲击主要体现在需求侧。本文以日本发展经验为例，利用统计数据，从需求侧分析了总人口达峰人口增长率、消费需求与技术进步之间的关系，讨论了总人口达峰与技术进步的相互影响和相互作用。人口出现负增长对消费总量、消费需求、消费结构、收入结构、未来预期等产生显著影响，会带来技术进步方向和内容的变化，技术进步会为人口负增长后的经济增长提供重要的支持和解决方案。人口达峰后的技术进步将转向以创新提高技术效率和资源利用率，促进消费率的提升。政策调整重点转为以技术进步提升中国全球价值链，实现更高水平、更高质量的对外开放，尽可能利用外部需求的增长，抵消人口负增长对内需形成的不利影响；促进新应用、新业态、新模式不断涌现，提升消费水平、创造新的消费需求；推动企业突破现有的生产技术瓶颈，实现科技创新，以企业为主导的研发投入，越能满足消费者需求，越能实现消费结构升级。

关键词：　人口负增长　消费需求　收入预期　消费结构　技术进步

＊　屈小博，中国社会科学院人口与劳动经济研究所研究员，主要研究方向为技术进步、劳动力市场。

　　人口增长与技术进步之间的关系，既通过劳动力供给变化影响要素价格，从而导致自动化、资本投入与技术创新产生替代效应，也通过人口结构的变化影响技术进步的方向。人口达峰和人口结构的变化一方面会影响储蓄和利率，从而改变了可用于资本积累、创新和自动化投资的资源数量[1]；另一方面，R&D 部门[2]的效率也取决于人口的年龄结构[3]。无论是如日本这样人口转变先行的国家，还是作为未富先老的赶超者——中国，所呈现出的种种趋势表明在人口转变的两个重要转折点中，第一个转折点即劳动年龄人口峰值，主要从供给方面造成对经济增长的冲击，而第二个转折点即总人口峰值，对经济增长的需求侧冲击效应则更为突出[4]。

　　中国在 2010 年经历了劳动力供求转变的第一个转折点，随后达到劳动年龄人口的峰值，并开始逐步下降。根据之前的统计数据预测，中国极大可能会在 2025～2030 年之间经历第二个转折点[5]；但疫情的冲击使得这个转折点来得更快，如何应对人口负增长时代带来的经济冲击，成为平稳中国经济、促进经济增长的关键所在。日本比中国更早经历了第二个转折点，在 2010 年达到总人口峰值，日本的经验对中国应对老龄化具有重要参考价值。总人口达到峰值首先直接影响的就是消费，并且是长期性的，导致需求侧潜在增长

① Pietro F. Peretto（1998）."Technological Change and Population Growth," *Journal of Economic Growth*, Vol. 3（4）, 283-311.
② R&D 部门主要进行两种活动的技术创新：一是创新，即新产品、新发明、新服务的创造；二是开发程序使得商品可以通过机器人替代劳动力而生产。
③ Basso, Henrique , and J. Jimeno .*From Secular Stagnation to Robocalypse? Implications of Demographic and Technological Changes*, Edition 2020.
④ Fang C. *From the Demographic Dividend to the Reform Dividend*, Edition2021.
⑤ 蔡昉：《人口转变、人口红利与刘易斯转折点》，《经济研究》2010 年第 4 期，第 4～13 页。

率降低①。在 2021 年中国经济增长中，消费成为拉动经济的最主要动力，对 GDP 的贡献率超过了 60%。总人口达峰后总消费支出、消费需求、消费结构、收入结构、未来预期等方面与技术进步的方向和内容密切相关，这是总人口达峰后技术进步促进经济增长的关键所在。

本文以日本的发展经验为例，利用统计数据，讨论在总人口达峰前后人口结构、消费水平、未来预期、消费需求特征与技术进步之间的关系，从需求角度来分析人口达峰后的技术进步内容及方向，为中国人口峰值后的经济增长提供重要支持和解决方案。

一　人口负增长、总消费水平与技术进步方向

人口负增长对经济整体的影响，除了表现在供给侧的社会总供给能力进一步弱化，也表现在社会总需求越来越成为经济增长的常态约束。人口负增长意味着出生率低于死亡率，总人口数量减少，而且可能进一步加深人口老龄化趋势，对宏观经济总需求和结构将会产生深刻的影响。比如，老年人口可能会更少地消费贵重商品和服务，新出生人口减少和低生育率也可能导致婴儿市场和相关消费品市场减少。同时，总需求的变化会导致需求结构、收入结构的变化，进而导致投资发生变化，由此引致技术进步方向和内容的变化。

总人口达峰后的人口总量负增长会加深人口结构变化对宏观经济需求的影响，体现为整体经济增长放缓，同时人口整体上还发生着从"食之者众"到"食之者寡"的转变，社会总消费能力趋于减弱。另

---

① 蔡昉：《中国老龄化挑战的供给侧和需求侧视角》，《经济学动态》2021 年第 1 期，第 27~34 页。

外，在人口负增长时代，消费结构也将受到影响①。消费理念、消费
能力、消费结构的变化影响着社会投资。技术推动和需求拉动作用对
前沿技术产业化均起到不可或缺的作用②，技术进步的内容和方向也
因此发生改变。

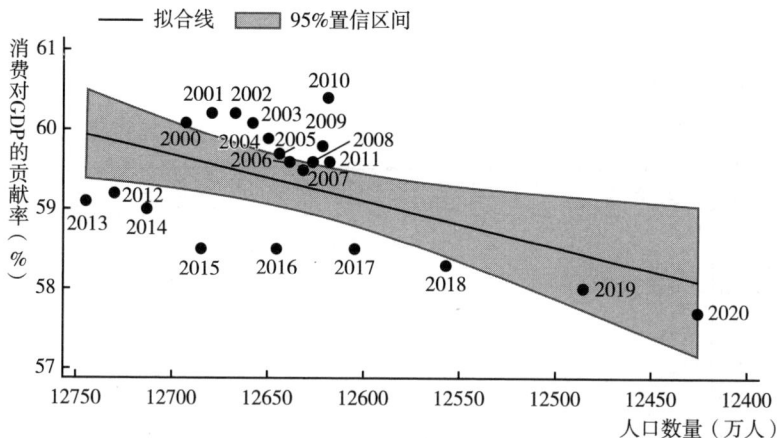

图1　2000~2020年日本人口数量与消费对GDP贡献拟合图

资料来源：日本统计局，https://dashboard.e-stat.go.jp/en/dataSearch。

以支出法衡量的GDP中的消费需求，与消费倾向和人口总量两
个因素有关。一方面，人口总量的减少直接带来消费率的下降。如图
1、图2所示，日本在2010年总人口达到峰值，2000~2010年的消费
占GDP比重整体显著高于2011年以后年份，且整体呈现消费占GDP
比重随人口数量的下降而下降的趋势。因此，人口总量减少意味着消
费者数量减少，因而总体消费需求下降。另一方面，消费倾向的变化

① 倪红福、李善同、何建武：《人口结构变化对消费结构及储蓄率的影响分析》，
　《人口与发展》2014年第5期，第25~34页。
② 李晓华：《技术推动、需求拉动与未来产业的选择》，《经济纵横》2022年第11
　期，第45~54页。

总人口

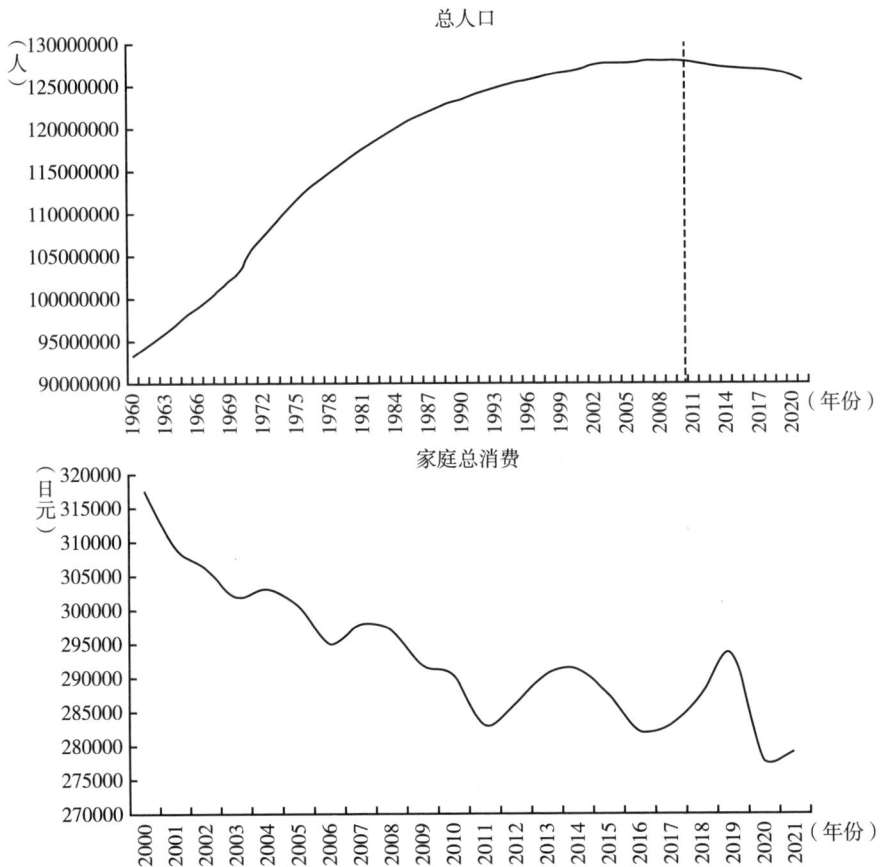

家庭总消费

图2　日本总人口和家庭总消费支出变化趋势

注：日本2010年总人口达峰。

资料来源：日本统计局 https：//dashboard. e-stat. go. jp/en/dataSearch。

也带来消费率的下降。人口达峰不可避免地会导致老年人口占比逐年上升，社会整体呈现老龄化趋势，而老年人口消费倾向普遍低于年轻人口，因此人口达峰带来社会整体消费倾向降低的同时也会导致消费需求下降。从人口总量对消费需求的总量效应角度分析，在其他条件不变的情况下，人口数量增长的减速就意味着消费增长的减速。因此，人口增长速度下降，消费对经济增长的贡献率也会减少，人口总量达到峰值才开始从需求侧产生显著影响[①]。因而随着人口增长率的减少，消费对 GDP 的贡献开始下降。

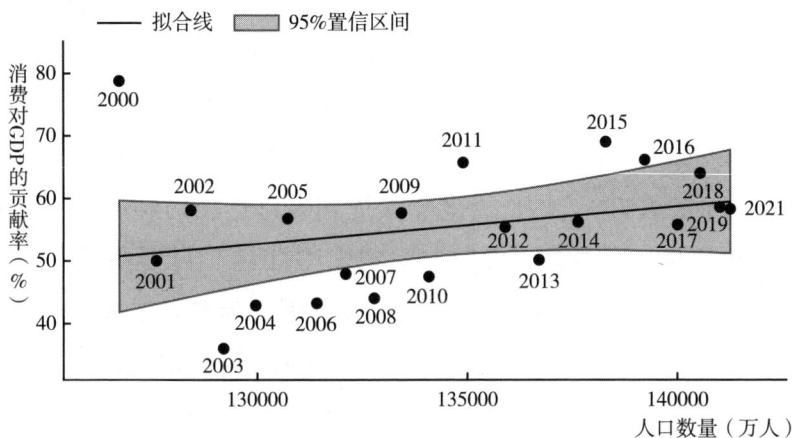

图 3　2000~2021 年中国人口数量与消费对 GDP 贡献拟合图

资料来源：2001~2022 年《中国统计年鉴》。

比较图 1 和图 3 可以发现，中国人口数量与消费对 GDP 贡献同样存在正向相关关系，随着人口数量不断上升，消费对 GDP 的贡献也随之上升。因此，可以预见，在中国人口达峰并开始出现人口负增长的时代，消费对 GDP 的贡献可能跟日本在总人口达峰后一样，呈现下降趋势。对投资者和合作者来说，潜在的消费者群体和销售市场，在决策中占有足够大的权重[②]。人口达峰带来的人口结构变化必然引起消费结构的变化，潜在消费者群体和销售市场也将随之发生变化。对于投资者而言，总人口达到峰值之后必然改变投资方向，转向新兴市场、新兴技术，从而影响技术进步的方向和内容。另外，在总人口数量达

①　蔡昉：《中国老龄化挑战的供给侧和需求侧视角》，《经济学动态》2021 年第 1期，第 27~34 页。

②　蔡昉：《中国应为下一个人口转折点未雨绸缪吗?》，《经济与管理研究》2020年第 10 期，第 3~13 页。

到峰值之后，人口红利消失的一个标志是资本报酬递减导致投资回报率下降①，同时中国面临着发达国家的技术封锁问题，这将促使中国技术进步转向以自主创新为主的内源式发展路径，以此促进消费率的提升。

总人口到达峰值的转折点，会通过收入分配效应引起总消费水平的变化，对消费需求的扩大产生不利影响。一方面，不同收入水平的居民受到的影响不同。一般而言，老年人口收入水平、消费倾向相对低于劳动年龄人口②。因此，老年人受到人口达峰的经济社会形势转变影响更大也更为明显。再加上受到中国社会"封妻荫子"传统思想的影响，中国老年人消费时不仅考虑当下，为自己未来着想，还常常为子孙后代着想，导致中国老年人的消费倾向通常比较低，这是消费的"年龄结构"效应。另一方面，消费很大程度上取决于收入。经济增长减速将不可避免地抑制居民收入的增长速度，产生抑制消费的收入效应。在原来高速增长时期，中青年可以获得大量就业、投资机会而积累财富，但当下经济增长放缓，中青年收入随之降低，财富积累变慢。对于接受新鲜事物更快速、消费欲望更旺盛的年轻人而言，收入增长变慢，消费倾向也不如经济快速增长时期的年轻人，这意味着消费水平难以保持快速增长。

总人口达峰会影响新兴消费理念和消费需求的形成，从而影响社会总消费水平。一方面，人口达峰预示着老龄人口比重将逐步加大，成为日益重要的消费群体。老年人对自身健康、精神生活的追求萌生出新的消费理念；同时，老年消费市场扩大，创造新的消费需求。另一方面，人口红利逐步消失使得企业用工成本上升，追求技术创新成为企业应对老龄化趋势的重要解决途径，由此诞生出新技术、新产

---

① 蔡昉：《中国应为下一个人口转折点未雨绸缪吗?》，《经济与管理研究》2020年第 10 期，第 3~13 页。

② 李建民：《老年人消费需求影响因素分析及我国老年人消费需求增长预测》，《人口与经济》2001 年第 5 期，第 10~16 页。

业、新产品，创造新的消费需求。

新的消费模式、消费方式加速新技术的应用，催生新兴产业的发展，使中国在移动支付、电子商务、网店等领域成为全球创新的先行者。新的产业、产品又带动了新一轮的消费转型，如"互联网+医疗""互联网+大消费"等模式的转型升级。新兴消费理念、消费需求创造新的突破点，影响社会总体需求水平，并由此创造新的技术需求，特别是数字经济、数字化转型，成为中国技术进步新方向。

人口状况及其变化趋势对经济发展具有深远影响，中国人口在经历了一段快速增长的人口红利期后，逐渐转变为具有低增长、低生育、迅速老龄化及未富先老等特征的新人口发展态势。随着中国人口自然增长率出现负值，中国正式进入人口负增长时代，人口因素对中国经济发展尤其是创新产出所带来的需求变化和效应越发显著。表1展示了人口增长率下降与新产业、新业态、新模式增速的关系，可以看出，随着人口增长率的不断下降，高技术制造业、装备制造业、战略新兴服务业的产业增速不断减小，中国产业部门内最具创新活力的产业部门已经开始出现增长放缓。

已有的就人口结构对创新和产出的影响研究，主要是关注人口结构对供给侧造成的冲击，即老龄化通过影响劳动供给数量及人力资本水平，倒逼企业用资本与技术替代劳动力等方式来影响创新水平[1]。但随着中国总人口数量开始下降，人口因素在需求侧层面对社会创新产出所产生的影响开始变得更加突出[2]。首先，在其他条件不变的情况下，人口总量的下降就意味着消费水平的总量下降，从而在总体上造成对创新产出需求的减少。其次，人口年龄结构的老龄化还会影响

---

[1] 汪伟、刘玉飞、彭冬冬：《人口老龄化的产业结构升级效应研究》，《中国工业经济》2015年第11期，第47~61页。

[2] 蔡昉：《中国老龄化挑战的供给侧和需求侧视角》，《经济学动态》2021年第1期，第27~34页。

人们的储蓄行为，在未来社会抚养比将进一步加剧的预期下，收入将更多地转为储蓄，从而使整个社会中更多当前的消费被转移为未来消费。如表1所示，在高技术制造业、装备制造业和战略性新兴服务业等新产业产出增速不断下降的趋势下，中国的高技术产业投资增速却在整体提升，人口总量的发展趋势正通过投资而影响居民的储蓄行为。最后，由于消费习惯及喜好的不同，老年人相比年轻人会更少地购买和使用新服务、新产品。因此，从总体上说，老龄化加剧也通过这一途径进一步减弱了创新服务和产品需求，如表1所示，无论是以网上零售、电子商务为代表的新零售模式，还是以新能源汽车、工业机器人为代表的新产品，其消费对象主要仍是年轻群体，在人口总量出现下降、年轻人占比不断减小的趋势下，这些新服务和新产品的增速也在不可避免地呈现下降趋势。

表1　中国近年人口增长率与新产业、新业态、新模式占比

单位：%

项目	类别	2017年	2018年	2019年	2020年	2021年	2022年	年份	人口增长率（‰）
新产业	高技术制造业	13.40	11.70	8.80	7.10	18.20	7.40	2017	5.58
	装备制造业	11.30	8.10	6.70	6.60	12.90	5.60	2018	3.78
	战略性新兴服务业	17.30	14.60	12.70	8.30	16.00	4.80	2019	3.32
新投资	高技术产业投资	15.90	14.9	17.30	10.60	17.10	18.90	2020	1.45
新零售	全年网上零售额	32.20	23.90	16.50	10.90	14.10	4.00	2021	0.34
新产品	新能源汽车产量	51.20	66.20	46.05	17.30	152.5	90.50	2022	-0.60
	工业机器人产量	81.00	6.40	-3.10	20.70	67.90	21.00		

资料来源：国家统计局《国民经济和社会发展统计公报》（2017~2022年）。

二 总人口达峰、未来预期与技术进步

只有对未来经济形势、就业环境、收入增长形成稳定向上的预期，老百姓才能真正敢消费、愿消费，居民消费倾向才能实现提升①。总人口达峰、新增人口的减少从总量上直接影响消费的同时，也改变了人们对未来的预期。从需求侧来看，这种对未来预期的改变作用在需求侧，主要表现为投资和消费需求持续减弱，导致消费需求变化。消费需求的变化通过需求拉动作用带来技术进步内容需求和方向的变化。

人口达峰随之而来的总人口数量下降，导致投资信心降低、投资预期减弱。老龄化通过影响就业、减缓技术创新对经济活力产生了负向影响②，从而影响到房地产投资、基础设施建设等领域相关科技创新、技术进步投入。人口负增长会影响企业的投资预期，由此形成的"预期效应"会对资本积累产生影响。形成人口下降的预期后，投资者将会更加审慎地考虑投资，因为人口减少引发的需求下降可能导致产品过剩和产能过剩③。因而在人口负增长时代，创造良好营商环境、释放消费潜力对稳投资、促增长起着重要作用。表 2 展示了2006~2020 年日本部分行业专利技术申请增长率在人口达峰前后变动情况，可见在日本人口达峰前后家庭耐用消费品、汽车、房地产等行业相关产品的投资需求呈现完全相反的趋势。在日本人口达峰前，家

---

① 冯明：《国民经济核算视角下中国居民消费率的因素分解研究——对"消费能力说"和"消费意愿说"的定量考察》，《数量经济技术经济研究》2023 年第 5 期，第 180~201 页。

② 逯进、王晓飞：《固定资产投资、老龄化与经济活力——基于省域视角研究》，《人口学刊》2019 年第 5 期，第 57~71 页。

③ 陶涛、金光照、郭亚隆：《两种人口负增长的比较：内涵界定、人口学意义和经济影响》，《人口研究》2021 年第 6 期，第 78~95 页。

表2　2006~2020年日本部分行业专利技术申请增长率在人口达峰前后变动情况

单位：%

	专利类别	2006年	2008年	2010年	2012年	2014年	2016年	2018年	2020年
B60	一般车辆	-4.06	-1.01	-0.70	3.43	-1.10	0.38	-2.14	-18.31
H02	发电、转换和分配	3.78	4.30	10.31	5.01	-1.04	-3.40	0.46	-9.84
F02	内燃机；发动机设备	1.52	5.84	-2.13	-2.59	-3.08	-5.48	-11.85	-17.46
F03	流体机器或发动机	-16.86	38.12	-27.24	1.02	-12.82	-14.31	-2.82	2.72
G05	控制；调节	-5.51	1.44	-6.99	2.48	4.35	14.89	6.85	-12.29
C07	有机化学	4.09	-2.56	-1.31	-5.79	2.90	-10.51	0.58	-0.29
C01	无机化学	-1.57	8.66	-0.42	-3.64	-1.52	-1.27	6.01	-4.29
E02	水力学、地基等	-13.34	-1.71	5.44	-1.11	1.07	-5.21	0.76	-7.50
B32	层压板	-5.39	4.43	2.91	6.09	1.72	-5.02	8.51	-0.82
E06	门／窗／卷帘；梯子	-16.62	0.00	-15.67	8.32	19.64	-1.38	11.49	3.49
F21	照明	13.40	12.08	13.88	-2.02	-7.03	-16.51	-8.92	-20.40
C03	玻璃；矿棉或矿渣棉	-10.76	10.84	6.14	3.71	13.70	-14.19	-5.12	-6.80

资料来源：日本专利局年度报告，https：//www.jpo.go.jp/resources/report/nenji/index.html#tmp_header。

庭耐用消费品、汽车、房地产等行业相关产品的专利技术申请增长率呈现上升趋势，而在 2010 年日本人口达峰后，这些行业的技术专利占比快速下降，特别是 2020 年受到疫情冲击时，投资预期进一步萎缩。2020 年部分产品的专利申请，如一般车辆、内燃机、照明等专利技术申请增长率跌幅近 20%。

人口达峰对社会储蓄与消费结构产生影响，导致储蓄倾向上升而消费倾向下降，进而对消费需求和投资需求的技术进步同时产生影响。从已有的事实观察，老龄化带来的重大挑战，经济长期停滞主要特征之一是过度储蓄[①]。一方面，人口达峰使得社会老龄化压力剧增，老龄人口相比年轻人口更易罹患疾病；老龄人口或家有较多老龄人口的家庭不愿消费，甚至不敢消费，为避免"因病致贫"而增加预防性储蓄甚至过度储蓄。但预防性储蓄往往以现金或流动资产形式存在且由于老年人对资产保值意愿更强烈因而逐步退出金融市场[②]，难以转化为有效投资。因此，可用于资本积累、支持技术创新的资源数量也随之减少。另一方面，由于储蓄需求的上升、消费需求的下降，新技术、新产品、新商业模式的推广速度将会减缓，资本回收周期变长，也使得投资风险上升，对技术进步的风险投资产生明显抑制作用。

人口达峰后，人们更倾向于消费"价值实现"型商品，消费模式变化将使得创作型和情感型服务需求增加。一方面，老龄化不仅促进了中国第一、二、三产业间结构的优化，还推动了制造业与服务业内部技术结构的优化[③]。在人口达峰后，"银发消费市场"逐步开辟，

---

① Summers，L. H.（2018）．"Secular Stagnation and Macroeconomic Policy."*IMF Economic Review*，Vol. 66（2），226-250.

② 屈小博、王强：《城市住房价格异质性对家庭消费的影响——基于住户调查微观数据与住房成交大数据匹配的证据》，《城市与环境研究》2022 年第 2 期，第 80~94 页。

③ 汪伟、刘玉飞、彭冬冬：《人口老龄化的产业结构升级效应研究》，《中国工业经济》2015 年第 11 期，第 47~61 页。

与老龄人口相关的产品、服务需求日益旺盛，如随着中国人口老龄化程度加深，社会整体医疗卫生服务需求随之增多①。因此，老年人看护、医疗、家政和文化娱乐等相关服务产业的技术投资有所上升。逐利的资本转向创作型和情感型产品与服务开发，以满足老龄人口需求。表3报告了日本2006~2020年医疗、食品、家政、文娱等领域相关专利技术的申请数量，在2010年日本人口达峰前后的变动情况。这些领域的专利申请数量增长率在人口达峰后呈现上升趋势，意味着这些领域的投资需求更加旺盛，资本流入该领域锚定技术进步方向与内容。

另一方面，由于消费市场更加注重个性化和差异化，利用大数据分析消费者行为模式，研究消费者偏好并精准推送商品成为企业新的商业模式。同时，劳动年龄人口在人口达峰后存在下降趋势，技术替代人力可能成为企业利润最大化的选择②。因此，大数据和人工智能技术将是未来技术进步的发展方向。

表3同时展示了与大数据、人工智能相关的基础科学、组合技术等领域专利申请数量增长率情况，可发现这些领域专利申请数量增长率也在人口达峰后出现上涨。另外，为了能够更好地满足消费者消费升级而产生的个性化需求，例如定制化服务和智能家居等产品，一些新产业、新技术也随之出现，但由于新技术、新产品研发周期较长，因此具有时滞性。如表4所示，专门适用于特定应用领域的信息和通信技术、增材制造等新兴技术在日本2010年人口达峰之后的一段时间实现从"0"到"1"的突破，也改变着技术进步方向和内容。

---

① 王晓峰、冯园园：《人口老龄化对医疗卫生服务利用及医疗卫生费用的影响——基于 CHARLS 面板数据的研究》，《人口与发展》2022 年第 2 期，第 34~47 页。

② 周世军、赵丹丹：《人工智能重塑就业的未来趋势、特征及对策》，《经济体制改革》2022 年第 1 期，第 188~194 页。

表3　2006~2020年日本部分行业专利申请数量在人口达峰前后的变动情况

单位：%

专利类别		2006年	2008年	2010年	2012年	2014年	2016年	2018年	2020年
A61	医学或兽医学；卫生学	-0.61	-1.58	1.54	3.35	6.67	2.33	-1.38	0.64
A23	食品或食品加工	-6.46	-10.31	1.87	7.55	5.09	1.50	12.51	-3.44
A45	个人物品或旅行物品	-15.31	-12.41	-7.07	-1.14	3.31	2.41	-0.50	-10.84
C09	染料；油漆；釉料；天然树脂；黏合剂	-6.67	-2.74	3.32	-3.14	2.53	-0.74	-7.88	-1.54
D06	纺织品处理；洗涤；未另分类的柔性材料	-14.09	-2.93	-2.18	-3.51	4.92	1.80	-15.73	2.26
C08	有机大分子化合物，制造或化学加工，组合物	-3.66	-1.65	-0.43	3.69	-1.00	-0.29	-0.37	1.22
C10	乐器；声音	-4.06	-0.29	-7.43	2.86	-9.25	8.25	4.14	-2.15
C40	组合技术	180	-54.54	0	25	80	71.43	56.25	-26.09
G06	计算或计数	-7.73	-1.71	-1.00	5.86	-1.58	-1.23	4.17	1.38

资料来源：日本专利局年度报告，https：//www.jpo.go.jp/resources/report/nenji/index.html#tmp_header。

表4　2015~2021年日本部分行业专利申请数量在人口达峰后的变动情况

单位：个

专利类别		2015年	2016年	2017年	2018年	2019年	2020年	2021年
G16	专门适用于特定应用领域的信息和通信技术	—	—	—	—	369	1234	1282
B33	增材制造技术	—	3	1	0	1	1	2

注：2015年以前该部分专利申请数量为0，不做展示。

资料来源：日本专利局年度报告，https：//www.jpo.go.jp/resources/report/nenji/index.html#tmp_header。

三 总人口达峰、消费结构与技术进步需求

技术进步与消费需求之间存在着彼此促进且互为因果的关联关系[1]。消费结构升级引导着资源的配置方向；沿着不同的路径，消费结构升级带来了不同形式的技术进步[2]。人口达峰使得社会人口结构发生变化，中国将逐步进入老龄化社会。社会结构的变化势必引起消费结构的转型，从而通过需求拉动作用使得技术进步需求发生转变。

消费结构的变化是引致技术进步的重要内容和方向。人口达峰带来的人口结构变化，使得消费弹性较大的商品消费倾向下降，如与工作相关的衣着消费、交通通信消费和文化娱乐消费等；而同时，与老年人口相关的消费支出，如医疗支出、健康消费支出等，则可能明显上升。表5展示了2004~2020年日本家庭消费结构的增长率变动情况，以2010年为分界点，人口达峰前后不同种类消费支出增长率呈现不同趋势，服饰、文化娱乐、燃料照明水等相关消费在2010年以后总体上呈现下降趋势，而医疗保健等消费支出则呈现上升趋势。

表5 2004~2020年人口达峰前后日本家庭消费结构增长率变动情况

单位：%

消费类别	2004年	2006年	2008年	2010年	2012年	2014年	2016年	2018年	2020年
总消费支出	0.38	-1.86	-0.29	-0.51	1.13	0.25	-1.80	1.52	-5.27
食品消费	-0.39	-0.86	0.68	-1.11	0.55	1.93	1.52	1.52	1.57
住房消费	-3.98	-5.92	-5.78	6.78	-3.41	-1.88	-6.98	2.17	1.59

---

[1] 金晓彤、黄蕊：《技术进步与消费需求的互动机制研究——基于供给侧改革视域下的要素配置分析》，《经济学家》2017年第2期，第50~57页。

[2] 谢小平：《消费结构升级与技术进步》，《南方经济》2018年第7期，第19~38页。

续表

消费类别	2004 年	2006 年	2008 年	2010 年	2012 年	2014 年	2016 年	2018 年	2020 年
燃料、照明、水消费	0.43	3.66	4.57	1.23	3.92	2.41	−8.71	2.25	−0.52
家用物品消费	−3.65	−3.12	2.86	2.92	0.52	2.98	−1.23	2.64	9.16
服饰消费	−3.40	−4.22	−3.17	−4.13	0.62	1.93	−4.27	−0.14	−18.37
医疗保健消费	−1.69	−1.79	−3.49	−3.85	0.68	0.59	1.78	2.75	2.00
交通、通信消费	4.18	−2.20	2.82	2.35	9.81	1.16	−2.94	6.09	−8.53
教育消费	1.69	1.40	−0.16	−9.10	−0.17	−5.23	2.86	6.54	−10.46
文化娱乐消费	3.24	−2.24	1.28	1.93	−2.00	−0.06	−0.55	−1.35	−17.24
其他消费	0.57	−2.98	−2.96	−2.63	−0.90	−1.99	−2.64	−1.77	−10.55

资料来源：日本统计局，https：//dashboard. e-stat. go. jp/en/dataSearch。

另外，由于义务教育的普及和在职培训的不断增加，中国人口的整体教育水平已经有了大幅度提升。中国老年人口在改革开放以来实现了从八成不识字到八成受教育的历史性转变①。随着老龄人口平均受教育水平的上升，健康管理和财富管理等需求也将日益增加，带来相应的消费支出增长。但同时，老年人要实现从基本型向发展型的消费结构升级，既受到需求要素的驱动和资源要素的影响，还需要社会网络、技术等信息渠道要素的支持②。因此，对现有技术进行"适老化"升级，不断满足老年人新增消费需求也是人口达峰后技术进步

① 杜鹏、李龙：《中国老年人口受教育程度发展趋势前瞻》，《人口与发展》2022年第1期，第59~67页。
② 杨凡、潘越、黄映娇：《中国老年人消费结构及消费升级的影响因素》，《人口研究》2020年第5期，第60~79页。

的主要内容和方向。

人口达峰对消费结构产生的直接影响是减少对婴幼儿用品、教育等相关产品和服务的需求，从而对产品市场的技术进步产生结构性影响。人口达峰后必然引发人口年龄结构的变化，而人口年龄结构变迁必然会影响居民消费结构的变化①。总人口达峰说明死亡率持续大于出生率，社会整体对婴幼儿产品、教育的需求量会相应下降，但由于婴幼儿教育具有时滞性，并非生育之后立即接受教育，因此在现阶段比较难在短期内观察到显著的变化。表6展示了2004~2020年人口达峰前后日本家庭消费结构增长率的变动情况，一方面，由于生育数量下降，儿童衬衫、毛衣等耐用品消费呈现下降趋势；另一方面，家庭生育数量下降使得家庭对儿童的投资更为集中，愿意为儿童提供更好的消费品，因此儿童内衣等消耗品类型消费呈现上升趋势。

表6　2004~2020年人口达峰前后日本家庭部分消费结构增长率变动情况

单位：%

家庭消费结构	2004年	2006年	2008年	2010年	2012年	2014年	2016年	2018年	2020年
儿童衬衫与毛衣消费	0.43	-3.88	0.99	-7.89	-6.21	0.00	-2.52	-2.55	-10.00
儿童内衣消费	-6.92	-3.23	-2.61	0.91	-2.73	5.66	4.90	8.65	-2.70
教育消费	1.69	1.40	-0.16	-9.10	-0.17	-5.23	2.86	6.54	-10.46

资料来源：日本统计局，https：//dashboard. e-stat. go. jp/en/dataSearch。

服务密集型产品、劳动密集型服务的消费需求增加带来技术进步驱动；但随着消费升级、商品价格上涨，更小的家庭可能对大型家用电器，如冰箱和洗衣机等产品的需求减少。服务密集型产品、

① 茅锐、徐建炜：《人口转型、消费结构差异和产业发展》，《人口研究》2014年第3期，第89~103页。

劳动密集型服务带来的产品增加值比劳动密集型产品增加值更高，因此商品价格也随之上升，投资回报率上涨，投资者更有可能对这些领域产品的专利技术进行投资。但同时，人口老龄化带来的家庭规模变化对家庭平均消费率具有负面效应①。服务密集型产品、劳动密集型服务的商品价格比劳动密集型产品更高，小家庭购买该类型产品的人均消费支出比大家庭更高，因此更小家庭的家庭耐用品、家务耐用品、冷暖电器消费下降趋势更为明显。

表 7 报告了 2004~2020 年人口达峰前后日本不同规模家庭家用产品消费增长率变动情况，可以看出，规模越大家庭，家庭耐用品、家务耐用品、冷暖家电的消费增长率上升趋势越明显。而随着老龄化压力加剧，家庭平均人口数量将不可避免地呈现下降趋势，家庭用品的消费在人口达峰后可能出现下降趋势。因此，服务密集型产品、劳动密集型服务的消费需求增加对技术进步的促进有先促进后抑制的作用。

四 日本人口达峰后的政策调整与经验

人口达峰后消费结构、未来预期等与技术进步密切相关，投资者对未来预期信心不足、消费意愿减弱等，加之高新技术产业研发投入较大，仅依靠市场力量带动的技术进步难以抵抗人口达峰后的老龄化冲击，导致消费市场将长期处于低迷状态，进而影响技术进步。因此，政府通过逆经济周期手段干预经济运行有其必要性，可稳预期、促消费、推动技术进步并刺激人口达峰后的有效需求。本文总结了日本在人口达峰后如何利用公共政策，通过改善未来预期、调整消费结

---

① 盛来运、方晓丹、冯怡琳等：《家庭人口结构变动对居民消费的影响研究——基于微观家庭面板数据的分析》，《统计研究》2021 年第 11 期，第 35~46 页。

表 7　2004~2020 年人口达峰前后日本不同规模家庭家用产品消费增长率变动情况

单位：%

不同规模家庭消费		2004 年	2006 年	2008 年	2010 年	2012 年	2014 年	2016 年	2018 年	2020 年
家庭耐用品消费	两人家庭	-14.31	-9.08	3.57	14.34	-0.26	0.83	8.47	-5.82	2.11
	三人家庭	-1.21	-7.30	-2.08	17.38	-4.80	-4.24	-13.30	21.72	9.47
	四人家庭	-0.27	10.98	8.53	9.09	-1.29	9.13	-11.91	16.13	14.04
	五人家庭	4.42	-22.23	18.99	1.22	-1.31	8.68	-3.56	28.10	21.82
	六人家庭	21.01	16.06	-5.83	1.62	-23.07	47.13	10.14	-27.08	89.65
家务耐用品消费	两人家庭	-8.47	0.44	5.14	9.20	-4.55	9.10	7.22	-3.43	5.71
	三人家庭	4.69	-10.12	-0.48	7.64	-9.21	3.25	-17.90	11.22	-2.78
	四人家庭	12.42	12.74	-4.08	21.02	-11.91	10.83	-12.48	3.04	14.27
	五人家庭	16.88	-2.80	5.12	-3.85	-1.46	26.42	9.15	51.63	51.53
	六人家庭	29.53	1.66	-7.29	-14.27	-12.50	42.18	5.90	-46.92	48.63
冷暖用家电消费	两人家庭	-13.65	-21.27	8.42	28.45	-1.75	-10.24	11.25	1.27	-2.94
	三人家庭	-13.16	0.00	0.43	52.15	-3.54	-18.28	1.92	54.62	14.01
	四人家庭	-1.23	8.08	50.61	10.75	28.83	15.91	-17.53	17.73	15.51
	五人家庭	-2.37	-43.40	21.75	18.12	0.58	-12.25	-29.49	17.87	-13.59
	六人家庭	-0.50	64.21	-8.68	32.14	-15.46	-11.30	29.56	52.90	183.41

资料来源：日本统计局，https：//dashboard.e-stat.go.jp/en/dataSearch。

构、开发老年人人力资本等机制，减弱老龄化冲击对于技术进步与消费市场的负面影响。

针对总人口达峰导致未来预期减弱问题，日本在科技创新、教育培训等方面进行了政策调整，以政策支持改善预期，激发技术进步动力。日本政府分别于 2011 年、2016 年出台第四期、第五期《科学技术基本计划》文件①，2013 年制订了《科学技术创新综合战略》，将问题解决型政策部署引入新兴产业，推动科技政策、创新政策一体化改革。政府通过针对性地设立课题、提供资金，并与企业合作开发新兴技术，以政府资本带动私人投资，稳住资本市场对未来预期的信心。

为了适应总人口达峰导致的消费结构变化，日本通过改变政策支持方向主动引导技术进步发展新方向，通过政策引领，以技术进步促进消费升级，激活消费市场活力。将技术进步带来的新产品与普通民众日常消费相结合，使新兴技术转为新兴产品，带动消费。2013 年，日本发布"日本振兴战略"（Japan Revitalization Strategy），将日本定位为机器人大国，普及机器人产品在普通民众生活中的应用，特别是在无人驾驶、家庭护理、医疗诊断等方面。同时，针对数字技术与传统产业的融合发展，日本政府提出"超智能社会"（Super-intelligent Society 5.0）概念，促进传统产业与数字化结合。通过新兴技术与传统产业的结合带来新的产品，依靠供给拉动消费。在稳住投资者预期的情况下，逐步将新兴技术转化为可应用的产品，拉动消费市场，提振消费预期。因此，虽然人口达峰会对消费市场产生冲击，但通过政策引导及供给拉动需求策略，仍能使消费市场保持活力，逐步改变消费结构，促进消费升级。

---

① 日本内务阁《第 4 期科学技术基本计划》，https：//www8. cao. go. jp/cstp/kihon keikaku/index4. html；日本内务阁《第 5 期科学技术基本计画》，https：//www8. cao. go. jp/cstp/kihonkeikaku/index5. html。

为了应对总人口达峰对劳动供给的冲击，日本通过强化老年人就业保障、提供老年人技能培训等政策措施，充分利用老年人力资源。日本政府在激发老年人就业意愿、保障老年人就业等方面出台了《老年人就业稳定法》《高龄者雇佣安定法》《日本再兴战略》等政策和法令。为老年人提供职业培训、增加老年人劳动供给，以更大程度利用老年人力资源，减缓人口负增长带来的劳动力供给短缺。日本统计局数据显示，65 岁以上劳动力占比从 2010 年的 8.82%逐年上升到 2023 年的 13.43%①。同时，还通过《老年人医疗保障法》等社会保障政策，增强老年人抗风险能力，释放消费潜力，使老年人敢于消费、愿意消费，开拓"银发市场"。

五　中国人口达峰后的技术进步政策调整与应对

人口达峰后，消费总量、消费需求、消费结构、收入结构、未来预期等与技术进步的方向和内容密切相关，技术进步将为人口峰值后的经济增长提供重要支持和解决方案。人口达峰后将加深人口结构变化对宏观经济需求的影响，导致自动化技术需求更迅速增长。技术进步方向转向以创新为主的内源式路径，需要通过创新提高技术效率和资源利用率，促进消费率的提升。

以技术进步提升中国全球价值链，实现更高水平、更高质量的对外开放，可抵消需求侧的不利影响。尽可能利用外部需求的增长，抵消人口负增长对中国内需形成的不利影响。以高水平对外开放，通过自主创新、培育核心技术延伸全球价值链上游，实现新技术迭代升级和产业快速增长，扩大出口规模、优化进口，以国际循环有效促进国

---

① 2010 年，数据以年均数据计算，2023 年数据以目前已公布的 1~8 月平均数据计算。

内循环，提升对内对外消费需求。人口负增长趋势下，中国通过技术进步提升竞争力进一步融入全球价值链，进一步扩大对外开放的发展战略，应对消费需求减弱。

以消费结构升级推动技术效率提升，突破现有生产前沿，以技术进步提升消费需求、创造新的消费需求。以企业为主导的研发投入越多，越能满足消费者需求，越能实现消费结构不断升级。老年人口经过几十年储蓄积攒了大量的社会财富，技术进步带来的新技术、新产品可使得那些对于新生事物具有强烈好奇心和接纳热情的老年人打破年龄限制，有助于增加其在新消费模式下的购买行为；同时，新技术、新产品有助于激发其消费潜力，开辟"银发消费市场"，创新消费场景。促进居民耐用消费品绿色更新和品质升级，鼓励低碳循环理念，以绿色、健康、创新的技术进步培育消费增长点，推动消费升级。

对现有技术进行"适老化"改造升级，减少数字技术使用在不同年龄人群中的差异。数字技术的使用差异不仅存在于性别、地域中，年轻人与老年人在新技术适应能力、应用能力上也有显著差异。对数字技术进行"适老化"升级，一方面是降低技术使用门槛，释放老龄人口消费潜力，另一方面也是促进社会发展的公平共享。利用好老龄人口几十年积攒的人力资本，促进老龄人口"再就业"。老龄人口的消费倾向降低部分原因来自收入的减少，通过"开源"的方式增加老龄人口收入，可改变其消费倾向、刺激其消费欲望。对老龄人口人力资本的再发掘，可以使老龄人口符合就业市场需求，也使得他们积攒的经验可继续发挥作用，增加劳动供给潜力。提振老年人消费信心，以机制体制保障老有所养、老有所依，释放老龄人口消费潜力，让老龄人口愿消费、敢消费。老龄人口消费信心不足最大的症结在于对未来冲击的担忧，储蓄以备不时之需成为老龄人口的共识，因此他们不敢消费。通过完善社会保障机制体制，满足老龄人口医疗、养老等方面需求，提振其消费信心，有助于释放消费潜力。

坚持短期增长与长期转型并重，互促共进。新冠疫情带来的短期冲击，让人忽视了中国经济增长的核心矛盾——长期以来就面临的结构转型问题，技术进步的方向应适应消费需求和长期消费趋势的变化。既要看到短期消费低迷对增长的负面效应，也要着眼于长期消费转型所面临的结构性问题。通过鼓励技术和商业创新，满足个性化、多层次的消费需求，既有助于短期消费增长，也可推进长期消费转型升级。鼓励研发智能新产品和新服务，拓展应用场景，发展智慧超市、智慧商店、智慧餐厅等新零售业态，通过互联技术与社会服务结合的创新模式，促进共享经济、社交电商、网络直播等新业态发展。

G.10
总人口达峰后的经济增长

都　阳　封永刚*

摘　要： 总人口达峰是我国人口形势在 2012 年劳动年龄人口达峰后的又一个重要转折，此后需求对经济增长的影响从短期因素变为长期制约，而我国的宏观调控体系也需顺应上述新的变化，摒弃短期需求管理的惯性思维，采取新的应对措施。通过分析发现，在"十四五"期间，总人口的减少幅度尚不大，人口变化的平台期对消费需求的影响较小；进入"十五五"之后，随着人口负增长的规模逐渐扩大，以及人均消费水平的继续提升，人口数量减少将直接带来消费需求的下降，并且随人口负增长规模的增加不断扩大。从消费品的类别来看，人口负增长引发的服务消费需求减少规模最大，工业制成品和大宗商品次之。此外，消费需求的减少还会带动投资需求随之下滑。我国应通过更高水平、更高质量的对外开放，改善收入分配格局，完善宏观调控体系，提高生产率和加快技术进步转型，以抵消人口负增长在需求侧产生的不利影响。

关键词： 总人口达峰　经济增长　需求侧影响

---

* 都阳，中国社会科学院人口与劳动经济研究所党委书记、所长、研究员，主要研究领域为劳动经济学、发展经济学、人口经济学；封永刚，中国社会科学院人口与劳动经济研究所助理研究员，主要研究方向为经济增长与就业。

国家统计局数据显示，2022 年我国总人口减少了 85 万人，这是我国人口形势在 2012 年劳动年龄人口达峰后的又一个重要转折。劳动年龄人口负增长在供给侧对我国劳动力市场和经济发展产生的影响在过去十年间已经表现得非常充分，总人口达峰所产生的影响将主要表现在需求侧对消费总需求产生直接影响，并对投资需求产生间接影响。需要从人口政策、经济发展方式等多个途径入手，积极应对人口形势出现的新变化。

一　总人口达峰对经济发展影响的新特点

在总人口达峰之前，关于人口转折与我国经济增长的研究往往聚焦于人口红利与刘易斯转折点、快速人口老龄化①等领域，研究框架均以索洛增长模型为代表的供给侧增长分析为主，人口转折往往通过影响有效劳动投入、人力资本水平、资本产出比、全要素生产率增长等因素对经济增速产生影响。与以往人口的结构性变化不同，总人口负增长从总量关系上影响经济社会发展，形成经济增长的需求制约，这是我国发展基础条件的重要变化，其特点体现在以下几个方面。

（一）需求对经济增长的影响从短期因素变为长期制约

2012 年，我国 16~59 岁劳动年龄人口达峰，使得劳动供给形势出现了根本性变化。总人口的负增长将主要从需求侧影响我国经济发展。虽然影响经济增长的因素历来都从供给侧和需求侧同时发生作用，但以往需求因素如消费、投资和出口等，大多以短期波动的形式

---

①　蔡昉：《人口转变、人口红利与刘易斯转折点》，《经济研究》2010 年第 4 期，第 4~13 页；都阳、封永刚：《人口快速老龄化对经济增长的冲击》，《经济研究》2021 年第 2 期，第 71~88 页。

对经济增长产生影响，宏观调控手段也主要着眼于短期的需求管理。凯恩斯的需求管理理论自出现以来，迅速成为宏观经济学的主要理论基础。凯恩斯理论强调需求管理的短期性，满足了政府宏观调控解决当前问题的客观需要，因此也大受宏观决策实施者的欢迎。

需求管理短期性的本质在于，通过调节需求的变化在经济低迷、出现需求缺口时人为增加需求，在经济过热时抑制需求的增长，从而达到逆周期调节的目的，实现宏观经济稳定的目标。在我国建设社会主义市场经济体制的实践中，基于短期需求管理的调控手段也经常使用。尤其是作为一个发展中国家，在基础设施建设水平相对落后、公共服务覆盖范围较小和水平较低的时期，通过对上述领域的投资既可以在短期内实现宏观经济的稳定，也符合经济在中长期发展的需要。

然而，我国的人口负增长将在需求侧形成一种新的格局，并制约以往经常使用的政策工具继续发挥作用的空间。根据前面的分析可以看到，我国总人口在经历"十四五"平台期后，将形成长期下降的趋势。由于人口是经济中一切需求的主体，总人口减少必然是需求增长的长期制约因素。总人口减少将成为经济发展中非常确定的影响因素，这也使得需求管理作为短期工具的使用效果大打折扣，短期需求管理政策的执行成本提高。

更重要的是，由于正常的人口变动因素引起的总人口减少在我国经济发展的历程中尚属首次，宏观调控体系对此并没有相应的应对经历。如果宏观调控决策者对此没有未雨绸缪的考量，仍然沿用以往的调控方式试错，将会加剧经济发展中的结构性矛盾。

（二）技术替代可能性小，利用经济的自发调节机制的余地较小

经济发展历来都是供给侧因素和需求侧因素共同作用的结果，但

从对经济增长的影响方式和作用机制看，供给侧因素和需求侧因素存在着差别。

劳动年龄人口达峰后，我国劳动力供给的稀缺性日益增强，对劳动力市场的供求形势产生了明显的影响，其直接效应便是普通工人工资的迅速上涨。由于我国劳动密集型企业较多，工资成本增加对于劳动密集型企业的影响最为明显。此后，企业纷纷对劳动力成本的上升做出反应，劳动密集型行业则加大了机器替代人工的力度①。从过去十年的发展情况看，由于上述机制的作用，劳动供给的变化并未对我国经济发展产生明显的负面影响。相反，我国已经成为世界上最大的工业机器人使用国，制造业的劳动生产率和竞争力甚至由于劳动节约型的技术进步而有所提高。

但与供给侧的影响机制不同，人口负增长对需求侧的影响直接形成了经济规模的约束性因素。对于企业而言，在其他条件不发生变化的前提下，人口数量的绝对减少直接对应着市场规模的缩小，而企业难以通过技术选择解决市场规模缩小的问题，总人口数量的下降是一个经济体中每一个企业都面临的问题，具有全局性。一个国家的经济活动是成千上万家企业行为的加总，企业面临的需求问题也因此合成对整个经济体系总需求的约束，并使宏观调控的基础环境发生根本的转变。这是人口作为需求侧因素（消费者）和作为供给侧因素（生产者）影响经济发展的本质差别。正是由于人口规模决定的需求规模对于经济体系而言是相对外在的因素，因此人口负增长产生的影响依靠经济的自发调节机制做出反应的余地较小。考虑到这是新发展阶段面临的新问题，缺乏经验可循，也鲜有其他经济体的经验可供借鉴，其带来的挑战和不确定性是前所未有的。

---

① 屈小博：《机器人和人工智能对就业的影响及趋势》，《劳动经济研究》2019年第5期，第133~143页。

（三）人口负增长对经济发展影响的国际经验少，影响的不确定性更强

从世界范围看，由于人口负增长并没有成为一个较为普遍的现象，其产生的后果也很难通过对大量样本的实证研究进行经验总结。考虑到我国人口规模巨大，经济发展的路径具有独特性，从既有的案例中总结出为我所用的经验就更加困难，这是人口负增长与以往我国遇到的人口形势变化所带来挑战的不同之处。例如，生育率的下降与人口转变、劳动年龄人口达峰与刘易斯转折点、人口老龄化等人口形势变化都对经济社会发展产生了比较明显的影响，但这些变化都有比较丰富的先例，应对的路径也相对明确，政策工具也更加成熟。

人口负增长可资借鉴的国际经验相对缺乏，给认识我国这样一个人口规模巨大的国家在经历人口负增长后会产生什么样的变化带来了一定的难度。因此，本文需要以经济发展理论为基础，结合国际上部分曾经或正在经历人口负增长经济体的经济增长表现，对我国人口负增长与经济发展的关系进行分析。

在工业革命以前，人口变化具有典型的马尔萨斯经济特征，总人口的波动是很多国家经常出现的现象。随着工业革命以后生产率的飞速提升，大多数国家的总人口在和平年代都保持增长。尤其是二战以后，大部分国家的总人口呈现快速增长的势头，这一趋势在20世纪70年代甚至被称为"人口爆炸"。

发达国家较早进入了生育率下降的年代，并由此推动了人口转变和人口老龄化进程。但由于预期寿命的不断延长，由人口转变所推动的人口负增长，在二战后并不多见。根据联合国《世界人口展望2022》数据，在二战以后，总人口100万以上的经济体中有69个国家和地区经历过人口负增长，但这些国家的人口负增长大多数是战争、迁移等人口机械变动因素导致的，而且很多经济体的人口

在经历一段时间的负增长后又恢复了正常增长。

2021年，有57个经济体的总人口存在负增长。在全球化时代，人口流动等人口机械变动对小国的人口变化会产生显著的影响，这些国家即便生育率保持在2.1的更替水平以上，仍然可能由于人口迁出而总人口呈下降趋势。如果仅仅考虑总人口在5000万人以上的国家，2022年之前，仅有5个国家的人口正处于负增长，其基本情况如表1所示。通过比较分析可知，中国开始人口负增长时的总和生育率为1.16，仅略高于韩国的0.88，却远低于乌克兰、俄罗斯、日本、意大利四国。2022年之前，我国的生育率和死亡率均出现长期下降的变化趋势，二者效应相抵，尚能维持总人口的减速发展，而2022年之后，生育率继续下降，死亡率趋于上升，二者的差距趋于扩大，致使我国总人口峰值的到来早于以往的预期，也构成了我国总人口达峰区别于其他国家的新特点。而从人均GDP水平来看，中国开始人口负增长前一年（2021年）的人均GDP为11082美元，仅高于乌克兰和俄罗斯，远远低于日本、意大利和韩国，未富先老特征十分突出。

表1　人口负增长的主要国家情况

国家	人口负增长开始年份	人口负增长开始时的总人口（万人）	人口负增长开始时的人均GDP（2015年美元）	人口负增长开始时的总和生育率
乌克兰	1993	5178	2201	1.67
俄罗斯	1994	14883	5057	1.40
日本	2010	12811	32933	1.39
意大利	2015	6023	30492	1.35
韩国	2021	5183	32677	0.88
中国	2022	141175	11082	1.16

说明：中国的人均GDP和总和生育率为2021年数据。

资料来源：中国的总人口数据来自国家统计局，其余人口数据来自联合国《世界人口展望2022》，人均GDP数据根据世界银行数据库计算得到，总和生育率来自联合国《世界人口展望2022》。

　　总人口达峰后，人口总量的逐年减少将对经济发展在需求侧形成长期制约，是影响经济增长的主要因素。可以从现有数据中观察总人口变化与经济增长的关系。根据联合国《世界人口展望2022》数据，剔除了人口负增长与战争、政权剧烈变更等重大突发事件同期发生的样本后，总和生育率在2.1的更替水平以下且总人口持续负增长5年以上的经济体有11个。观察这11个经济体在总人口负增长前后的经济增长表现可以发现，在人口负增长后，9个经济体的经济增长表现趋于恶化（见表2）。具体来看，波黑、格鲁吉亚、希腊、保加利亚、匈牙利和德国6个经济体在人口增长与人口负增长时段的年均GDP增速差值达3个百分点以上，属于经济增速明显下滑的经济体，而葡萄牙、罗马尼亚、日本3个经济体在迈入人口负增长时段之后的年均GDP增速下滑幅度均在1个百分点以内，仅有意大利和波兰出现了人口负增长时段的年均GDP增速略高于人口增长时段的现象。总体来看，大部分经济体在出现总人口转折特征之后，经济增速均出现下降的特征，虽然上述观察并非严谨的对人口负增长与经济增速下滑的因果识别，但上述趋势的发现仍然有助于提前防范人口负增长可能对经济增速带来的下行冲击。

表2　人口转折对经济增速的影响

国家	人口负增长时段		人口增长对称时段		B-A (个百分点)
	时间段	GDP年均增速 (%,A)	时间段	GDP年均增速 (%,B)	
格鲁吉亚	1989~2019	-0.51	1965~1988	4.98	5.49
日本	2010~2019	0.13	2000~2009	0.25	0.12
保加利亚	1981~2019	1.88	1970~1980	6.73	4.85
匈牙利	1981~2019	2.50	1970~1980	7.05	4.55
波兰	2002~2019	4.55	1984~2001	4.52	-0.03
罗马尼亚	1992~2019	4.85	1964~1991	5.52	0.67

续表

国家	人口负增长时段		人口增长对称时段		B-A（个百分点）
	时间段	GDP 年均增速（%,A）	时间段	GDP 年均增速（%,B）	
波黑	2003~2019	4.17	1990~2002	10.72	6.55
希腊	2005~2019	-0.80	1990~2004	4.60	5.40
意大利	2015~2019	2.23	2010~2014	-1.03	-3.26
葡萄牙	2010~2019	1.10	2000~2009	1.93	0.83
德国	1974~1983	1.40	1964~1973	4.56	3.16

说明：人口增长对称时段根据人口负增长的持续年份对称计算得到，格鲁吉亚的 GDP 数据仅能追溯至 1965 年，保加利亚和匈牙利的 GDP 数据仅能追溯至 1970 年，波黑的 GDP 数据仅能追溯至 1990 年。

资料来源：人口资料来源于联合国《世界人口展望 2022》，格鲁吉亚的 GDP 年均增速数据来自世界银行数据库，其余国家的 GDP 年均增速数据来自佩恩表（Penn World Table，第 10.01 版）。

二 总人口负增长对我国经济发展的影响

基于经济增长的一般理论分析，本文认为总人口的负增长对我国经济增长的影响将体现于以下几个方面。

（一）人口负增长成为消费总需求增长的制约因素

消费总需求由两方面因素构成：人均消费水平和总人口的数量，总人口的负增长显然对消费总需求的增长形成制约。随着经济增长驱动因素的逐步转变，消费需求已经占我国 GDP 的较大比重。2021年，我国最终消费为 62.1 万亿元，占 GDP 的比重为 54.5%；居民消费为 43.9 万亿元（人均消费水平为 31067 元），占 GDP 的比重为 38.5%。

如图 1 所示，21 世纪以来我国居民人均消费支出与人均 GDP 之

间已形成同步变化的特征。在不考虑价格变动因素的情况下，根据本
课题的人口预测数据与中国社会科学院宏观经济研究中心课题组
（2020）① 的 GDP 增速预测数据，可以得到我国未来人均 GDP 的增
速预测值。假定 2035 年以前，人均消费水平的增速继续与未来一段
时期的人均 GDP 增速保持同步，人均消费水平乘以年度人口减少的
规模，便形成了人口负增长对消费需求的冲击。根据人口预测分析结
果可知，在"十四五"期间，总人口的减少幅度尚不大，人口变化
的平台期对消费需求的影响较小；进入"十五五"之后，随着人口
负增长的规模逐渐扩大，以及人均消费水平的继续提升，人口数量减
少将直接带来消费需求的下降，并且随人口负增长规模的增加而不断
扩大。

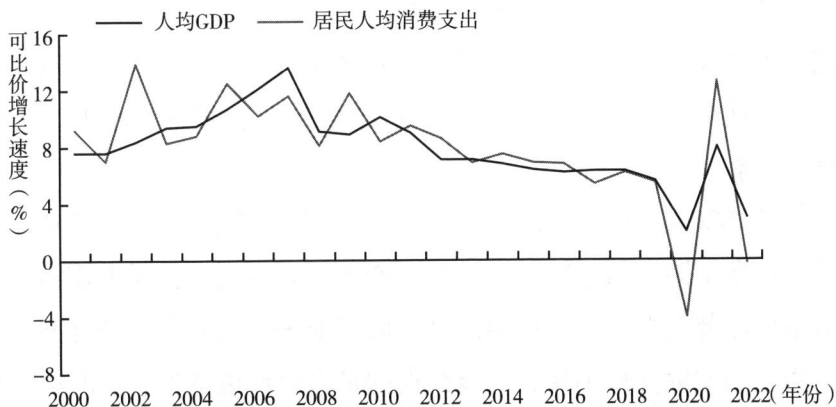

图1　中国居民人均消费支出与人均 GDP 的变动特征

资料来源：国家统计局网站（https：//www.stats.gov.cn）。

① 中国社会科学院宏观经济研究中心课题组：《未来 15 年中国经济增长潜力与
"十四五"时期经济社会发展主要目标及指标研究》，《中国工业经济》2020 年
第 4 期，第 5~22 页。

（二）人口负增长对不同类型的居民消费需求会产生不同影响

在《2020年中国投入产出表》153种消费品分类的基础上，可以进一步将消费品划分为：大宗商品、工业制成品和服务三大类（不包括建筑，电力、热力、燃气及水生产和供应）。借助投入产出分析技术中的生产诱发度（γ_{ik}）概念[①]来揭示人口负增长对不同类型居民消费需求产生的影响。

$$\gamma_{ik} = \frac{\sum_{j=1}^{n} \tilde{b}_{ij} f_{jk}}{\sum_{j=1}^{n} f_{jk}} \qquad 公式（1）$$

公式（1）中 $\tilde{b}_{ij}$ 为列昂惕夫逆矩阵中的元素，f_{jk} 为第 j 种产品用于第 k 类最终需求的量（包括消费、投资和净出口），γ_{ik} 表示第 k 类最终需求按结构变动一个单位，所诱发的第 i 个部门总产出发生的变化。

以《2020年中国投入产出表》计算出的生产诱发度为基础，可以发现消费下降对服务品生产部门总产出的影响最大，对工业制成品和大宗商品部门总产出的影响次之。假定未来一段时期不同类型消费品的生产诱发度保持不变，可以预期的是人口数量减少引发的消费需求下降，在"十五五"之后对服务品生产部门产生的冲击最大，其次也会对工业制成品和大宗商品部门产生负向影响。此外，需要说明的是，作为硬币的另一面，人口负增长也将有利于缓解能源和农副产品两类大宗商品的供给约束和需求压力。一方面，2021年我国能源自给率为82.6%，对外依存度为20.6%，其中原油和天然气的对外

---

① 王岳平、葛岳静：《我国产业结构的投入产出关联特征分析》，《管理世界》2007年第2期，第61~68页。

依存度分别高达 72.0% 和 44.4%。随着乌克兰危机加速全球能源格局调整，能源地缘博弈等风险不断加剧，我国能源的安全稳定供应仍受到外部环境的严峻挑战，而总人口的减少也将缓解我国能源的供需压力，助推能源消费和碳排放达到峰值，从而进一步缓解生态承载压力，实现人口与资源环境的协调发展。另一方面，2022 年我国人均粮食占有量达到 486 公斤，远高于国际公认的 400 公斤粮食安全线，谷物基本自给和口粮的绝对安全已得到保证。未来人口负增长必然将带动口粮的需求下行，同时也为提升大豆、油料等作物的产能和自给率腾出空间，有助于补齐中国粮食安全的短板和弱项。

（三）总人口负增长还会间接影响投资需求

由于投资需求是由消费需求引致形成，因此，总人口负增长除了对消费需求会产生直接影响外，还会间接地影响投资需求。例如，出生人口的逐年减少将对住房、交通、教育等需求产生直接的影响，并引起这些行业投资需求的变化。考虑到这些领域在既往的经济增长中发挥了较为明显的带动作用，它们的需求减弱对经济增长的不利影响较之其他行业也会更加明显。

对基础设施的投资需求也会由于总人口达峰而增长放缓或趋于饱和，构成了不利于经济增长的因素。而且，基础设施投资是既往经常使用的宏观调控手段，如果基础设施的投资需求受到制约，其对宏观调控的工具选择也将形成不利的影响。

就我国的发展阶段而言，总人口负增长对投资需求及由此引发的对经济增长的影响，具有一定的特殊性。首先，从经济发展方式看，我国既往的经济增长模式对于生产要素的积累有较高的依赖性。投资需求一直是推动经济增长的重要动力。虽然转变经济增长方式已经是新发展阶段构建新发展格局的重要途径，但从要素积累的增长模式向全要素生产率推动的增长模式转变难以在短期内一蹴而就，在这种情况下人口负增长所带来的投资需求制约容易形成对经济增长的负面冲击。

其次，从发展阶段上看，投资需求在不同的经济发展阶段对于经济增长的作用也有差别。一般而言，中等收入或刚刚跨入高收入行列的经济体，投资需求仍然处于不断增长的时期，并由此形成经济增长的动力。这背后的机理就是发展中经济体一般也是人口不断增长的经济体。从发展阶段上看，我国的人均 GDP 刚刚超过 1 万美元，在这样的发展阶段就面临人口负增长带来的投资需求制约，不仅不利于保持持续的增长动力，在世界经济增长史中也难以找到相应的案例。这给我们寻找应对措施增加了难度。

三 政策建议

我国总人口达峰的趋势已经非常明确。一方面，要综合利用人口政策、经济政策和社会政策，积极应对人口达峰和人口负增长带来的挑战；另一方面，也需要加强政策体系的顶层设计，加强不同政策之间的相互协调，更好地统筹各个群体之间的利益关系，最大限度发挥政策效能，努力将总人口减少引起的负面影响降到最低。

（一）抓住"十四五"总人口变化所形成的窗口期

前面的分析表明，今后几年我国总人口减少的幅度尚且有限，对经济增长的影响还不明显，要抓住目前的窗口期，积极制定应对方案。从人口预测的结果看，"十四五"期间我国总人口减少的幅度还不大，基本上处于一个平台期，对总需求的影响程度也不甚明显。应该抓住这一相对有利的时期，抓紧制定更加积极、更加有效的鼓励生育政策。同时，根据经济发展面临总人口达峰的新情况，对收入、消费、分配、投资等领域的既有政策进行及时的评估，并根据人口形势的变化做出及时的调整，以应对未来人口负增长加速带来的冲击。

（二）以更高水平的对外开放对冲人口负增长的不利影响

要以更高水平、更高质量的对外开放抵消需求侧的不利影响。人口负增长对经济发展的需求侧影响是在封闭经济的条件下提出的。在新发展阶段已经提出以国内大循环为主体、国内国际双循环相互促进的新发展格局。即便是人口进入负增长阶段，在相当长的时期内，我国人口总量规模仍然巨大，仍然具备以国内大循环为主的人口存量基础。与此同时，也要通过进一步扩大开放，提高对外开放的质量和水平，尽可能利用外部需求的增长，抵消人口负增长对内需形成的不利影响。

（三）把不断完善收入分配格局作为扩大需求的手段

改善收入分配格局可以降低需求侧冲击的影响。以支出法衡量的GDP中的消费需求，与消费水平和人口数量两个因素有关。因此，即使人口数量开始减少，只要可以保持人均消费水平的增长，就能在一定程度上抵消人口负增长的不利影响。目前，我国还有相当大的群体的收入水平还不高，制约了他们消费水平的提升。由于低收入群体的边际消费倾向更低，提高消费水平的空间更大，通过改善收入分配格局，促进中低收入群体的收入增长，将有助于提升我国的平均消费水平，对冲总人口负增长的不利影响。

（四）形成与总人口约束相适应的经济发展方式

总人口达峰和负增长是新发展阶段的一个基础条件的重大变化，而且对我国经济社会发展形成长期的影响，因此，今后我国的经济发展方式和经济规划要充分考虑总人口达峰及负增长形成的不利影响。

我国基础国情的这一重大转折，是在以往制定国民经济和社会发展规划时从未遇到过的情况，其影响的程度、方式、路径都有待更深入的研究。特别是在重大项目规划、基础设施投资、资源区域配置等方面，具有投资金额大、项目周期长、影响范围广的特征，一旦规划实施失当，其沉淀成本高昂。因此，要纳入总人口转折性变化的因素，提升资源配置的效率。

（五）提高生产率和加快技术进步转型

人口负增长会加深人口结构变化对宏观经济需求的影响，导致自动化技术需求更迅速增长。技术进步方向转向以创新为主的内源式路径，需要以创新提高技术效率和资源利用率，促进消费率的提升。以技术进步提升中国全球价值链，实现更高水平、更高质量的对外开放，以抵消需求侧的不利影响，尽可能利用外部需求的增长，抵消人口负增长对内需形成的不利影响。以技术进步促进新应用、新业态、新模式不断涌现，提升消费水平，创造新的消费需求。推动企业突破现有的生产技术前沿，实现科技创新，以企业为主导的研发投入越多，越能满足消费者需求，越能实现消费结构升级。

收入分配与社会支持体系

Income Distribution and Social Support System

G.11

人口达峰与收入分配

赵　文*

摘　要： 人口达峰意味着我国经济面临总需求相对下降的风险，制约经济循环、阻碍中低收入群体的收入增长。这种收入差距的扩大，长期积累的结果可能表现在要素的供求关系推动要素报酬分配格局发生变化，以及生活环境和质量在不同收入阶层的分化，最终压低中低收入群体的生育水平，带来更大的经济下行风险。因此，要注重发挥涓滴效应，通过扩大就业拉动普通劳动者的收入增长，还要关注和抑制收入分配不当对人口结构的负面作用，以期推动实现适度生育水平、实现人口长期均衡发展。

关键词： 人口达峰　收入分配　涓滴效应

* 赵文，中国社会科学院人口与劳动经济研究所副研究员，主要研究方向为国民收入分配。

根据预测，我国总人口在可预见的一段时间内将不会出现趋势性上涨，人口达峰是确定的事实。人口达峰是重要的社会结构变化，它深刻影响经济社会的方方面面，不论是应对近一个时期的需求收缩、供给冲击、预期转弱三重压力的困扰，还是为顺利实现第二个百年奋斗目标，我国都必须做好准备。中国是一个人口大国和劳动力资源大国。从资源禀赋来看，中国人均自然资源占有量较低，未来的经济发展要更多地依靠劳动创造财富，而不是依靠自然资源的投入来换取财富。从这个意义上说，能够可持续发展的道路，是不断提高人力资本水平和劳动技艺，走创新发展之路。在这一过程中，实现合理的收入分配格局，是长期优化人口发展战略、保持经济发展内生动力的必要条件。具体来看，人口达峰对于规模性分配和功能性分配都有影响，同时，分配结果反过来影响人口问题的长期变化趋势。

一 人口达峰、就业与收入涓滴效应

人口达峰可能会通过就业市场，对收入分配产生一定的影响。随着人口达峰，劳动力市场可能会变得更加紧张，导致劳动力价格上涨，这可能会增加企业的成本，从而影响企业的利润和员工的收入。此外，人口达峰后，人口老龄化加重，老年人口可能会增加对医疗保健、社会福利等方面的需求，这也可能会影响政府的财政状况，从而对收入分配产生一定的影响。

人口与收入分配的关系，从现有研究成果来看，大部分的研究目标是探讨人口年龄结构变化与收入差距的关系，或者是人口增长与经济发展的相互影响，对于人口总量变化与收入分配的关系没有给予足够关注。历史上，在经济衰退的时期，比如20世纪30年代的美国经济危机期间，包括经济学家在内的社会各界关注了人口出生率下降，或者移民造成人口总量下降对国民经济的影响问题，但这些大多是基于短期的社会政策需求，与以中国今天的思考为出发点不完全相同。比如，凯恩斯在《通论》中简单提到过人口下降对投资的负面影响，后来在《人口下降的一些经济学推论》中认为，应对人口下降需要改变财富分配格局，要减少储蓄、降低利息率，直到大规模的技术变迁变得有利可图，这是为了应对经济危机的做法。缪尔达尔论述了人口下降对投资、失业和贫困的负面作用，认为需要有一系列积极的经济政策和社会政策，使得收入分配可以偏向那些倾向于生育的家庭。

人口达峰是比较少见的历史现象。一些低生育率的发达国家通过移民的方式，保持了人口增长，因此，二战后，在 G20 经济体中，仅有日本出现了严格意义上的人口达峰。目前来看，它的人口总量将会趋势性下降。其他如德国、俄罗斯等虽然在某几个年份总人口停止增长，或者略有些下降，但很快又恢复增长，不能视为人口达峰。因此，思想界对人口达峰带来的影响以及应对措施，特别是与收入分配的关系，准备相对不足。

从我国近一个时期的经验来看，经济增速下降，对低收入群体更加不利，也就是存在涓滴效应[1]，也就是说，人口达峰对经济增长率的制约，可能起到加大收入差距的作用。涓滴效应指在经济发展过程中，先富群体（或者产业部门）能够带动经济发展，进而惠及其他群体（其他产业部门）的效应[2]。涓滴效应在近年来的扶贫工作中被不断验证[3]。比如，在扶贫工作中，将私营企业和合作社作为扶贫行

---

① Dollar D., A. Kraay, "Growth is Good for the Poor", *Journal of Economic Growth*, 7 (2002), pp. 195-225.

② Lewis, W. A., "The Dual Economy Revisited", The Manchester School, Vol. 47, no. 3, 1979, pp. 211-229.

③ 叶兴庆：《践行共享发展理念的重点难点在农村》，《中国农村经济》2016 年第 10 期，第 14~18 页；梁永堂、祝扬：《数字普惠金融的减贫效应研究——基于国定扶贫县的实证分析》，《产业经济评论》2022 年第 5 期，第 86~99 页。

动的关键中介，通过从贫困家庭招收工人以换取来自政府的扶贫资金，使补贴得以流入需要帮助的群体，同时创造了就业岗位。

人口达峰对收入分配的短期影响可能并不明显，长期存在哪些影响，罕有经验可循，也就更不存在相关的理论体系了。能够确定的是，人口达峰对经济增长的影响相对明确一些的，就是经济增长率下降，而经济增长与收入分配是有关系的。因此可以将人口达峰—经济增长—收入分配联系起来。涓滴效应是这个链条中的重要表现，但它不容易被观察到，因为缓慢的经济增长率变化可能不足以引发收入分配的可观测的变化。下面借助疫情期间的情况，为涓滴效应的作用提供一些证据，为探讨人口达峰对收入分配的影响问题抛砖引玉。

在经济不景气的时期，有可能出现中低收入群体的就业更为脆弱、收入差距整体扩大的情况。新冠疫情冲击是一个验证涓滴效应的机会。如图1所示，居民收入差距指数①在2018年和2019年都较为平稳，但疫情冲击下，在2020年陡然升高，一季度和二季度特别明显。农民工和个体户收入下降是全国居民收入差距扩大的主要原因。全国居民人均经营净收入由2019年一季度的1486元下降到2020年一季度的1376元，下降了7.4%，二季度继续下降。这一下降主要是城镇个体经济收入下降的结果。2020年一季度农村居民工资性收入较2019年一季度下降了0.6%，也是收入差距扩大的重要原因。

青年群体和农民工群体的就业和收入受疫情冲击较大。都阳发现，疫情冲击下，不同群体的就业状况呈现分化，其中，收入水平相对较低的青年失业问题日趋严峻，其是保持劳动力市场稳定的主要矛

---

① 收入差距指数（全国居民人均可支配收入的平均数除以中位数）是判断居民收入差距的方法，数据由国家统计局按季度发布。居民收入差距指数越大，说明居民收入差距越大。

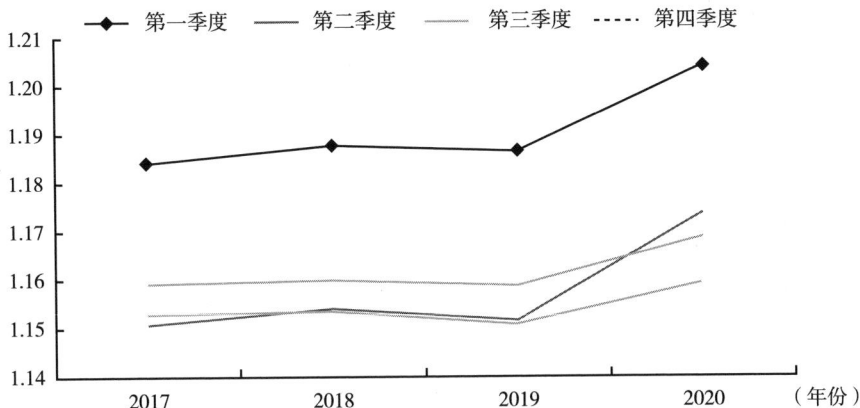

图1 全国分季度居民收入差距指数

资料来源：根据国家统计局 data. stats. gov. cn 数据计算。

盾，带来收入差距扩大的风险①。劳动密集型行业、生活性服务业、小微企业和个体工商户等从业人员遭受更大冲击②。对此，朱武祥等分析认为，疫情对企业的冲击明显不均衡：企业的营业收入越高，受影响程度越小③。而且，疫情期间家庭收入不确定性增加和就业质量下降导致劳动力市场资源错配④，中小企业个体的收入下降程度远超大企业。由于疫情冲击对中小微企业的负面影响程度显著高于大企业，因此，居民之间工资性收入的差距会扩大。从上述情况可以发现，疫情期间我国就业市场表现出了涓滴效应（见图2），可以总结

① 都阳：《就业优先战略应充分考虑青年就业问题》，载谢伏瞻主编《2022 年中国经济形势分析与预测》，社会科学文献出版社，2021。

② 屈小博、程杰：《新冠肺炎疫情对劳动力市场的影响及政策反应》，《河北师范大学学报》（哲学社会科学版）2020 年第 4 期，第 126~133 页。

③ 朱武祥、张平、李鹏飞、王子阳：《疫情冲击下中小微企业困境与政策效率提升——基于两次全国问卷调查的分析》，《管理世界》2020 年第 4 期，第 13~26 页。

④ 刘金东、宁磊、姜令臻：《疫情期间的"消费与产出偏离之谜"：只是失业率问题吗?》，《财政研究》2022 年第 5 期，第 4~18 页。

为：失业率越高，收入差距越大。这意味着，未来，应对人口达峰带来的经济下行压力对收入分配的不利影响，应该注重就业扩容，降低失业率。

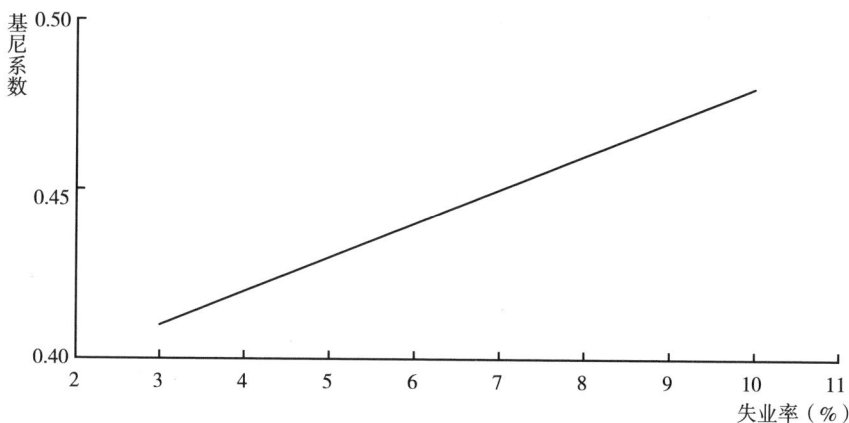

图2　涓滴效应：失业与收入差距的关系

　　从现实情况来看，虽然涓滴效应可能扩大初次分配的收入差距，但与之前相比，普通劳动者的收入水平更高，且能够通过再分配削峰填谷，是有可能优化分配格局的。人口达峰后，经济下行压力加大，可能带来收入差距扩大的新动力。那么，我国应该从哪些方面优化国民收入分配格局？比较现实的办法是降低失业率，这样能够缩小收入差距，从而推动内循环发力。这其中，最基本的办法就是要保护青年劳动者，特别是农民工等就业脆弱群体的就业，在实现共同富裕过程中需要充分发挥就业的主导作用。只有实施就业优先战略，才能使最广大的群体通过初次分配参与分享经济发展的成果。近年来，我国在青年就业、农民工就业和退役军人就业工作上花了大力气，成效显著，但压力仍大。在就业政策之外，还应该使用分配政策去影响国民收入分配格局，进而惠及就业脆弱群体。

二 人口达峰、投资需求与要素分配格局

在经济思想史上，历代经济学家都曾思考过一个问题：人口增长率的持续下滑，或者这个预期本身，将可能严重影响投资需求，导致持久的经济停滞，进而影响要素分配格局。对于资本形成问题，Hansen 指出，人口增长率下降对住宅建设投资需求的冲击最为直接，并将波及市政公共设施、必需消费品的生产投资等其他领域需求，很难有任何自然力量可以使经济恢复①。

从诱致性技术变迁的角度来看，当一个经济体的要素禀赋发生变化（比如人口达峰产生对资本劳动比率的托举作用），要素的供求关系就会推动要素报酬分配格局发生变化。在市场需求方面，由于消费者数量相对减少，对商品和服务的需求也会相应减少。这将导致企业产品销量相对下降，利润相对下滑，从而减少投资。在人力资源方面，人口增长不足意味着劳动力供给减少和工资提高，这将使一些企业难以维持生产规模，甚至可能导致一些企业无法正常运转。

有观点认为，造成长期经济停滞的主要因素就是发达经济体面临的人口老龄化。中国即将进入人口老龄化加速时期，其速度在中等收入和高收入国家中位于前列②。老龄化不仅会从供给侧导致经济潜在增长率的下降，而且，更会从需求侧导致总需求的持久不足乃至持久失业。但是，人口老龄化不是一个多么罕见的现象，至少在发达国家那里，从二战后到现在，好几个国家都经过了一个以上的人口周期。人口负增长是一个新鲜事物，目前只有日本出现了严格意义上的人口

---

① Hansen, A., "Economic Progress and Declining Population Growth", *The American Economic Review* 29 (1939), pp. 1-15.

② 都阳、封永刚：《人口快速老龄化对经济增长的冲击》，《经济研究》2021 年第 2 期，第 71~88 页。

达峰现象，进入了负增长时期。总结日本的经验，对认识人口达峰的影响具有借鉴意义。

近一个时期，日本有一个突出的经济现象：国民收入大于国内生产总值接近4%①。境外收入是国民收入的重要组成部分，国民收入大于国内生产总值，这本身是发达国家的一个普遍现象，比如，最近5年，美国的这一比例平均为1.8%，意大利为1.1%，法国为2.2%，德国为3.1%，但日本的比例如此之高，直接原因之一是日本国内资本积累过多，深层次原因是日本人口负增长带来的总需求相对收缩。

2009年前后日本总人口是1.28亿，然后出现趋势性下降，2021年是1.25亿。人口负增长的一个结果，就是资本过剩，表现为资本产出比率过高和资产价格过低。目前，发达国家的资本产出比率在4左右，比如，加拿大为4.2，德国为4.1，英国为3.7，美国为3.4，日本超过4.3。这些国家除了日本，都不存在明显的劳动力供给约束。一般而言，新古典增长理论假设劳动力是短缺的，因此，当物质资本超过一定点而继续投入，将会出现报酬递减现象，从而经济增长率难以保持高位。从此逻辑出发，消除资本报酬递减规律的影响有两个途径，一是通过技术进步，以全要素生产率不断提高的贡献率保持经济增长可持续性；二是破除劳动力短缺这个制约因素。事实上，日本的确着力研发和提高劳动参与率，但是效果不甚明显。日本的这种要素禀赋结构，使得能够流动的金融资本随同技术流向了境外，成为海外投资并源源不断地为国内输送经济资源，而那些不能流动的固定资产则持续贬值，也因为这种要素禀赋结构，日本的国民收入分配格局受到如下影响。

一是劳动报酬份额难以提高，内需不足。按照我的经验，资本回报率走低，意味着资本报酬份额下降，劳动报酬份额上升，这里有

---

① 赵文：《基于二元结构的中国增长核算——引入劳动就业率的理论和经验分析》，中国社会科学院人口与劳动经济研究所，工作论文，2023。

一个前提是我国的资本流出相对困难，但日本在资本回报率走低的情况下，劳动报酬份额基本不变，要素分配格局20多年来一直保持基本稳定。本文计算了1960年以来日本的资本产出比率，发现1960年约为3，1999年达到4.11后，一直到2019年仍然维持了这个比例。这是一种典型的新古典增长模式，符合所谓的"卡尔多事实"。① 在这种增长模式下，并不会因为劳动供给受限而促使普通劳动者工资上涨，资本会流向境外，维持境内资本的一个稳定的回报率。

二是资本报酬结构改变，居民租金收入占比下降。早在1968年日本全国住宅总数就超过家庭总数，套户比达到了1（见图3），此后日本的住房供给持续增加。在经济停滞的当前，日本很多地方正在处理空置住房问题，但并没有停止新的住房开发，导致新建住宅不断增加。而住房市场长时间的供给过剩，出现大量的空置住房。② 日本总务省统计局《平成30年住宅·土地统计调查》的数据显示，2018年日本5400万户家庭共有6241万套住宅，空置率达13.6%。导致日本空置住房问题的出生率低、老龄化、都市圈虹吸效应等背后因素，与中国现在的一些城市发展轨迹极为相似。

2015年，租金在日本居民财产性收入中的占比约9.8%，较2010年下降了3个百分点。人口负增长对住宅市场的压力是重要的原因。如表1所示，日本总务省统计局全国实际消费调查结果显示，二人户及以上家庭的住宅、宅地资产总额，2015年较2010年下降了约8%，其中，现住居以外的住宅、宅地资产总额下降了22%。这种下降，既有总人口下降

---

① 卡尔多事实的前五个是：劳动生产率以稳定的速率不断提高，人均资本以稳定的速率不断增长，实际利率或资本回报率保持稳定，资本产出比保持稳定，资本和劳动在国民收入中的份额保持稳定。

② 日本总务省对空置住房的定义是：长期没有人居住且连续5年没有使用过自来水和电的房屋。

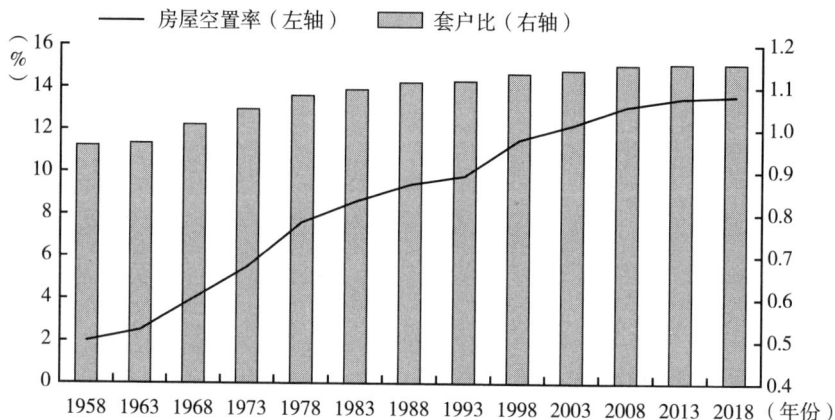

图3　1958~2018年日本住房套户比和空置率变化

注：套户比是平均每个家庭拥有的住房套数。

资料来源：根据日本总务省统计局发布的《平成30年住宅·土地统计调查》整理。

的作用，也有资产价格下降的作用。根据其他资料的印证，① 日本人口向中心城市集聚过程中，由于总人口的下降，边缘地区和非中心城市的人口密度大幅度下降，这就导致现住居以外的住宅、宅地资产价格下降，国民收入中的资本报酬结构和居民财产性收入结构发生了较大变化。

表1　日本二人户及以上家庭的住宅、宅地资产总额

项目	住宅、宅地资产总额(十亿日元)						
		现住居			现住居以外		
			宅地	住宅		宅地	住宅
2010 年	881438	708888	560141	148747	172586	138125	34461
2015 年	811366	676878	533032	143846	134489	106453	28036
下降幅度(%)	8	5	5	3	22	23	19

资料来源：根据日本统计局数据计算。

---

① Kobayashi（2015）对日本1945年以来的数据进行了研究，发现当人口规模减小时住房需求也随之降低。Kobayashi M. "Housing and Demographics: Experiences in Japan", *Housing Finance International*, 2015: 32-38.

我国从"十二五"规划开始，提出了劳动报酬增长和劳动生产率提高同步的目标。如果以人均 GDP 表示劳动生产率，则劳动报酬增长和劳动生产率提高同步，意味着劳动报酬份额要保持稳定[1]。要素报酬份额的变化，不仅受到要素供给结构的影响，还受到要素相对价格的影响。宏观经济学中有一个重要的概念，就是要素替代弹性，它是在技术水平和投入价格不变的条件下，要素投入比例的相对变动与边际技术替代率的相对变动之比。在要素弹性大于 1 时，投入数量相对增加的那个要素，由于价格降低程度较小，因此，要素报酬份额会提高。表面上看，似乎是这个弹性决定了要素报酬份额，但实际上，谁也不知道这个要素弹性到底是多少。目前测算出来的结果，都是基于要素投入结构和要素相对价格的测算，也就是说，这个概念本身并不能带来新的信息帮助判断。那么，人口达峰后，劳动年龄人口占比下降的收缩效果更为明显，劳动相对于资本更为稀缺，是否能够据此预判要素报酬份额的变化？是否资本价格相对下降、工资水平相对提高的程度，足够让劳动报酬与劳动生产率同步？在这方面，经济学关于人口达峰与收入分配关系的研究很少，不过可以通过日本总需求的经验来帮助判断。比如，殷剑峰[2]认为，人口负增长是日本无法阻止资本品相对价格的下跌，进而货币政策失灵的主要原因，而旨在刺激投资需求的扩张性财政政策将进一步加剧资本过剩。

目前来看，我国也出现了与人口因素相关的收入分配变化。地区人口老龄化实际上是中青年人口相对不足，它是人口达峰的一种表现。通过人口流动，这可能表现为中心城市规模相对扩大和周边城市

---

① 都阳、赵文：《中长期收入分配格局与政策研究》，载谢伏瞻主编《迈上新征程的中国经济社会发展》，中国社会科学出版社，2020。

② 殷剑峰：《人口负增长与长期停滞——基于日本的理论探讨及对中国的启示》，《中国社会科学》2022 年第 1 期，第 114~131 页。

规模绝对缩小，以及相伴随的产业集聚。李超等[①]发现，我国城市的常住人口和流动人口数量直接影响了住房需求，2025 年后，城市住房需求将会呈现总体下降的局面。孙平军等[②]发现，2000～2020 年，成渝地区双城经济圈内部近 3/4 的城市出现收缩现象，除成都和重庆"一小时经济圈"部分城市外，其余都是收缩城市，老龄化程度严重是城市收缩及其格局形成与发展的主因所在。湖北、湖南、安徽近年来都出现了类似一城独大的现象。这对于中心城市特有的优势要素——房地产收入来说，相对有利，对于周边城市的收入相对不利，单中心空间发展模式不利于缩小地区收入差距[③]。

我国和日本有一点显著的不同。日本在人口达峰时期，劳动就业率已经见顶，而我国劳动就业率 2020 年仅有 65%[④]。这意味着我国还有大量农村转移人口需要实现市民化。这对于稳住房地产价格以及稳住城市原居民的房屋租金收入具有重要意义。同时，我国资本产出比率目前只有约 3.4，距离发达国家普遍为 4 的水平还有差距，资本积累还将快速持续，这对于稳住投资回报率具有重要价值。总体来看，人口达峰以后，我国雇员劳动报酬份额还会继续提高。

三 人口与收入分配的相互作用

从习惯上，人口经常被经济学家视为一个外生变量，或者是长期

---

① 李超、倪鹏飞、万海远：《中国住房需求持续高涨之谜：基于人口结构视角》，《经济研究》2015 年第 5 期，第 118～133 页。

② 孙平军、刘菊、罗宁等：《成渝地区双城经济圈收缩城市的空间格局与影响因素——基于第五、六、七次全国人口普查数据的分析》，《西南大学学报》（自然科学版）2022 年第 1 期，第 46～56 页。

③ 刘修岩、李松林、陈子扬：《多中心空间发展模式与地区收入差距》，《中国工业经济》2017 年第 10 期，第 25～43 页。

④ 赵文：《人口转变后劳动生产率如何提高?》，《经济学动态》2021 年第 8 期，第 44～64 页。

变量，很难影响它的趋势。这在中短期的研究中是合适的，但在长期的研究中，应该考虑到人口的变化是理所当然受到影响的，来自收入分配的影响是明显的，或者说，收入分配具有人口学后果。

第七次全国人口普查显示，我国总和生育率降至 1.3，与人口长期均衡发展的目标还有很大的距离。生育率下降，固然与城镇化水平增长、受教育程度提高、离婚不婚率上升等诸多因素的持续影响有关，历史资料也支持工业化前期晚婚晚育的现象，但也要看到，在人均 GDP 1 万美元的发展阶段，有很多国家的生育率远远高于我国。比如，马来西亚、土耳其、墨西哥、阿根廷、巴西、俄罗斯的总和生育率都明显高于我国，有的甚至超过 1 倍。究其原因，可能与育龄家庭所处的生存环境（城镇化质量）有关，这归根到底是收入分配方面的问题。

根据历年的《农民工监测调查报告》，2015 年外出农民工中，在单位宿舍居住的占 29%，在工地工棚居住的占 11%，在生产经营场所居住的占 5%，与他人合租的占 18%，独立租赁居住的占 19%，乡外从业回家居住的占 14%，在务工地自购住房的农民工比例为 1%[①]。2020 年我国农民工总量约 2.9 亿人，其中 21~40 岁的约占 50%。他们主要居住在工业园区宿舍或者城镇租赁房宿舍中。2020 年，进城农民工在 500 万人以上城市的人均居住面积不到 17 平方米，只有 2016 年城镇居民平均水平的一半[②]。很多育龄农民工家庭过着两地分居的生活，超时劳动情况较为突出。农民工月从业时间平均为 24.9 天，日从业时间平均为 8.5 小时。日从业时间超过 8 小时的农民工占

---

① 国家统计局：《2015 年农民工监测调查报告》。
② 2016 年，城镇居民人均住房建筑面积为 36.6 平方米。参见国家统计局报告《居民收入持续较快增长　人民生活质量不断提高——党的十八大以来经济社会发展成就系列之七》。

64.4%，周从业时间超过 44 小时的农民工占 78.4%①。在这样的居住环境和工作节奏下，健康受到影响，生育意愿和生育行为的差距可能会越拉越大②。低生育与低劳动参与意愿一样，都是用脚投票的结果。葛玉好和张雪梅发现，房价对生育孩子的概率有显著负影响，房价每平方米上涨 1000 元，生育一孩的概率将降低 1.8%~2.9%，生育二孩的概率将降低 2.4%~8.8%③。

农村转移人口的住房条件，是一个收入分配的结果。对于我国的收入分配现状，有一点是明确的，收入分配不当对生育行为存在明显的影响。日积月累，表现为人口增长率的下降。而劳动力供给相对减少带来的工资上涨压力，反过来将之前的收入分配格局反向分配回去，造成代际分配的现象。一旦产生明显的代际分配结果，根据国际经验，现实当中很难应对这种源自人口结构失衡的分配失衡，因为上一代人已经把财富消费掉了。

针对低生育情况，政府对生育的鼓励，目前主要的措施集中在降低生育成本和教育成本方面，属于再分配公共服务均等化的领域。下一步对保障性住房的投入会加大。但保障性住房涉及城市规模布局的问题，对生育率的托举作用短时期内是否能够显现出来，还需要观察。

再分配对提高生育率和提高劳动参与率的含义是不同的。一般来说，再分配力度越大，越伤及劳动参与意愿。因此增大再分配力度，实际上是在提高生育率还是提高劳动参与率之间进行平衡取舍。再分配本质上是对初次分配的纠错，是一种次优格局。优化收入分配格

① 国家统计局：《2016 年农民工监测调查报告》。
② 葛玉好、张雪梅：《房价对家庭生育决策的影响》，《人口研究》2019 年第 1 期，第 52~63 页。
③ 牛建林、郑真真、张玲华、曾序春：《城市外来务工人员的工作和居住环境及其健康效应——以深圳为例》，《人口研究》2011 年第 3 期，第 64~75 页。

局，关键还是要理顺作为国民收入分配基础的初次分配秩序，调节资本和劳动之间的分配关系，在收入分配的基础上下功夫。理顺收入分配关系，对推动实现适度生育水平、实现人口长期均衡发展具有重要作用。

四　结论和建议

中国未来一个时期的经济增长率可能会趋势性下降。人口达峰，是这个下降趋势的原因之一，它意味着我国经济面临总需求相对下降的风险，也意味着劳动年龄人口占比下降的收缩效果更为明显，可能制约经济循环，影响居民收入增长。对于这一影响的作用机制和程度大小，学界目前还没有充分的讨论。

本文发现，人口达峰—总需求下降—经济增速下降—收入差距扩大—抑制生育—人口减少，在长期中形成了一个闭环。要打破或者至少阻碍这个闭环的正反馈，一方面可以从经济增长入手，提高经济增长率；另一方面可以从收入差距入手，纠正不合理的分配，并且使用再分配手段提高育龄中低收入居民的收入水平。

从目前的发展阶段来看，至少有三个方面的内容值得关注。一是涓滴效应。经济增长通过就业拉动普通劳动者的收入增长，在经济增长减速的情况下，中低收入群体更容易受到冲击，普通劳动者代价更大。人口达峰所带来经济增速下降风险，需要审慎应对。二是要素分配格局。由于资本的跨境流动性远大于劳动，因此，人口达峰后资本产出比率可能停止提高趋势维持基本不变，劳动报酬份额难以进一步提高。资本报酬中，房地产投资回报的预期降低。三是要关注收入分配对人口的反作用。过去较大的收入差距不仅抑制了中低收入群体的消费需求，也抑制了住房投资需求，影响了生育行为。优化收入分配不仅有利于经济增长，而且对推动实现适度生育水平、实现人口长期均衡发展具有重要作用。

要通过实施就业优先战略不断扩大就业，使初次分配成为收入分配的主体形式。这也是实现高质量发展、保障中等收入群体持续扩大的基本前提。只有不断扩大就业，才能使最广大的群体通过初次分配参与分享经济发展的成果。而且，利用劳动力市场直接对国民收入进行分配是较之再分配等手段更具经济效率的方式，也更具有持续性。在人口达峰后，通过就业优先战略提高就业率就显得尤其重要。随着人口转变阶段的变化，人口结构的优势趋于减弱。在这个过程中，要注重提高劳动年龄人口中的就业人口比重，劳动力资源利用率越高，越有利于各方面调整分配关系，保持劳动力的比价成本低廉和储蓄率高的发展优势。而提高劳动力资源利用效率，就要求最大限度地扩大就业。因此，确定就业优先的政策目标，不仅不会淡化加快经济增长的目标，反而会使经济增长目标更加有保障，更有利于保持持续、高速、协调和健康的经济增长。这就要求推动相关领域的一系列政策调整和制度建设，包括继续消除农村劳动力向城镇转移的制度性障碍等。

G.12
人口达峰后的中等收入群体扩大

贾 朋 都 阳*

摘 要： 党的十八大以来，国家实施了一系列提高人民收入、调节
收入分配的改革措施，我国居民人均可支配收入保持较快
增长，形成了超 4 亿人口的世界最大规模中等收入群体。
在我国人口总量达到峰值水平之后，继续扩大中等收入群
体面临一些崭新的挑战。突出表现在：劳动年龄人口的不
断减少增加了发挥市场机制扩大中等收入群体的难度；人
口老龄化引致劳动节约型技术进步，不利于扩大国民收入分
配中的劳动收入份额；青年等群体的失业率攀升，不利于利
用人力资本队列优势改善收入分配。未来，要在高质量发展
中扩大中等收入群体。在具体工作中，要提高资源使用的效
率，重点瞄准老年人口、农民工、农村脱贫人口等群体。

关键词： 中等收入群体 人口老龄化 高质量发展

中等收入群体通常是指一定时期内，收入稳定、家庭殷实、生活
舒适、消费水平和生活方式与经济社会发展水平相适应的群体。对于
很多中等收入国家或高收入国家而言，中等收入群体在各个群体中所

---

* 贾朋，中国社会科学院人口与劳动经济研究所副研究员，主要研究方向为劳动力
市场与收入分配；都阳，中国社会科学院人口与劳动经济研究所党委书记、所
长、研究员，主要研究方向为劳动经济学、发展经济学、人口经济学。

占的比重较高，而中等收入群体就业相对稳定、生活比较宽裕、消费意愿和消费能力较强，是社会稳定发展的中坚力量。因此，一个不断扩大的中等收入群体，有助于形成更合理的收入分配结构，不仅对于实施扩大内需战略具有至关重要的意义，也有利于社会稳定和经济增长①。

本文在总结我国扩大中等收入群体取得的已有成就基础上，分析了继续扩大中等收入群体已经具备的有利条件，重点讨论了在人口总量达峰等人口发展新常态下扩大中等收入群体面临的崭新挑战。最后，还提出了一些政策建议。

一　我国扩大中等收入群体的努力及其效果

新中国成立特别是改革开放以来，中国在扩大就业规模、消除绝对贫困、完善收入分配、畅通社会流动等方面实施了一系列政策，对于扩大中等收入群体发挥了重要作用。20多年前，在党的十六大报告中，"中等收入者"这一概念首次出现在党的全国代表大会报告中。在"深化分配制度改革，健全社会保障体系"一节中，党中央首次明确提出"扩大中等收入者比重"。

党的十八大以来，党中央实施了一系列提高人民收入、调节收入分配的改革措施，我国居民人均可支配收入保持较快增长，中等收入群体的规模不断扩大。2012~2022年，全国居民人均可支配收入从16510元提高到36883元，年均名义增长8.4%，年均实际增长6.6%，在总体上实现了居民收入增长与GDP增长保持同步的政策目

---

① Easterly, W., "The Middle Class Consensus and Economic Development," *Journal of Economic Growth* 6 (2001): 317-335; Perotti, R., "Growth, Income Distribution and Democracy: What the Data Say," *Journal of Economic Growth* 1 (1996): 149-187.

标（见图1）。按照世界银行的标准，我国的中等收入群体在2012年就已经突破2亿人，此后中等收入群体的规模逐年扩大，2015年已经达到3亿人；到2022年中等收入群体的总规模已超过4亿人，较2012年翻了一番。目前，处于中等收入的人口规模占全国人口的比重在30%左右，由此，中国已经形成了世界上人口规模最大的中等收入群体[①]。

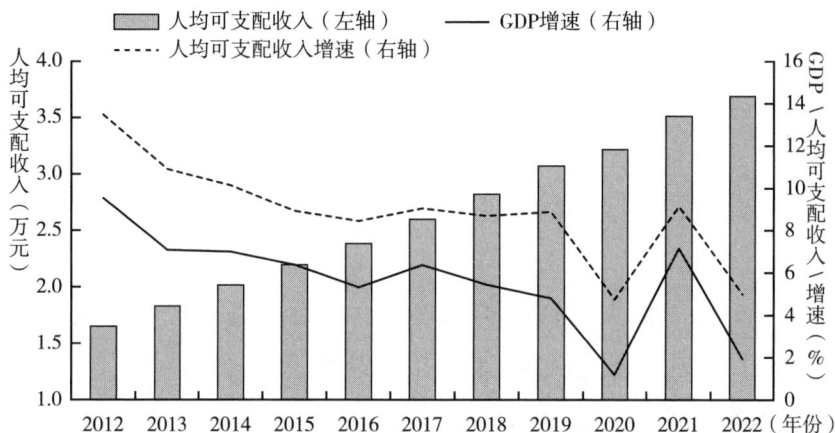

图1　2012~2022年中国人均可支配收入的增长

资料来源：根据国家统计局数据计算。

多年来，我国的经济社会发展已经为形成更合理的收入分配格局奠定了基础。今后，要根据经济社会发展条件的变化，继续不断扩大中等收入群体规模，持续改善收入分配形式。为此，《中华人民共和国国民经济和社会发展第十四个五年规划和2035年远景目标纲要》提出了在"十四五"期间"实施扩大中等收入群体行动计划"。当前，人口总量达峰等人口发展新常态对于继续扩大中等收入群体带来了一些新的挑战。要根据人口形势变化及其产生的新的影响收入分配

---

① 国务院发展研究中心组织编写《十年伟大飞跃》，人民出版社，2022。

的因素，积极调整相关政策。通过高质量发展，将老年人口、农民工、农村脱贫人口等群体作为中等收入群体的重点培育对象，增强他们收入增长的内生能力，使目标群体更多地成为中等收入人口。

二 总人口达峰后仍然具备继续扩大中等收入群体的条件

中等收入群体的规模与一个国家的经济发展水平和阶段有着密切的联系。经过改革开放以来40余年的快速发展，我国不仅综合国力得到了前所未有的提升，收入分配制度也日臻完善，即便是在总人口达峰的情况下，这些有利条件仍然可以助力我国继续扩大中等收入群体。

第一，从"做大蛋糕"的角度看，综合国力已经攀升到新的水平，人均国内生产总值已经非常接近高收入国家的标准。2022年，我国的人均国内生产总值达到了85698元，换算成现价美元则为12741美元，这一数值与世界银行所设定的高收入国家的门槛（人均国民收入13845美元）已经非常接近。这意味着，继续扩大中等收入群体规模有了经济基础支撑。

第二，形成了有利于继续扩大中等收入群体的经济和社会结构。从更长的时间周期看，中等收入群体的形成是在工业革命发生以后，生产力的大幅提升使越来越多的人摆脱了低生产率的农业部门的劳动，城市化进程则为更多的人创造了获取更高收入的机会。工业化和城市化进程与中等收入群体的扩大相伴相生。过去40余年的经济发展，同样推动了我国的工业化和城镇化进程。2022年底，农业增加值占GDP的比重仅为7.3%，第二产业和第三产业已经分别达到39.9%和52.8%。进入后工业化社会，尤其是服务业的快速发展，成为不断扩大中等收入群体的有利条件。2022年，中国的城市化水平已经达到65.2%，意味着近2/3的人口居住在城镇地区。城市化水平的提高使得更多的人口可以利用城市人口聚集的规模效应，不断提升自己的收入。

第三，我国的劳动力市场日益成熟，在资源配置中发挥的决定性作用越来越显著。一个高效运行的劳动力市场对于中等收入群体的壮大和稳固极为关键。改革开放以来，随着非农就业数量的增加，通过劳动力市场参与初次分配的人口数量也在逐渐增多。在21世纪的前20多年间，城镇就业人口数已经增长了近1倍，从2.32亿人（2000年）增长至4.59亿人（2022年）。从目前情况看，城镇就业主要由城镇单位就业和农民工就业构成，以这两部分就业人群的数量为权重，可以计算出2022年城镇平均的工资水平为92925元，2022年城镇就业的规模为45931万人，获得的收入为42.68万亿元，占GDP的比重为35.6%。可见，劳动力市场在初次分配中具有至关重要的地位，在收入分配体系中也具有突出的作用。今后改善收入分配形势，仍然需要发挥劳动力市场的作用。城镇就业人口构成了我国中等收入群体的主体，城镇就业人口的不断扩大从某种意义上来说就是中等收入群体的扩大。

当然，扩大中等收入群体是一个长期的过程，需要久久为功的耐心。中国刚刚消除了绝对贫困，仍然存在大量的低收入人口。持续扩大中等收入群体，既要继续让更多的低收入人口的收入水平提高，使他们加入中等收入群体的行列，也要关注中等收入群体的脆弱性问题，兼顾扩大和稳定两方面的工作。发达国家的一些经验教训表明，以中等收入群体为主的收入分配结构，是动态且容易受影响的。经济社会发展一旦面临负面冲击，或者经济发展政策出现了不当之处，可能导致产业结构的失衡和劳动力市场的两极化现象，使中等收入群体的收入状况遭受冲击，导致中等收入群体萎缩，并降低他们的生活质量。图2展示了一些发达经济体近30年来，居于收入分布中间60%

的群体的收入占比变化情况，图中展示的长期变化趋势说明，要保持
稳定的中等收入群体规模是一件充满挑战的事情。

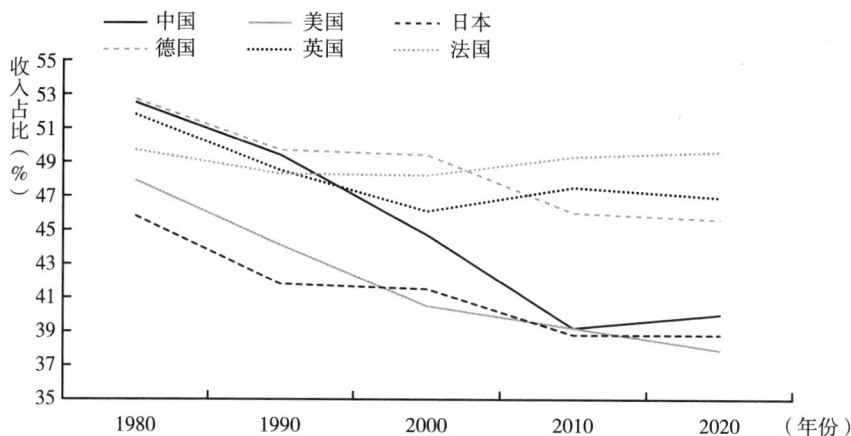

图2　1980~2020年部分国家收入分布中间60%群体的收入占比

资料来源：World Inequality Database（https：//wid. world）。

三　人口达峰后扩大中等收入群体的挑战

　　人口问题具有长期性、战略性和全局性，具体到收入分配问题
上，人口变量的影响也非常重要。人口的数量与结构是影响收入分配
的基础性变量，这一点在全球范围内得到了广泛的认可和接受。未
来，随着我国人口数量和结构的逐渐变化，无论是总体数量上的变
化，还是年龄结构、性别比例，甚至是地域分布等多个层面的变化，
都将对扩大我国的中等收入群体产生深远且重大的影响。其主要体现
在以下几个方面。

　　第一，人口总量达到峰值以及劳动年龄人口的持续减少，不利于
扩大参与初次分配的人口规模，也不利于利用劳动力市场扩大中等收
入群体。从2010年第六次全国人口普查到2020年第七次全国人口普查

的 10 年间，16~59 岁年龄组的人口总量下降了 4000 多万，年均下降 400 万人。本书文章 G2 的人口预测数据显示，在"十四五"期间，预计劳动年龄人口的规模将继续下降，16~59 岁的劳动年龄人口将累计减少 2500 万左右，平均每年减少 500 万人，劳动年龄人口减少的幅度明显加快。到 2035 年，16~59 岁的劳动年龄人口预计将比 2020 年累计减少近 9000 万（见图 3）。此前的一些研究表明，劳动年龄人口数量的减少对劳动力市场和经济发展的负面影响已经显现，未来劳动年龄人口加速减少的态势将从供给侧对中国经济发展形成持续的约束，大幅提高利用劳动力市场和初次分配扩大中等收入群体的难度。

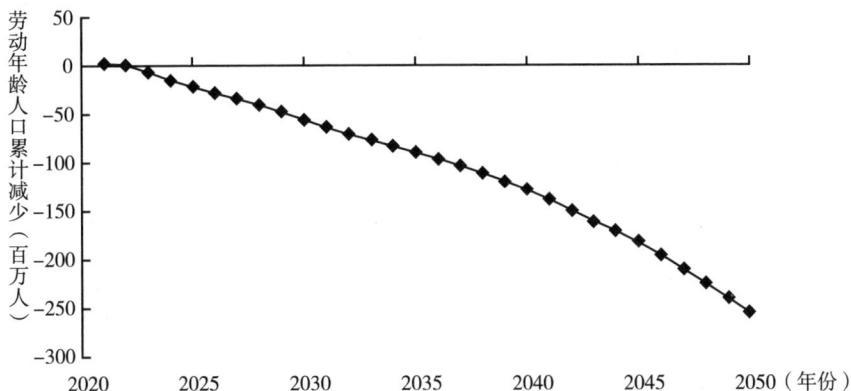

图 3　2020~2050 年中国劳动年龄人口的累计减少

注："劳动年龄人口"定义为 16~59 岁人口；"累计减少"是与 2020 年相比。

资料来源：根据中国社会科学院人口与劳动经济研究所课题组人口预测数据计算。

第二，人口总量达峰和人口老龄化加深成为推动劳动节约型技术进步的基础性力量，将使得国民收入分配格局中劳动的份额逐渐缩小，有可能不利于通过劳动力市场和初次分配继续扩大中等收入群体。从其他国家的经验观察，有研究发现人口增长速度低的国家有更高的工业机器人密度①。还有研究认为，不同国家生产自动化技术应用的差异有50%左右可以被人口老龄化程度的差异所解释②。他们的研究发现，在人口老龄化速度更快的国家，自动化技术的应用更加广泛和快速。除了人口结构因素外，人口负增长将会从人口总量变化上成为推动上述变化的重要力量。

　　针对中国的研究也有类似的发现。从具体的技术应用来看，工业机器人密度（台/万名制造业工人）由2010年的15迅速上升至2021年的322，年均复合增长率为32.2%（见图4）。中国的工业机器人密度已经超过世界平均水平，但与世界排名第一的韩国（2021年工业机器人密度为1000）相比仍有较大的增长潜力。可以预见，随着总人口数量的持续减少和人口老龄化程度的不断加深，以工业机器人为代表的自动化技术应用将更加广泛和深入。

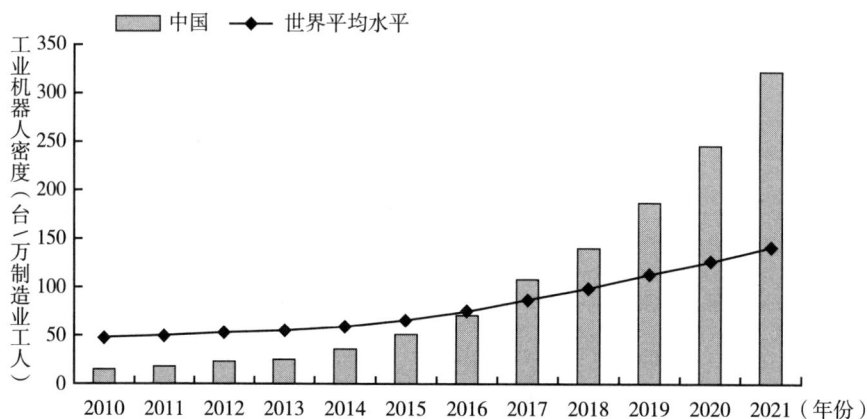

图4　2010~2021年工业机器人密度的变化

注：工业机器人密度定义为每万名制造业工人的工业机器人存量。
资料来源：根据国际机器人联盟（IFR）数据计算。

---

① Abeliansky, A. & K. Prettner, "Automation and Population Growth: Theory and Cross-Country Evidence," *Journal of Economic Behavior & Organization* 208 (2023): 345-358.

② Acemoglu, D. & P. Restrepo, "Robots and Jobs: Evidence from US Labor Markets," *Journal of Political Economy* 128 (2020): 2188-2244.

在新一轮技术革命中，新技术对劳动力的替代性大于互补性，这意味着许多传统工作岗位可能会面临被自动化技术取代的风险。这种趋势已经在实证研究中得到了验证。例如，图5展示了不同行业中工业机器人应用对就业的影响，可以明确看到在工业机器人密度较高的行业中，就业损失较大。2022年底以来引起世界广泛关注的大型语言模型（LLMs）正在迅速发展，并展现出广泛的应用前景。近期的一项研究发现，大约80%的劳动力会有至少10%的工作任务受到LLMs引入的影响，大约19%的工人会有至少50%的任务受到影响①。

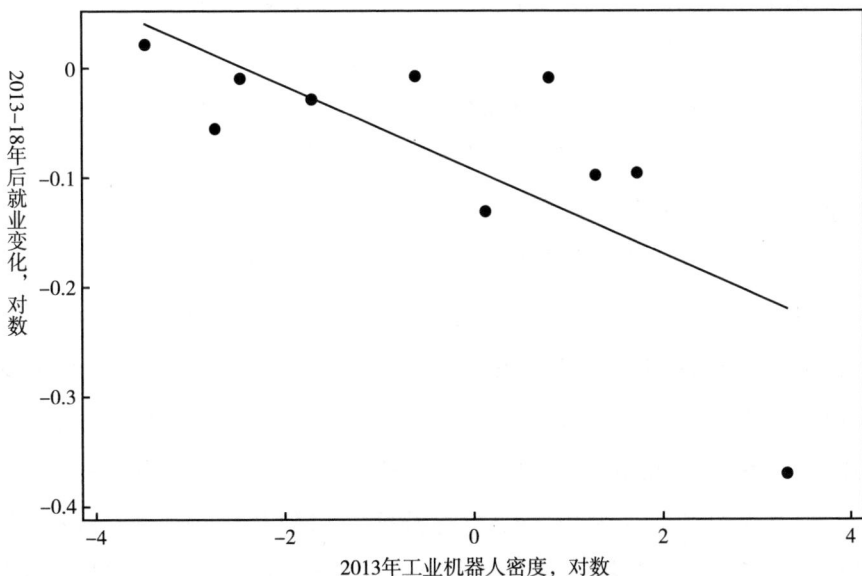

图5　工业机器人密度与就业变化

注：图中的每一个点代表一个行业。
资料来源：根据国家统计局和国际机器人联盟（IFR）数据计算。

---

① Eloundou，T.，S. Manning，P. Mishkin & D. Rock，"GPTs are GPTs：An Early Look at the Labor Market Impact Potential of Large Language Models," *arXiv*，2023，2303. 10130.

预计未来这种技术替代劳动的趋势将继续增强。制造业中机器人的使用密度正不断提高，而且这一技术的应用范围也在不断扩大至其他行业。这意味着更多的工作将被自动化所取代，对于那些从事机械化、重复性工作的中等收入群体来说，这可能带来更大的挑战。

因此，我们需要充分考虑技术进步对中等收入群体的影响，并采取相应的政策和措施来缓解就业风险。这些措施可能包括提供再培训和转岗机会，支持创业和创新，以及制定适当的政策来确保新技术的广泛受益。同时，在推动技术进步的过程中，应积极探索新的就业机会和领域，以确保人们能够适应和受益于科技变革的同时实现经济和社会的可持续发展。

自动化和人工智能等技术的广泛应用虽然在一定程度上可以改善生产效率和经济增长，但在大部分情况下其带来的产出增长并不等同地分配给劳动和其他生产要素。这导致劳动在国民收入中所占份额逐渐减少，造成收入不均等现象，加剧贫富差距和社会不平等。

第三，人力资本水平的提高是改善收入分配格局的有利条件，但需要得到充分利用才能实现。国际经验表明，人力资本水平的提升是改善收入分配的重要条件。改革开放以来，我国的人力资本公共投资和个人投资都大幅增长，人民受教育水平不断提高。2000年，每万人口中大专及以上受教育程度人口数量为361人，到2020年已经增长至1547人。人力资本投资的持续增加，形成了独特的人力资本队列，即新进入劳动力市场的年轻劳动力受教育水平较高，而退出劳动力市场的老年人口的平均受教育水平较低。2020年，我国20岁组人口的平均受教育年限达到13.62年，已经非常接近发达国家的水平，而60岁组人口的平均受教育年限仅为9.10年，前者高出后者49.67%（见图6）。利用好青年劳动力，以人力资本更高的年轻劳动力替代人力资本较低的老年劳动力，是推动收入分配格局改善的重要手段。但当前青年失业率的持续攀升，不仅造成了我国近年来人力资本投资的巨大浪费，也使得难以利用这一改善收入分配的有利条件。

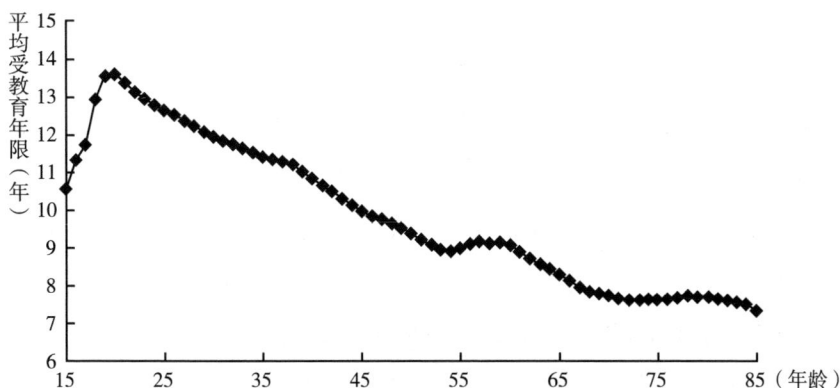

图6 平均受教育年限随年龄的变化

注：小学、初中、高中、大专及以上分别按 6 年、9 年、12 年、16 年受教育年限进行折算。

资料来源：根据国家统计局数据计算。

四 总人口达峰后中等收入群体的重点培育对象

不断扩大中等收入群体，需要瞄准重点对象。随着人口形势的变化，就业群体的规模和结构都发生了明显的转变，扩大中等收入群体的工作重点也要做相应的调整。具体来说，老年人口、农民工、农村脱贫人口等群体，由于其就业和收入的不稳定性，应该作为扩大中等收入群体的重点培育对象。

第一，尽快出台渐进式延迟退休政策，挖掘老年群体的劳动参与潜力，继续改善老年群体的社会保障，提高老年群体的收入和消费水平，使更多老年人过上中等收入水平的生活。人口预测数据显示，我国即将进入人口老龄化加速发展的时期。由于个人的劳动收入变化存在着明显的生命周期效应，人口的快速老龄化可能造成中等收入群体的萎缩。劳动收入随着年龄变化存在明显的倒 U 形变化，老年人口的劳动收入急剧减少，劳动收入的减少将削弱中等收入群体的主要收入基础。人口老龄化导致越来越多的人口退出劳动力市场，从宏观上看，就会体现为收入生命周期效应导致的中等收入群体萎缩。

最新统计数据显示，2022 年我国 60 岁及以上、65 岁及以上人口分别为 2.8 亿人和 2.1 亿人，分别占总人口的 19.8% 和 14.9%。巨大的老年人口规模给扩大中等收入群体带来了挑战和机遇。提高老年人口的劳动参与率和社会保障水平，有助于进一步挖掘老年人口中的中等收入者。

第二，以更大的力度改革户籍制度，让更多农民工及其家庭成为中等收入群体的成员。2022 年，我国有 2.96 亿的农民工，其中外出农民工 1.72 亿；农民工的月均收入为 4615 元。如果仅就收入水平来看，大部分农民工无疑已经是中等收入群体的成员。但农民工没有城镇户籍，无法享受充分的社会保障，很多基本公共服务的享受也不均等，导致他们的工作和收入稳定性较差，生活消费等方面还存在后顾之忧，因此农民工的中等收入群体身份是打了折扣的。

图 7 显示了 2022 年 2 月以来，城镇本地户籍人口和外来农业户籍人口的调查失业率及其变化情况。可以发现，城镇本地户籍人口的调查失业率相对平稳，在 5.5% 的水平上下波动；城镇外来农业户籍人口的调查失业率波动较大，且失业率水平在受到新冠疫情冲击时明显高于城镇本地户籍人口。就业的不稳定带来了收入的不稳定，也就给农民工保持中等收入群体身份带来了挑战。

一些研究表明，在其他条件不变的情况下，仅仅是户籍的转变，将使得农民工的人均消费提高 27%，基本与城市居民的消费水平持平。[①]因此，加快户籍制度改革，推进以人为核心的新型城镇化，让更多有

---

① 王美艳：《农民工消费潜力估计——以城市居民为参照系》，《宏观经济研究》2016 年第 2 期，第 3~18 页。

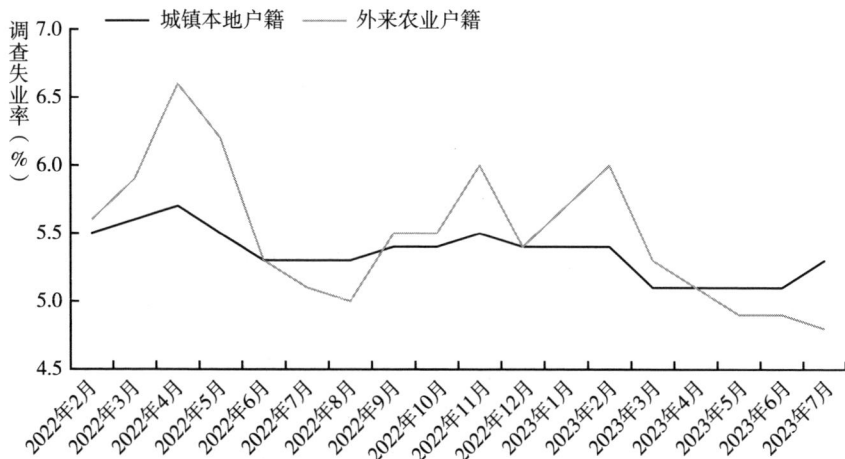

图7　不同群体的调查失业率

资料来源：根据国家统计局数据计算。

意愿有能力的农民工在城镇落户，可让农民工作为中等收入群体的成色更足。

第三，建立解决相对贫困的长效机制，有助于尽快把已脱贫的农村人口提升到中等收入行列。党的十八大以来，我国有近1亿的农村人口脱离了绝对贫困，创造了世界减贫史上的奇迹。即便不考虑返贫的情况，这部分人群也仍然属于低收入群体，仍处于相对贫困状态。经合组织国家（OECD）将收入低于中位数50%的人口定义为相对贫困人口①。参照这一定义，2021年我国农村中等收入户的人均可支配收入为16546元，按50%计算为8273元，假设有30%的农村人口低于该收入，那么我国农村约有1.5亿人处于相对贫困状态。建立解决相对贫困的长效机制，不断扩大中等收入群体就大有潜力。

---

① OECD, *Society at a Glance* 2019：*OECD Social Indicators*. Paris：OECD Publishing，2019.

五　政策讨论

中等收入群体的萎缩是许多国家出现经济社会发展问题的重要根源，而持续地扩大中等收入群体则是实现共同富裕的基础。在人口总量出现重大转折，而人口结构问题继续演化的情况下，要利用好既定的有利条件，抓住扩大中等收入群体的主要对象，积极应对新的挑战，使收入分配的形势持续得到改善。本文的分析表明，扩大中等收入群体并使其保持稳定，并非经济发展过程中的自发现象，而是需要适当的政策环境，更需要根据包括人口因素在内的形势变化及时进行政策的调整。在新的发展阶段，进一步扩大中等收入群体已经具备一些有利条件。在我国人口总量达到峰值之后，继续扩大中等收入群体也面临一些崭新的挑战。以下几项政策建议需要特别关注。

（一）依靠劳动力市场和初次分配扩大中等收入群体

中等收入群体的扩大主要依靠劳动力市场和初次分配，依靠再分配手段扩大中等收入群体是国家能力所不能承受和不可持续的。通过劳动力市场在人力资源配置中发挥更积极的作用，可以让最广大的群体通过发挥个人的聪明才智提升收入水平，这不仅可以改善个体的收入水平，劳动投入的贡献作为生产力中最积极的因素也会对经济社会发展产生积极的影响。当然，随着技术进步的加速，劳动力市场的结构调整也较之以往更加频繁，劳动节约型技术进步还会对初次分配份额的持续扩大造成挑战，因此，恰当地运用再分配手段也是扩大中等收入群体不可或缺的途径。在充分发挥初次分配作用的基础上，再分配就可以集中于调节高收入群体和低收入群体之间的分配关系。从目前劳动力市场运行的实际情况来看，完善劳动力市场建设对发挥劳动力市场在扩大中等收入群体中的作用至关重要。要继续注重保持劳动力市场制度的灵活性，以最大限度扩大就业。2022 年中国城镇就业总量较之上年减少了 842 万人，是改革开放以来的首次下降。这一现象的出现既有劳动力市场短期波动的原因，也与一些中长期的结构性因素紧密关联。需要看到的是，即便人口总量达峰、劳动年龄人口持续减少，继续扩大就业规模仍然有空间。例如，中国目前的非农就业率仅为 37%，而发达国家的平均水平达到了 45%，提高劳动参与程度就可以让更多的群体参与初次分配。

要更好地发挥市场在扩大就业中的积极作用，就要更好地选择劳动力市场制度。劳动力市场制度建设一直围绕着灵活性与安全性的平衡而展开。近年来，中国劳动力市场制度的安全性得到显著提高，但一些领域也出现了对劳动者的过度保护和就业灵活性不足的趋势。尤其是在面临如疫情这样严重的负面冲击时，劳动力市场调整的能力明显不足。因此，如果在劳动力市场制度建设上单方面发展，忽视劳动力市场的灵活性，可能会对长期就业造成损害，并不利于发挥初次分配在国民收入分配中的作用。

（二）鼓励技术进步与进一步扩大开放水平

本书的前面文章已经阐明，总人口达峰后在需求侧对经济增长造成了一系列挑战，人口迅速老龄化也给收入分配带来了压力。应对这些挑战需要积极利用技术进步提高劳动生产率，同时也要完善收入分配机制，消除劳动节约型技术进步对于扩大中等收入群体产生的负面影响。

提高劳动生产率是应对总人口达峰和人口老龄化的紧迫需求。提高劳动生产率的技术往往有节约劳动的技术特征，这一特征虽然符合总人口负增长、劳动年龄人口减少以及人口老龄化所产生的技术需求，但可能对就业规模产生不利影响，也不利于收入分配形势的持续改善。要处理好这一矛盾，当然不能因噎废食，阻碍技术进步的发生，而需要妥善处理好技术应用、经济增长、就业扩大和收入分配的关系。要通过持续扩大对外开放，提高对外开放的质量和水平，满足劳动生产率增长产生的市场需求，使得中国经济不断发展带来的竞争力可以持续得以发挥，也能从根本上抵消劳动节约型技术进步对初次分配的不利影响。对于技术进步和就业的关系，往往存在一些误区，因为从静态效应看，更多地使用劳动节约型技术进步将导致企业或行业减少对劳动的需求。但是，从动态效应观察，劳动生产率的不断提升还会产生后续的效果，例如，生产率提升将使产品或服务的实际价格下降，而产品和服务价格下降又会进一步刺激消费者的最终需求。如果这一机制能够持续发挥作用，最终需求持续增长，将促进就业岗位增长，并逐步抵消劳动节约型技术进步在前期对就业产生的负面效应。

当技术进步持续演进时，劳动生产率增长要转化成最终需求的增长，还需要依靠市场范围的不断扩大。中国制造业多年来迅猛发展，我国已经成为世界工厂，制造业门类齐全，而且很多行业具有国际竞争力。在这种情况下，需要进一步扩大对外开放，不断提高开放的水平和质量，在新发展格局下保持国内国际双循环相互促进的新发展模式，才能拓展更广阔的市场范围，为提升劳动生产率和技术不断进步创造条件。

（三）加大对极高收入群体的税收调节力度

确保中等收入群体的规模不断增长，并使其在收入分配中占据更重要的地位，还需要辅以合理的再分配手段。从国际经验看，由于一些发达国家对于再分配政策的使用不尽合理，尤其是对于极高收入者（如收入分配千分之一以上的人群）的税收调节不力，在一定程度上使得中等收入群体和低收入群体的状况呈现不断恶化趋势。从收入的来源看，极高收入群体与中低收入群体的主要收入来源有很大的区别：劳动收入占极高收入群体的收入比重很低，资本等生产要素的收入占比更高。通过完善再分配手段，加大对极高收入群体的收入调节，"分好蛋糕"，可以更好地处理高收入者与低收入群体之间的关系。而且，这样的再分配安排有助于减轻中等收入群体的负担，有助于使中等收入群体保持更稳定的发展。

（四）着力减少中等收入群体的脆弱性

如前所述，一方面要不断扩大中等收入群体，另一方面要尽可能保持中等收入群体的相对稳定，二者是并行的任务。稳定中等收入群体所面临的一个重要任务就是要着力减少中等收入群体的脆弱性。从经济发展与收入分配变化的历史经验看，中等收入群体往往是产业结构变迁中最敏感的群体，因此经济结构和产业的升级，对中等收入群体产生的影响也较之高收入群体更大，甚至比低收入群体更明显。

在技术进步变化剧烈的时期，新就业岗位产生的方式往往更加复杂，就业增长与就业岗位的创造往往同时发生，而新增就业更多以创造新职业的形式出现。从积极的方面看，新行业和新职业的创造，往往对应着新的中等收入群体的产生。与此同时，被新技术所替代的、传统就业岗位损失后的失业者有可能成为脱离中等收入群体的受损者。从既往的国际经验看，受教育程度高的年轻劳动力能够更加迅速地适应技术变化，从而成为技术变迁的受益者，而技能更新缓慢的中老年劳动者往往无缘技术进步带来的红利。因此，新技术的快速推广应用，虽并不必然减少就业岗位的总量，却很可能提高结构性失业水平，特别是会引起中等收入群体构成的变化。完善产业政策时需特别关注其对中等收入群体可能产生的影响。

（五）通过完善人力资本投资政策缩小劳动者内部收入差距

在总人口达峰的情况下，人口高质量发展是应对人口负增长可能带来的一系列挑战的主要手段。高效的人力资本投资既是实现人口高质量发展的基本途径，也是扩大中等收入群体、缩小收入差距的重要政策举措。很多国家的发展经验表明，劳动者人力资本差距的缩小，是缩小收入差距的第一步。因此，可以通过教育、培训等人力资本积累体系的发展和完善，弥合不同群体之间人力资本的差距，进而缩小劳动者内部的收入差距，让更多的人有条件成为中等收入人口。

为此，需关注与中等收入群体相关的人力资本投资政策。随着经济结构变化的加速和第三产业成为就业增长的主要来源，劳动力市场对于劳动者的技能需求相较于工业化初期具有更多的不确定性。职业教育等人力资本公共投资的方式需要进行及时调整，由针对特定技能和特定岗位的教育和培训，转向更加注重通识教育和通识技能培训。

G.13
人口达峰后的社会支持体系

程 杰 韩 笑*

摘 要： 人口达峰是人口转变的一个重要标识，其冲击是全局性、系统性的，需要从全生命周期视角观察达峰之后社会支持体系面临的风险与挑战。进入人口负增长阶段，养老医疗等社会保障支付压力激增，生育养育等家庭支持政策的需求急切，人力资本与劳动力市场体系的责任增强。各国人口负增长的形成模式不尽相同，应对举措及其效果也有所差异，一套完整的社会支持体系涵盖了从"摇篮到坟墓"的整个过程，包括鼓励生育的家庭支持政策、积极的劳动力市场政策、退休制度改革与养老服务政策等。人口达峰又一次敲响了人口问题的"警钟"，实施积极应对人口老龄化国家战略，加强顶层设计，完善社会支持体系，积极探索新的政策工具，对于应对人口达峰随之而来的问题至关重要。

关键词： 人口达峰 人口总量 人口转变 社会支持

　　总人口达峰是人口与经济发展阶段变化的重要标识。达峰之后人口

* 程杰，中国社会科学院人口与劳动经济研究所副研究员，研究方向为社会保障与劳动就业；韩笑，中国社会科学院人口与劳动经济研究所助理研究员，研究方向为社会保障、人口老龄化。

结构转变进一步加速，老龄化与少子化问题更加凸显，劳动力市场的供给侧压力增大，由此导致的经济增长放缓、财政负担加重将成为政府首先要应对的风险挑战。本文着眼于人口达峰对社会支持体系带来的潜在冲击，梳理进入人口负增长阶段的典型国家的应对举措和经验教训。

一　人口达峰对社会支持体系的冲击

人口达峰是人口总量的一个标志性变化，同时也是人口结构深刻转变的重要信号。人口达峰带来了整个生命周期的人口格局变化，达峰之后的人口负增长从总量上似乎有利于缓解全社会供养负担，但老龄化进入一个新的加速阶段，与养老、医疗、照护相关的负担加重；与之相对应，少子化进程也持续加深，与生育、养育相关的家庭服务需求增强，扭转持续走低的生育水平需要投入更多的公共资源。劳动力资源在人口达峰之前就已进入负增长阶段，达峰之后将进入快速下降通道，与就业、技能、人力资本相关的社会支持体系需要发挥积极作用，以顺应劳动生产率持续提升的发展阶段要求。

（一）人口达峰将开启快速老龄化新阶段，养老医疗等社会保障支付压力激增

2022年，新中国成立以来较长时期的人口增长态势发生变化，人口总量出现负增长。与此同时，中国也进入中度老龄化社会，65岁及以上人口占比达到14.9%，超过14%的中度老龄化社会国际惯用标准。快速老龄化是中国人口转变的一个典型特征，人口达峰更是一个重要的节点，达峰之后的老龄化进程将进一步提速，预计2033年65岁及以上老龄人口比重将上升到21.3%，即未来中国将用十年左右时间就经历从中度老龄化社会向重度老龄化社会的过渡（见图1）。在这十年间，我们还将同时面临国际形势不稳定不确定性增加、国内潜在经济

增长下降、地方政府债务风险加大等多重压力。可以预期，各类养老保障资源将加速消耗，维持保障体系可持续的难度明显加大。

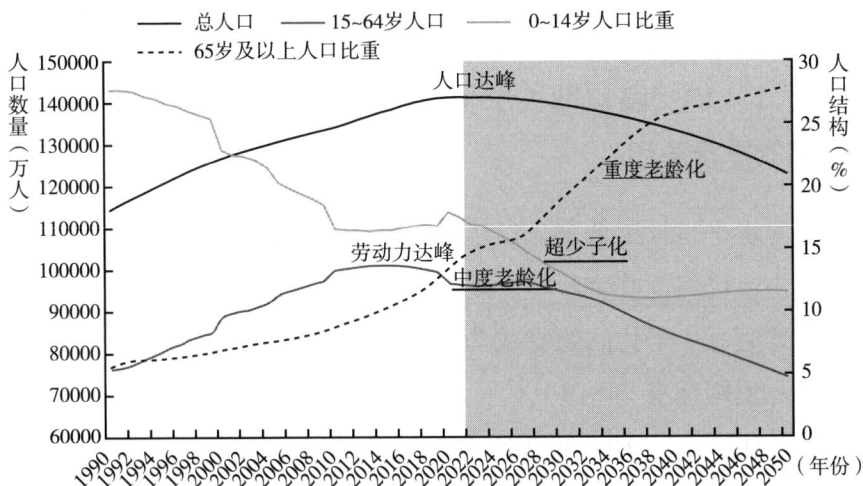

图1 1990~2050年中国人口规模与人口结构变化

资料来源：1990~2022年数据来自国家统计局《中国统计年鉴》公布数据。2023~2050年为中国社会科学院人口与劳动经济研究所课题组预测数据。

根据预测①，由于人口转变速度极快，养老保障需求激增，若当前制度条件不变，也没有体系之外的养老资源注入，到2035年城镇职工养老保险基金当期收支缺口将达到7.2万亿元，相当于当年GDP的3.9%。中国养老金负担水平曲线比其他国家更为陡峭，预计2021~2035年养老金支出占GDP比重将从5%快速提高到10%，提升速度快于相应老龄化阶段的日本，而日本通过一系列社会保障制度改革，养老金负担水平已经于2010年前后达到10%左右的峰值，之后趋于平稳，中国在2035年前后能否实现养老金负担水平达峰仍具有不确定性。人口达峰可以说是一个重要的信号，意味着社会保障体系

---

① 都阳、程杰：《"婴儿潮"一代退休对养老金体系的冲击与应对》，《中国社会科学评价》2022年第2期，第99~111页。

改革的"窗口期"即将关闭，必须做好充分的准备积极应对，而一旦错过，未来中国的经济社会发展将承受巨大风险，社会保障体系改革将处于被动局面。

（二）人口达峰将迎来出生人口收缩期，生育养育等家庭支持政策的需求急切

生育水平持续走低是人口达峰的内在动因，而人口达峰之后的较长时期内，仍将面临育龄妇女规模减小、生育意愿不足等人口与生育的惯性约束，少子化问题将成为与老龄化问题相伴相生的突出现象。按照国际惯用标准，0~14岁人口占比下降到15%~18%被视为进入严重少子化社会。中国在2010年就已进入这一阶段，但在人口政策调整影响下，0~14岁人口占比并未如前一阶段那样持续下降，到人口达峰之前基本保持稳定，呈现一个少子化的"平台期"（见图1）。按照课题组预测，人口达峰意味着"平台期"的结束，未来0~14岁人口占比将再次进入快速下降阶段，到2027年将下降到14.7%，意味着中国将进入超少子化社会。社会问题完全依靠个人和家庭难以解决，需要政府以行之有效的公共政策积极应对，与生育相关的家庭支持政策在人口收缩期来临之时显得尤为迫切。

中国生育养育服务体系建设滞后于人口转型与经济发展阶段。过去十多年，以日本、韩国为代表的东亚发达经济体在儿童照料服务方面加快发展，日本0~3岁幼儿入托率从2010年的18.9%提高到2017年的30%，韩国入托率从38.2%提高到56.3%，在经济合作与发展组织（OECD）国家中增幅最大。课题组研究表明[1]，2019年末中国0~3岁未达到入园年龄的幼儿入托率为8.3%，按照OECD的统计口

---

[1] 程杰、曲玥、李冰冰：《中国0-3岁托育服务需求与政策体系研究》，中国社会科学出版社，2021。

径（0~36个月幼儿）估算，中国幼儿入托率仅为4.3%，远低于OECD国家的平均水平（35%），也没有跟上东亚近邻的步伐。若家庭托育需求充分释放并达到OECD国家平均水平，预计到2025年全国入托需求规模将增加到1300万，这意味着按照目前规划目标（每千人4.5个托位），将出现约650万个供给缺口，填补供给缺口将要求托位建设目标提高到每千人9.0个。生育养育等家庭支持政策究竟是否能够实现生育水平反弹，还有待进一步观察，但理论与经验都表明，面对人口收缩形势，与生育相关的家庭支持政策应该有所作为。生育行为具有正外部性，政府必须发挥应有职责，生育水平止跌企稳需要强化生育养育等公共服务体系，并且持续不断地投入才能长期见效。

（三）人口达峰后劳动力供给短缺形势加剧，人力资本与劳动力市场的责任增强

从中国的情景来看，劳动力供给达峰先于人口达峰出现。2011年15~59岁劳动年龄人口就达到峰值开始持续减少，2012~2020年15~59岁人口累计减少4300万人，15~64岁人口也在2014年出现转折点，进入小幅下降的"平台期"。伴随着总人口达峰到来，这一"平台期"也将终结，预计2030年开始进入快速收缩期，长期来看总人口收缩主要来自劳动力减少。世界银行最新发布的报告显示[1]，到2030年，世界潜在GDP增长率的预期放缓约有一半将源于人口结构的变化，包括劳动年龄人口减少以及劳动参与率下降。劳动供给减缩直接带来潜在经济增长下降，保持持续经济增长将更加依赖于生产

---

① Kose Ayhan & Ohnsorge Franziska, "Falling Long-Term Growth Prospects: Trends, Expectations, and Policies," Washington DC: World Bank (2023). https://openknow ledge. worldbank. org/server/api/core/bitstreams/4e93ba6a-dbe4-4907-9c76-4caa4f004db7/content.

率尤其是劳动生产率提升，这要求加大对人力资本的投资，通过更加积极的劳动力市场政策对日渐稀缺的人力资源进行重塑，对劳动力市场中的脆弱群体给予更有效保护，帮助他们应对新技术革命冲击。

人口达峰之后，劳动力市场中的结构性矛盾进一步深化。劳动供给减少并不必然缓解就业总体矛盾，供给侧变化将推动劳动、资本与技术的要素相对价格发生变化，激励机器人、人工智能等新技术应用，从事低技能、常规性操作的劳动者将被加快替代，这些劳动力市场中的脆弱群体往往游离在城镇社会支持体系之外，缺乏必要的失业保障与就业培训。根据课题组开展的中国制造业企业—员工匹配调查研究，2018年制造业企业中使用工业机器人和数字控制技术的覆盖率达到18%，新技术应用导致一线生产工人需求下降19.6%。据此估算，工业机器人等新技术应用造成制造业总体就业需求缩减3.5%，"十三五"期间累计替代800万~1000万农民工制造业岗位。可以预期，未来人口与劳动力将进入快速收缩通道，新技术革命浪潮势不可挡，供给侧与需求侧的双重力量将使得这一冲击效应持续增强，对这些产业工人开展适应性技能培训任务紧迫，人力资本积累体系与劳动力市场制度被赋予更多责任。

人口达峰的冲击是全局性、系统性的，需要从全生命周期视角观察人口达峰对社会支持体系的挑战与新要求。广义的社会支持体系既包括传统的养老与医疗保障制度，也包括人口与家庭支持体系、人力资本积累体系以及积极劳动力市场政策等，最终目标是实现人口均衡发展与人的全面发展。

二 主要国家人口达峰后的社会支持体系

（一）经历人口达峰国家的典型特征

在世界主要国家中，造成人口负增长的原因大致分为两类：一类是受长期生育率降低驱动的"内生性人口负增长",其主要原因在于人口的自然增长乏力;另一类是由突发外部冲击(如战争和社会动荡)催生的"外生性人口负增长",其主要原因在于人口的机械性减少[1]。与后者相比,前者往往在出现前就已积累了长期的负增长惯性,一旦发生则持续时间长、回归正增长的难度大、回归正增长后的可持续性低,还往往伴随着人口结构的老化。中国目前的人口负增长即为该类"内生性人口负增长"。

本文选取了具有代表性的人口负增长国家,分类总结了其应对人口结构转变的经验措施。观察对象选择主要考虑三方面:一是以"内生性人口负增长"模式为主,兼顾机械性人口变动的影响;二是相对的人口与经济大国;三是采取了积极的应对举措和政策干预。20世纪中叶以来,在235个国家(地区)中,有107个国家(地区)曾发生过人口负增长[2]。2022年,在长期趋势与新冠疫情的双重作用下,共有6个总人口在5000万以上的国家处于人口负增长:欧洲有4个,位于东欧(乌克兰、俄罗斯)和中南欧(意大利、德国);亚洲有2个,分别是日本和韩国。这些国家人口负增长对地区和世界具有深远影响,相关经历对我国也具有借鉴意义(见表1)。

表1 典型国家人口负增长开始时的基本特征

国家	年份	总人口(万人)	人均GDP(美元)	总和生育率	人口达峰时的政策措施
乌克兰	1993	5178	2201	1.67	—
俄罗斯	1994	14883	5057	1.40	2001年发布《2015年俄罗斯人口发展纲要》,成立"社会人口问题委员会";2007年维护育儿妇女权利的"人口政策构想(2007~2025)"获批

---

① 陶涛、金光照、郭亚隆:《两种人口负增长的比较:内涵界定、人口学意义和经济影响》,《人口研究》2021年第6期,第14~28页。

② 林宝:《人口负增长与劳动就业的关系》,《人口研究》2020年第3期,第21~37页。

国家	年份	总人口 （万人）	人均GDP （美元）	总和 生育率	人口达峰时的政策措施
日本	2010	12811	32933	1.39	2010年出台《少子化社会对策大纲——儿童与育儿愿景》，提出四项支柱性政策和12项主要措施；成立"税制与社会保障彻底改革调查会"，发行养老金支付国债
意大利	2015	6023	30492	1.35	为2015年后出生在中低收入家庭的3岁以下婴幼儿提供最高160欧/月的新生儿津贴；2016年设立"生育日"，增加"托儿所津贴"1000欧元
韩国	2021	5183	32677	0.88	2021年出台"2035年老龄化战略"，提供老年人智能设备、开发智能居家养老技术等；2022年设立人口危机应对特别工作组
德国	2022	8303	48461	1.54	2021年增加家庭免税收入中子女津贴和照顾、教育、培训津贴抵扣金额；2022年新增55亿欧元托儿服务资金；2023年允许在德国居住5年以上的移民申请公民身份

注：1. 各国人均GDP均以2015年不变价美元计。2. "—"表示未发现明确的应对措施。3. 对于多次进入人口负增长的国家，"年份"一栏展示最后一次进入负增长的时间。

资料来源：人口负增长开始时的年份、总人口、人均GDP及总和生育率来自世界银行（https://databank.worldbank.org/source/population-estimates-and-projections#），相关政策措施由作者根据公开资料整理。

典型国家的人口负增长特征各有不同，但在人口结构变化方面存在相似之处。其一，0~14岁人口占比波动下降。如图2所示，在总人口达峰前，各国0~14岁人口占比均已经历十年以上的快速下降期，其间年均降幅超过 0.5 个百分点①，部分国家已进入 0~14 岁人口占比低于 15% 的 "超少子化" 阶段；在总人口达峰后，0~14 岁人口占比迎来第二轮快速下降期②。其二，15~64 岁劳动年龄人口达峰早于总人口达峰③，人口达峰后劳动年龄人口进一步收缩。其三，人口负增长往往伴随 "重度老龄化"，65 岁及以上人口占比在人口负增长阶段抬升明显、高位运行，增长速度快于总人口达峰前④。

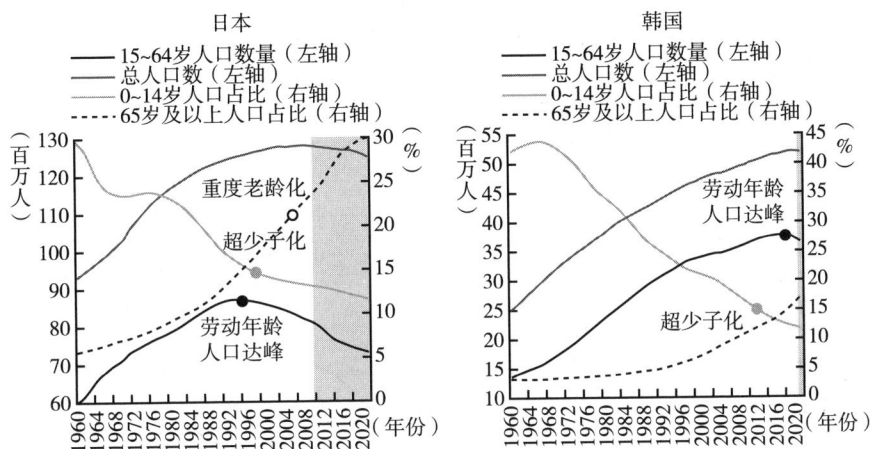

日本
— 15~64岁人口数量（左轴）
— 总人口数（左轴）
— 0~14岁人口占比（右轴）
---- 65岁及以上人口占比（右轴）

韩国
— 15~64岁人口数量（左轴）
— 总人口数（左轴）
— 0~14岁人口占比（右轴）
---- 65岁及以上人口占比（右轴）

---

① 如日本在 1980~1994 年 0~14 岁人口占比从 23.1% 下降至 15.9%，年均下降 0.51 个百分点；韩国在 1967 年至今 0~14 岁人口占比从 43.5% 下降至 11.6%，年均下降 0.58 个百分点；德国在 1971~1985 年 0~14 岁人口占比从 23.2% 下降至 16.0%，年均下降 0.51 个百分点；意大利在 1977~1992 年 0~14 岁人口占比从 23.7% 下降至 15.3%，年均下降 0.56 个百分点；俄罗斯在 1963~1977 年 0~14 岁人口占比从 30.6% 下降至 22.1%，年均下降 0.6 个百分点。

② 如俄罗斯在 1994~2005 年 0~14 岁人口占比从 21.9% 下降至 15.2%，年均下降超过 0.6 个百分点；乌克兰在 1997~2007 年 0~14 岁人口占比从 19.5% 下降至 14.2%，年均下降 0.53 个百分点。

③ 如日本劳动年龄人口在 1995 年出现负增长，早于总人口达峰 15 年；韩国劳动年龄人口在 2019 年出现负增长，早于总人口达峰 2 年；意大利劳动年龄人口在 1993 年出现负增长，早于总人口达峰 22 年；乌克兰劳动年龄人口在 1990 年出现负增长，早于总人口达峰 3 年。

④ 在人口负增长阶段，日本、韩国、意大利、乌克兰 65 岁及以上人口占比年均增幅分别为 0.5 个百分点、0.86 个百分点、0.31 个百分点、0.24 个百分点。

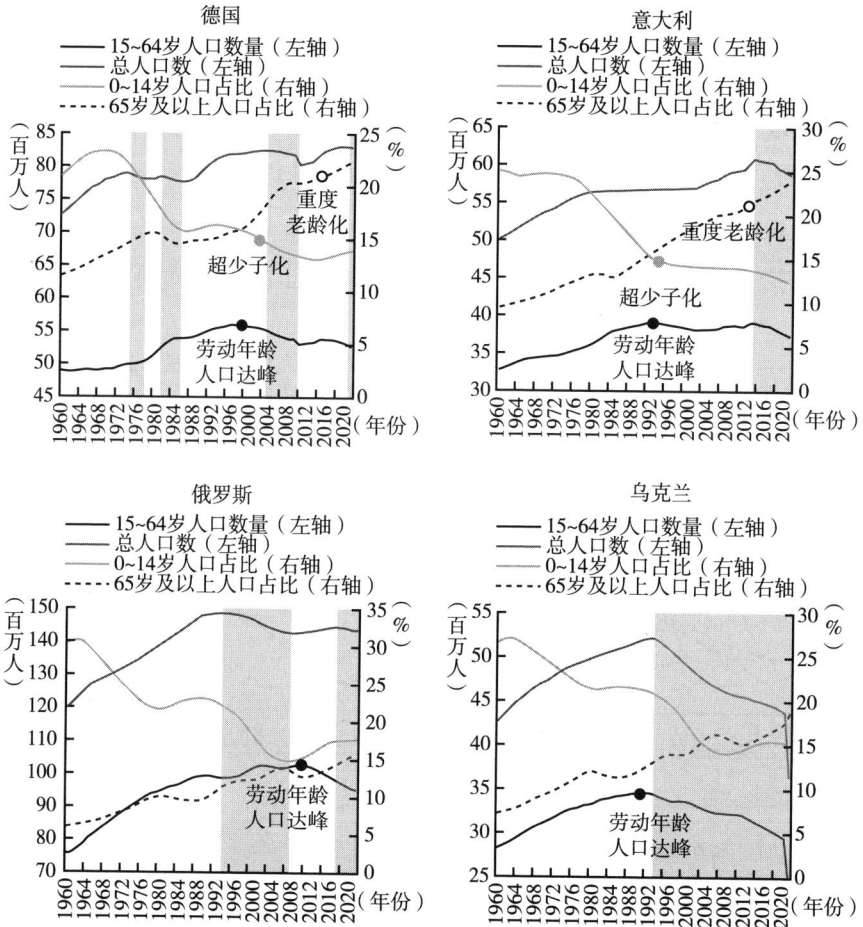

图 2　1960~2022 年典型国家的人口演变

注：1. 阴影部分为总人口负增长时期；2.0~14 岁人口占比 = 0~14 岁人口数/总人口数；65 岁及以上人口占比 = 65 岁及以上人口数/总人口数。3. 根据国际通行标准，0~14 岁人口占比低于 15% 的属于"超少子化"社会；65 岁及以上人口占比高于 21% 的属于"重度老龄化"社会。

资料来源：世界银行，https：//databank.worldbank.org/source/population - estimates-and-projections#。

　　人口结构转变深刻影响了人口负增长时期的经济增长模式。一方面，0~14 岁人口的减少和 65 岁及以上人口的增加提高了居民对生育、养育、养老、医疗相关产品和服务的需求；另一方面，人口负增长时期，15~64 岁劳动年龄人口快速下降，劳动供给短缺问题加剧。人口负增长给经济发展的需求侧和供给侧均带来较大冲击。经历人口负增长的大部分国家都尝试了积极的应对措施，相关政策可分为两类：第一类是"过程干预"，旨在改善人口年龄结构，减缓人口负增长进程，主要包括降低家庭生育养育成本以促进人口内生增长、引入劳动年龄移民以促进人口外生增长；第二类是"结果干预"，旨在减轻人口结构变化带来的负面影响，主要包括挖掘潜在劳动供给、提升劳动者技能水平以应对劳动力短缺，以及改革养老金制度、高龄医疗保险制度、长期护理保险制度等以缓解财政负担。这其中不乏成功的案例，相关措施改善了生育率下降、老龄化加剧、劳动供给萎缩等人口问题；也有许多失败的案例，相关措施无助于缓解人口负增长带来的诸多问题，有的甚至加剧了生育养育负担、导致人口负增长加速。

（二）以邻为镜——东亚国家与内生性人口负增长

老龄化程度发展速度最快、少子化程度接近世界极限的日本和韩国，与中国同属于东亚儒家文化圈，其人口结构、经济转型进程和国民文化观念与中国具有诸多相似之处，相关经验举措也具有较好的参考价值。

1. 日本：前瞻布局，构建全生命周期社会支持体系

日本是典型的内生性人口负增长国家，"二战"之后有过短暂的"婴儿潮"，但 20 世纪中叶以来其人口结构以少子化为主导，老龄化程度直线上升。1993 年，日本总和生育率跌破 1.5 警戒线；1994 年，劳动年龄人口达峰并出现加速负增长；2005 年，总和生育率降至 1.26，进入超低生育率阶段。2010 年以来，虽然日本每年有不少移民流入，但其人口总量仍不可避免地进入负增长（见图 3）。目前，日本社会已进入"深度老龄化"，65 岁及以上老人占比达总

人口的 30%。为了应对人口达峰带来的一系列社会问题，日本政府从 20 世纪 90 年代就开始在居民养老与医疗保障、家庭生育托育支持、人力资本积累、积极的劳动市场政策方面出台了诸多措施（见图 4）。

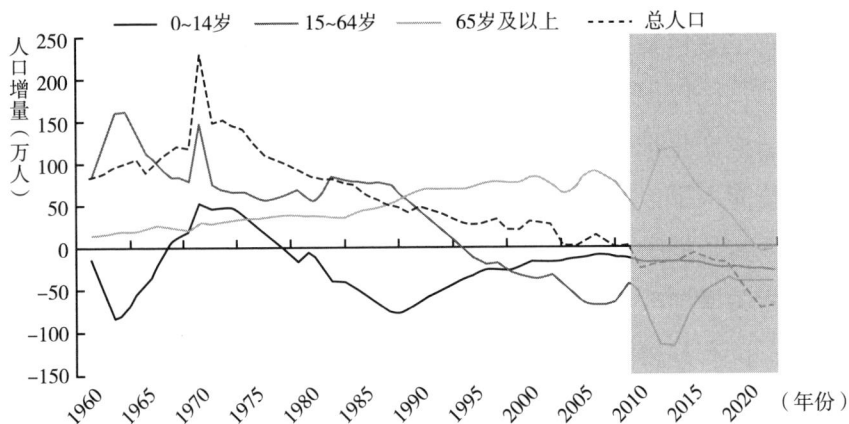

图 3　1960~2022 年日本各年龄段人口增量

注：阴影部分为总人口负增长时期。

资料来源：世界银行，https://databank.worldbank.org/source/population - estimates-and-projections#。

构建家庭支持体系。其一，降低生育成本。政府为怀孕妇女提供 42 万日元（约合人民币 2.2 万元）的补助，并为生育子女的家庭提供儿童补贴——0~3 岁的每个孩子可领取 1.5 万日元/月，3~15 岁的每个孩子可领取 1 万日元/月[①]。同时，为员工生育给予减免税额，规定男性和女性员工均享有产假，产假期间可以正常领取工资。对照料 1 岁以内孩子而退出劳动力市场的群体，可从雇佣保险中领取额外补助；对产后重回职场的女性员工的晋升机制进行法律保障。其二，

---

① 李健：《日本少子化政策演变及对中国生育支持政策的启示》，《中国青年研究》2022 年第 7 期，第 111~119 页。

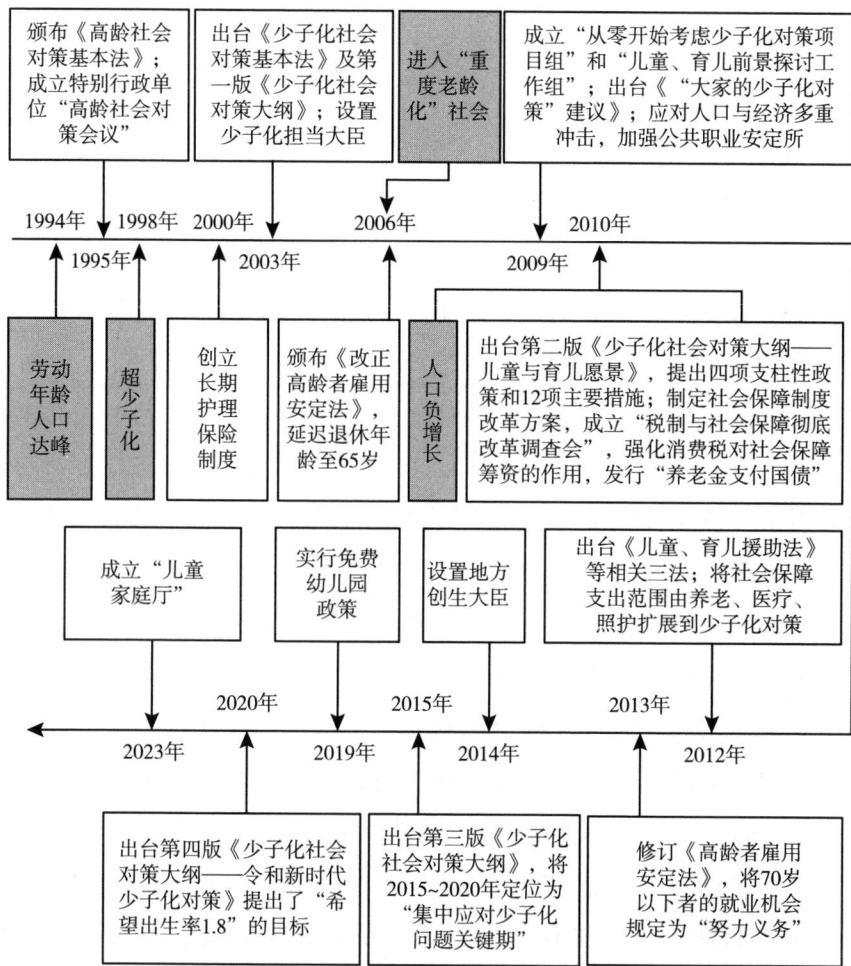

图 4　日本人口结构转变时点及各政策出台时间轴

资料来源：根据日本内阁府、厚生劳动省、首相官邸、众议院等官方资料整理。

降低养育成本。从 2019 年起实行幼儿园免费政策，构建从幼儿园到大学阶段均免费的教育体系。实施 3 岁以下儿童就医免费或补贴政策，单亲低收入家庭还将获得额外补助。在部分地区还实施了将 15～

18 岁青少年统一纳入免费医疗补助范围的政策。① 其三，设少子化担当大臣和"儿童家庭厅"。日本政府分别在 2003 年和 2014 年设置少子化担当大臣和地方创生大臣，并在 2023 年 4 月成立"儿童家庭厅"，负责综合应对少子化、儿童贫困等问题。作为内阁府的外部办公室，"儿童家庭厅"将统筹厚生劳动省等政府部门的儿童事务。

积极应对劳动力短缺。其一，促进老年群体劳动参与。虽然日本的老龄化水平位居世界前列，但其人口结构呈现"低龄老龄化"特征，1991 年以来日本 60~69 岁老年群体占总人口的比例一直高于 10%。政府于 1995 年颁布《高龄社会对策基本法》，为老年人就业权利、社会参与提供保障；2006 年，在进入"重度老龄化社会"之际日本颁布《改正高龄者雇用安定法》，鼓励企业采取继续雇用制度，在全国范围设置终身学习中心，利用公民馆等设施开设老年课程。其二，促进女性就业。日本从法律、政策、社会福利、企业工作制度等多层次着手保障女性就业权益，促进就业领域的性别平等。其三，优化产业结构布局。通过外移劳动密集型中低端产业实现国内产业结构升级，腾挪资源空间发展高端产业，提升本国技术研发水平和产业优势，以缓解人口负增长阶段劳动短缺问题。其四，开展外来劳工计划。日本启动了"技能实习生培训计划"（Technical Intern Training Program，TITP）等跨国移民项目，大量人口从越南、泰国、菲律宾等国家流入日本。

缓解养老和医疗保障压力。其一，延迟退休。日本在 1985 年 65 岁及以上人口比重刚突破 10% 时就启动了延迟退休改革，将退休年龄从 55 岁延迟到 60 岁；在 2006 年开启第二轮改革，将退休

---

① 以日本兵库县明石市为例，仅 30 万人口的城市托儿所就有近 100 家，政府每年约 56% 的财政支出用于改善民生福利和提供教育补贴，该市儿童可以享受包括免费医疗、免费学校伙食在内的"五免服务"。这些政策让明石市连续 9 年生育率上涨，并以 1.72 的高生育率领先日本其他城市。

年龄延长到 65 岁。其二，提高养老保险个人缴费率并控制养老金替代率。日本通过《年金改革相关法》和《年金功能强化法》，采用提高个人缴费率的方式缓解养老金财政收支不平衡，并规定 65 岁及以上老人每推迟 1 个月领取可在法定养老金基础上增加 0.7%、60~65 岁老人每提前 1 个月领取将在法定养老金基础上减少 0.4%。其三，改革医疗保障制度。日本于 2000 年出台长期护理保险制度，为失能老人日常出行、饮食、洗浴等生活照料支出提供保障；同时，将医疗服务模式从单一医疗向集医疗、预防、保健、康复于一体的模式转变，通过整合医疗资源、减少老年人占床问题降低公费开支。

日本社会支持体系的提前布局有效延缓了人口达峰的到来时间。从人口结构的历史轨迹和未来预测看，中国 2020~2050 年与日本 1990~2020 年的人口结构变化存在高度相似。2020 年，中国 14 岁及以下人口占比 18.0%，15~64 岁劳动年龄人口占比 68.5%，65 岁及以上人口占比 13.5%。这与三十年前的日本基本一致——1991 年日本 14 岁及以下人口占比 17.3%，15~64 岁劳动年龄人口占比 69.8%，65 岁及以上人口占比 12.9%。预测数据显示，2050 年中国劳动年龄人口占比将下行至 60% 左右，65 岁及以上老年人口占比将攀升至 30% 左右。这与日本 2020 年的人口结构变化基本一致——2020 年日本劳动年龄人口占比为 58.5%，65 岁及以上老年人口占比为 29.6%。通过提前布局出台系列社会支持政策措施，日本的人口负增长被延迟至 2010 年到来，仅比我国提前 12 年，这得益于其从"摇篮到坟墓"的全生命周期社会支持政策体系。综合来看，日本应对人口负增长的政策措施具有"密集化、具体化、针对性强、机构专门化"等特点。作为目前世界上人口问题最严重的国家之一，日本政府的反应积极迅速，政策措施较为系统，财政投入力度较大，为人口结构冲击下经济社会稳定发展赢得了宝贵时间。

2. 韩国：紧急应对，社会支持体系缺乏可持续性

与日本相比，韩国出现人口问题的时间更晚，但发展势头更为迅猛，目前面临严峻的少子化、老龄化和劳动供给短缺问题。20 世纪中叶以来，韩国的 0～14 岁人口占比经历了从 43.7%（1966 年）到 11.6%（2022 年）的大幅下降；1998 年，韩国总和生育率跌破 1.5，人口负增长势能加速累积。[①] 2021 年，韩国总人口进入负增长，如图 5 所示，总和生育率跌至 0.81，成为世界生育率最低国家。为应对人口负增长冲击，韩国政府采取了多方面的政策措施（见图 6）。

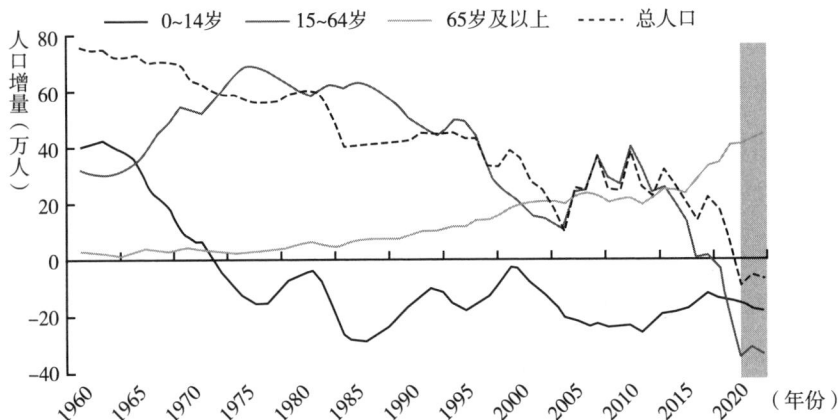

图 5　1960～2022 年韩国各年龄段人口增量

注：阴影部分为总人口负增长时期。

资料来源：世界银行，https：//databank. worldbank. org/source/population‐estimates‐and‐projections#。

提振生育率。其一，实施津贴补助、减租减税、减免子女学费等措施。在居民生育时提供一次性补贴 200 万韩元（约合人民币 1.1 万

[①]　然而，韩国进入人口负增长的时间却晚于其他典型国家，这主要是 1955～1963 年出生的婴儿潮一代不断释放人口红利的结果，目前婴儿潮一代已逐渐进入退休高峰。

元），并在孩子满 1 岁前按月补贴 30 万韩元/月。2005 年以来，韩国在鼓励生育方面花费了近 280 万亿韩元（约合人民币 1.5 万亿元）。其二，成立"人口危机应对特别工作组"。该工作组下设 11 个工作小组，协调教育部、科技部、法务部等 18 个相关部门研拟对策，在应对社会萎缩、提升人口生育率等领域寻求解决方案。

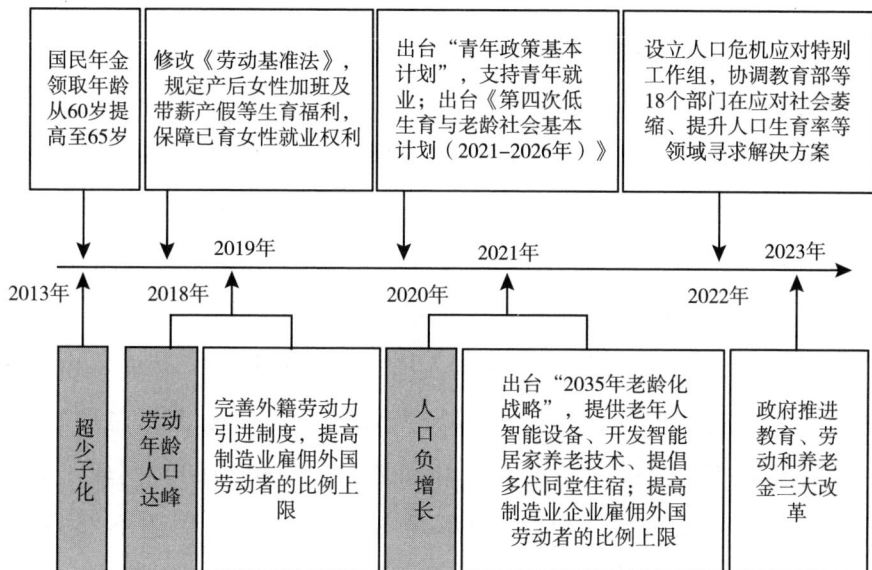

图 6　韩国人口结构转变时点及各政策出台时间轴

资料来源：作者根据公开资料整理。

增加劳动供给。其一，促进老年群体再就业。开展退休准备教育，建立转职援助奖励金制度，成立老年人力开发院，开发适老化职业种类、提供再就业或创业培训；同时，鼓励企业为老年人提供就业岗位，对开展转职援助服务的企业给予补贴。其二，制定针对女性的就业优待机制。减少女性就业中遇到的性别歧视等问题，促进妇女工作与家庭的平衡，让更多女性回归职场。其三，完善外籍劳动力引进制度，提高了制造业企业雇佣外国劳动者的比例上限。

缓解养老和医疗保障压力。其一，延迟退休。1991 年韩国政府颁布《高龄者雇佣促进法》，将退休年龄提高至 60 岁；2013 年韩国将对退休年龄的规劝性条例修改为义务性条例，国民年金领取年龄也从 60 岁提高至 65 岁。其二，降低老人医疗费用负担。对于退休后收入中断或减少的老人，韩国健康保险公团实施了"老人定额制"优惠政策①，减少老人在医院接受门诊和住院服务时的自付医疗费用。

韩国的人口问题进展迅速，社会支持体系改革的政策窗口期较短，政策效果尚不明显。韩国的人口结构变化领先中国 5 ~ 10 年，2020 年中国 14 岁及以下人口占比 18.0%，与 2007 年的韩国相似（18.1%）；2020 年中国 65 岁及以上人口占比 13.5%，与 2016 年的韩国相似（13.4%）。韩国应对人口负增长的社会支持政策措施具有一定的成效，在短期内起到了稳定生育率的作用，将其人口达峰时刻延迟至 2021 年，几乎与中国人口达峰同时到来。然而，由于未进行有效的成本控制，部分地区与生育相关的奖励支出总额较高，甚至将地方政府拖进债务泥潭。韩国采取应对措施的时间较晚，大部分针对性措施实施的时间尚不足五年，政策体系还不够完善。2023 年，政府进一步推出教育、劳动和养老金三大领域改革方案，致力于从全生命周期视角应对人口负增长冲击，该措施的有效性尚待实践检验。

（三）他山之石——欧洲国家与外生性人口负增长

欧洲国家人口结构的演化也可以分为三大类：第一类是"高位徘徊型"的西欧和北欧，这些国家在 20 世纪中叶基本都已进入老年型社会，此后在较长时期内处于相对平稳的老龄化进程中。第二类是

---

① 侯圣伟：《韩国老年医疗保障事业现状、问题及对策》，《社会保障研究》2016 年第 1 期，第 99 ~ 105 页。

"低开高走型"的中南欧（如意大利、德国等），其早期人口结构十分年轻①，但近年来少子化、老龄化趋势发展迅猛，目前已逐渐成为欧洲老龄化程度最高的地区。第三类是"扶摇直上型"的东欧（如俄罗斯、乌克兰等），其早期老龄化程度较低②，然而受地缘政治、经济转型、区域经济一体化等因素影响，东欧国家人口结构发生"直角形"转折，少子化和老龄化程度骤增，人口转型时间较晚，但速度较快。

1. 意大利：政策滞后，机械性变动主导人口增长趋势

意大利是世界上第一批达到低生育水平的国家之一，总和生育率从 20 世纪 70 年代中期以来一直处于更替水平之下。20 世纪 80 年代至 2000 年意大利就已进入接近人口零增长的阶段，年人口增量均小于 5 万人（见图 7），年增幅不足总人口的 0.1%。随着 21 世纪初意大利总和生育率的抬升和移民人数的增加，人口回归正增长（见图 8）。然而，这段时期仅持续了 15 年，2015 年意大利总人口正式进入负增长。2022 年末，意大利常住人口已降至不足 5900 万人，比 2015 年减少约 200 万人。人口总量萎缩和老龄化使意大利面临生产力下降、创新力不足、经济发展迟滞等问题，急需一系列社会保障政策扩充经济活动人口，破解少子化和老龄化难题。与韩国相似，意大利的应对措施出台时间也较晚，大部分鼓励生育、促进就业、老龄支持政策都在 2015 年人口负增长出现之后推出（见图 9）。

---

① 如 20 世纪 60 年代阿尔巴尼亚的少儿比重超过 40%，波黑、北马其顿也都超过 35%。

② 许多东欧国家 20 世纪中叶时老年人占比还不足 6%，如俄罗斯、波兰等国的老年人口占比仅为 5% 左右。

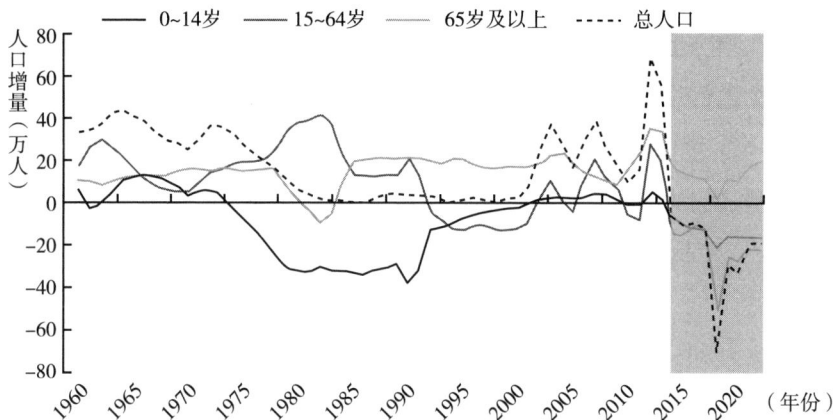

图7 1960~2022年意大利各年龄段人口增量

注：阴影部分为总人口负增长时期。

资料来源：世界银行，https：//databank. worldbank. org/source/population –
estimates–and–projections#。

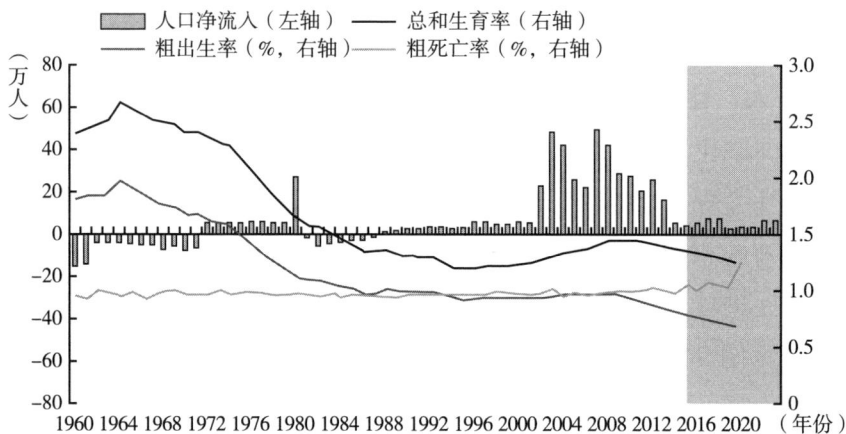

图8 1960~2022年意大利人口净流入、生育率、出生率及死亡率数据

注：阴影部分为总人口负增长时期。

资料来源：世界银行，https：//databank. worldbank. org/source/population –
estimates–and–projections#。

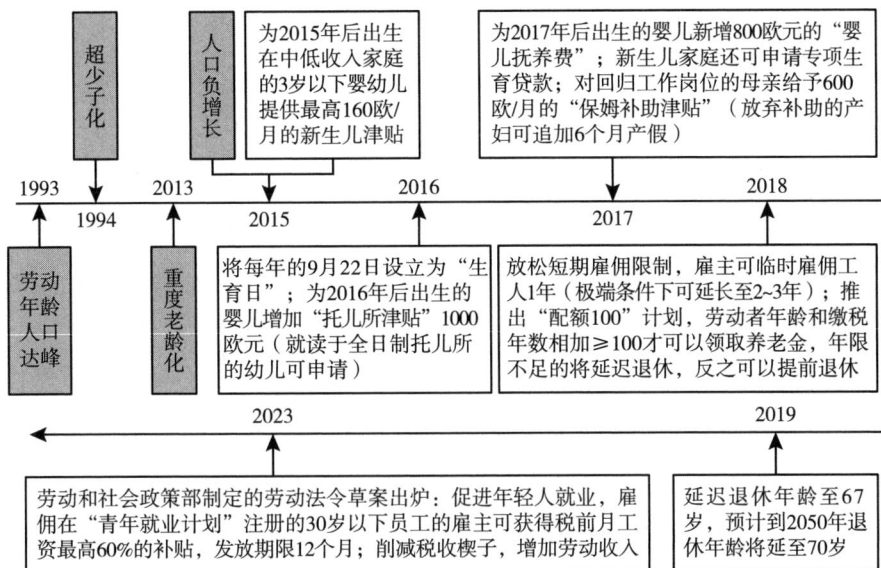

图9 意大利人口结构转变时点及各政策出台时间轴

资料来源：作者根据公开资料整理。

提振生育率。其一，推出新生儿津贴补助。2015 年后出生在中低收入家庭的 3 岁以下婴幼儿将得到最高 160 欧/月的新生儿津贴，俗称"牛奶金"。次年意大利推出新的生育奖励政策，为 2016 年后出生的婴儿增加"托儿所津贴" 1000 欧元，就读于全日制托儿所的幼儿可以申请；对于 2017 年后出生的婴儿，政府新增 800 欧元的"婴儿抚养费"。此外，新生儿家庭还可以申请由基金组织提供的"专项生育贷款"。其二，降低育龄妇女生育成本。2017 年，意大利政府对回归工作岗位的母亲给予 600 欧/月的"保姆补助津贴"，用于支付保姆或托儿所费用；对于放弃补助的产妇，可追加 6 个月产假。此外，为了鼓励生育，国家将每年的 9 月 22 日设立为"生育日"。不过，这一系列生育政策实施时间较短，尚未显现出实效，意大利的总和生育率继续保持下降态势。

增加劳动供给。其一，促进人力资本积累。意大利建立了本国职业教育与培训质量保障框架，加强职业教育与劳动力市场的联系，提升职业教育质量与可及性，培养高素质师资队伍。其二，发挥职业教育在终身学习中的作用。政府设立国家资格框架、职业教育学分转换体系和欧洲通行证等，加强职业教育的透明度和流动性，并为包括老年人在内的所有公民提供终身的职业生涯指导。意大利多样、开放的职业教育培训体系为其产业结构转型升级提供了动力。

缓解医疗和养老负担。其一，削减医疗经费。为实现财政平衡目标，意大利政府对医护与床位数量进行削减，将政府医疗卫生支出年度增幅控制在1%以内。其二，实施差异化的退休金待遇。退休金将以职工和企业两方共同提供的养老金额为基础进行计算，部分群体的退休金待遇水平将会降低。其三，延迟退休年龄。自2019年起，意大利的退休年龄延迟至67岁，未来的法定退休年龄将与预期寿命相联系，预计到2050年退休年龄将延至70岁。

21世纪初，意大利人口净流入是延缓人口达峰到来时间的主要原因。尽管意大利推出了上述生育、劳动力市场和养老医疗等社会支持政策，但政策出台时点均在2015年人口负增长之后。事实上，早在20世纪80年代到2000年，意大利就多次出现进入人口负增长阶段的趋势。但受到21世纪初人口机械性增长（主要为人口净流入）的影响，人口达峰被延迟到2015年出现。2001~2014年，意大利人口净流入共计372万人，占同期人口增量的97%。几乎一半的移民来自东欧国家，其中罗马尼亚移民位居首位。移民的增长带动了意大利人口的增长，例如2007年移民新生儿的出生率占总数的11.4%。但是，移民的流入并不能从根本上扭转人口负增长趋势，意大利于2015年进入负增长阶段。意大利政府意识到了人口形势的严峻性，实施了上述社会支持政策措施，但目前这些举措收效甚微。由于政府提供的各种补贴和优惠力度有限，养育成本负担过重等问题仍然存在。

2. 德国：多次经历负增长，社会支持体系相对成熟

德国在二战之后经历了重要的政治格局变革与经济调整。如图 10 所示，德国人口负增长阶段频繁出现，较为分散，主要包括四个时期：1975~1978 年（与德国 20 世纪 70 年代国内经济危机有关）、1982~1985 年（伴随着东西德关系的恶化）、2004~2011 年（与就业市场不景气、国内需求不振同时出现）以及 2022 年至今。事实上，自 1972 年以来，德国每年的死亡率都高于出生率。德国是重要的移民流入国家，人口净流入在 1991 年前后和 2016 年前后达到小高峰，年均人口净流入在 30 万人以上（见图 11），主要来自土耳其、波兰、希腊等国。

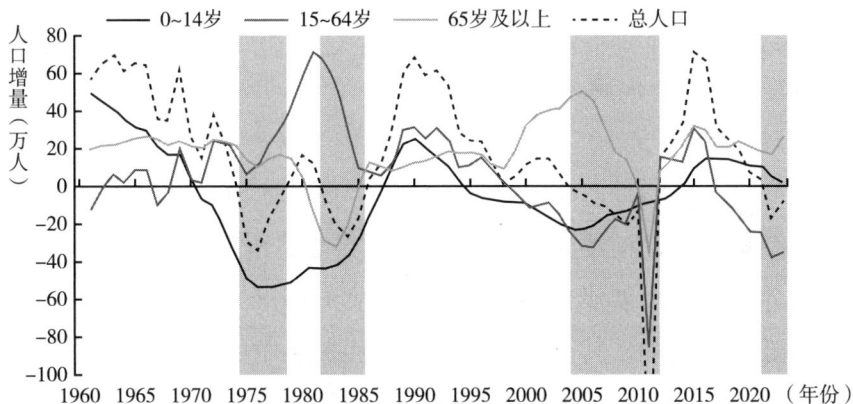

图 10　1960~2022 年德国各年龄段人口增量

注：1. 阴影部分为总人口负增长时期。2. 2011 年德国人口大幅下降，主要是统计方法和口径发生变化造成的。

资料来源：世界银行，https：//databank. worldbank. org/source/population - estimates-and-projections#。

在第三次踏入人口负增长后，德国将提高生育水平作为一项重要的国策，旨在构建生育友好型社会。在全球人口增长严重放缓的趋势下，德国生育率得到了提高，生育率水平从 2006 年的 1.33 上升到

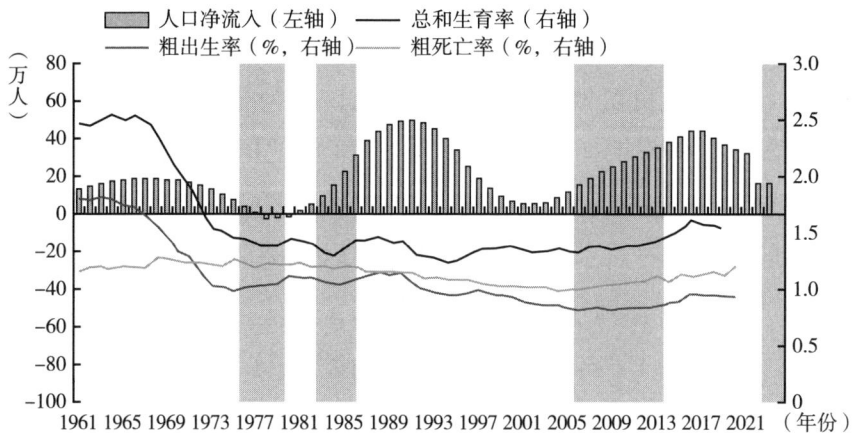

图 11 1960～2022 年德国人口净流入、生育率、出生率及死亡率数据

注：阴影部分为总人口负增长时期。

资料来源：世界银行，https：//databank.worldbank.org/source/population-estimates-and-projections#。

2016 年的 1.6。同时，德国重视中青年群体的人力资本积累，积极推动产业结构升级；构建完善的老年群体养老、医疗、护理服务体系，成为世界上第一个创建长期护理保险制度的国家（见图 12）。

降低生育成本。其一，保护处于雇佣关系中的孕产妇。政府通过制定《生育保护法》《联邦父母津贴和父母养育假法》《一般平等待遇法》《劳动母亲保护法》等法律法规保障生育主体的职场合法权益，规定雇主必须为孕妇提供安全健康的工作条件，不得要求孕期和哺乳期妇女（以下简称孕哺职员）每天工作超过 8.5 小时，每两周工作超过 90 小时。其二，实施育儿金和育儿假制度，构建以个人所得税制度为核心的生育友好型政策体系。育儿金一般为孩子出生前父母收入的 2/3，最高 1800 欧元/月，全部免税，领取时间为单方领取 2～12 个月或双方领取 14 个月；育儿假是指全薪假期满后，父母仍享有每个孩子 36 个月的可间断无薪假期。其三，孕妇生产无须提前垫

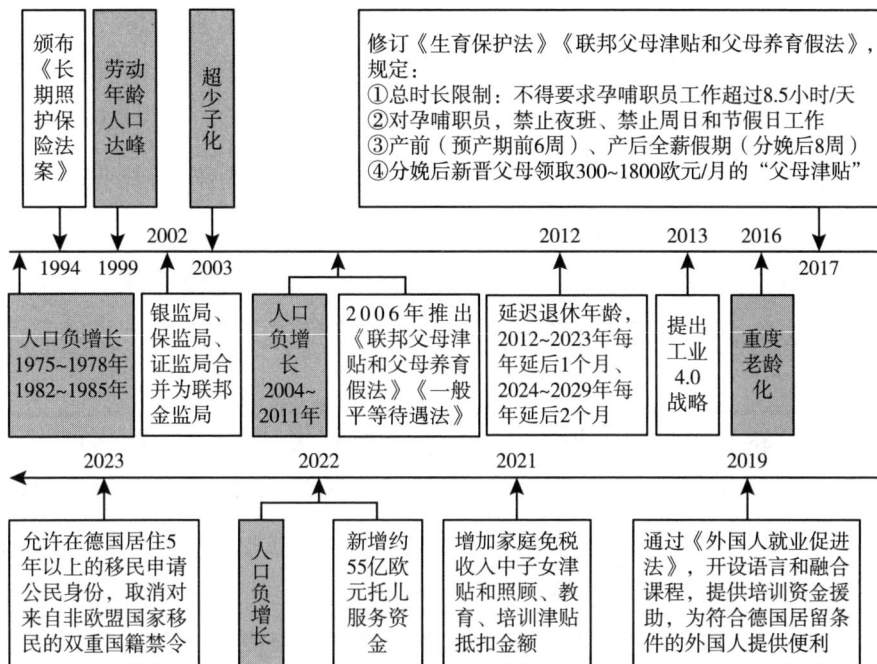

图 12　德国人口结构转变时点及各政策出台时间轴

资料来源：作者根据公开资料整理。

付费用，医院、诊所、药店、助产士直接与保险公司结算，相关费用由基本医疗保险负担。

大量引入移民。为了应对劳工短缺问题，从 1954 年起德国开始引进外籍劳工，先后与希腊、西班牙、土耳其等国达成相关协议。1965 年，德国施行《外国人法》，为外国人的合法居留提供了保障。然而，受石油危机影响，德国颁布禁令暂停客工招聘，不少客工返回原籍国，但其他类移民并未受影响。21 世纪以来，为了应对人口老龄化，德国移民政策又转向开放。其中，施罗德政府实施过绿卡计划、对移民的国家融合计划，并出台《移民法》，首次建立了永久性劳务移民渠道，为高技术外籍人才移民提供了便利；默克尔政府倡导"欢迎计划"，2016 年通过的《融合法》制定了融合课程、职业培训、劳动力市场、住房等方面的融合措施，2019 年通过的《外国人就业促进法》则规定为符合德国居留条件的外国人提供便利，开设语言和融合课程，提供培训资金援助。改革教育体系。提升人力资本积累的效率，重视劳动力市场技能培训，推动产业结构与就业市场同步升级。德国政府在 2013 年提出"工业 4.0"战略，致力于提高德国工业竞争力，在新一轮工业革命中占领先机。该战略的提出依赖于德国先进的教育和就业体系，同时也反过来促进了劳动力市场供需关系的改善。

减轻养老和照护负担。其一，实施延迟退休政策。德国于 2012 年起对退休年龄进行调整，计划 2012～2023 年每年延后 1 个月、2024～2029 年每年延后 2 个月，使得生于 20 世纪 60 年代的"婴儿潮"群体延迟到 67 岁退休。其二，大力发展一、二、三支柱养老保险体系。增加第一支柱法定养老保险缴费群体规模和缴费水平。扩大基本养老保险缴费群体规模，规定雇主应为领取养老金时继续工作的雇员缴纳养老保险；鼓励保险公司、基金、银行、住房互助储金信贷社等广泛参与二、三支柱企业（职业）年金与商业养老保险，推出满足国民个性化需求的养老金产品；建立统一监管机制，将银监局、保监局、证监局合并为联邦金融监管局，在行政和管理机构的通力协作下确保养老金市场的良性发展。其三，实施长期护理保险制度，增加老年照护服务供给。采取社会保险与强制性商业保险相结合的措施提高覆盖率，年满 18 周岁的公民可以申请为老年人提供无偿照料服务，通过"时间银行"计划获得未来的照护服务，培养大批专门从事养老护理的专科护理人员。

德国的人口政策表现出促进自然增长和机械增长并重的特点。作为最早进入负增长的国家之一，德国很早就开始实施有利于增加人口的社会支持政策，一定程度上缓解了德国的人口问题。但是从图 10、图 11 中也可以看出，总人口增量与人口净流入图形十分相似，表明移民对人口形势的影响至关重要。得益于德国经济的增长、居民生活的改善和移民政策的放松，年轻的移民被大量吸引到德国，为产业发展和技术进步增加了人才储备。这启示我们，可以在充分利用本国劳动力的基础上适当放松高素质外国劳动力移民政策，完善针对不同类型移民的政策法律体系及配套措施。

3. 东欧邻国：转型国家的人口转变与负增长应对

受到 20 世纪 90 年代苏联解体、地缘政治、经济衰退等因素的影响，东欧国家进入人口负增长的时间比世界大多数国家要早。与东亚国家"进入晚、发展快、单调持续加深、回弹乏力"的负增长模式不同，东欧国家大部分呈现出"进入早、发展慢、程度较轻、剧烈振荡后维持低水平负增长"的模式。目前，俄乌冲突正在进一步重创两国乃至东欧各国的人口与经济，扭转人口负增长局面的难度增加。

俄罗斯在 1994～2008 年出现人口负增长，其特点可以概括为"前期波动、中期加深、后期放缓"，这也是外生性冲击导致人口负增长的典型特征。为了应对人口负增长的不利局面，俄罗斯政府从 2005 年开始推出"国家优先发展计划"，大力发展卫生、教育、农业和住房建设事业，以提高居民生活质量、改善低生育率状况。随着经济的复苏、生育率的回升和外来移民的增多（见图 14），俄罗斯人口在 2009～2017 年出现了持续 9 年的正增长，但又于 2018 年开启新一轮的人口负增长至今。以劳动年龄人口达峰（2010 年）为分界点，俄罗斯应对人口负增长的政策措施可分为"补充人力资本"和"保障一老一小"两类。

补充人力资本。在 2010 年之前（如 1994～2008 年的第一次人口负增长时期），俄罗斯政府主要在"补充人力资本"方面发力。2001 年发布《2015 年俄罗斯人口发展纲要》，并成立"社会人口问题委员会"，增设应对人口问题的专门机构。2007 年，维护育儿妇女权利的

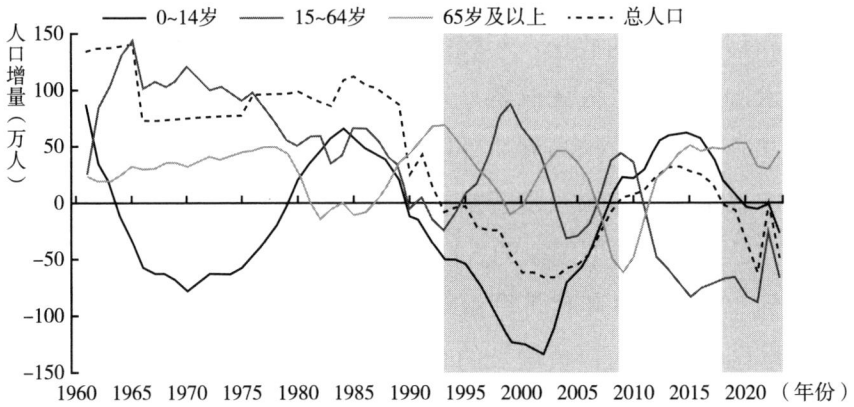

图 13　1960~2022 年俄罗斯各年龄段人口增量

注：阴影部分为总人口负增长时期。

资料来源：世界银行，https：//databank. worldbank. org/source/population -
estimates-and-projections#。

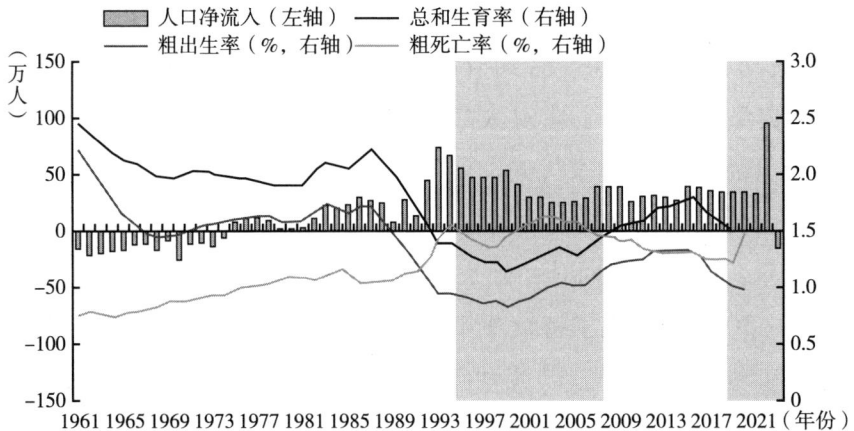

图 14　1960~2022 年俄罗斯人口净流入、生育率、出生率及死亡率数据

注：阴影部分为总人口负增长时期。

资料来源：世界银行，https：//databank. worldbank. org/source/population -estimates-
and-projections#。

"人口政策构想（2007~2025）"颁布，规定为生育第二个孩子的妇女提供25万卢布的补贴，出台学前教育补贴、多子女家庭补助等政策。同年，出台《俄罗斯联邦外国公民和无国籍人士移民登记法》和新版《俄罗斯联邦外国公民法律地位法》，实施"国际移民本土化"政策和"侨胞回迁"计划，简化其就业、居住程序，为更多的人移居俄罗斯提供便利。积极的移民政策持续吸引了来自东欧、中亚、外高加索等地区的外来人口，近30年来增加外来移民始终是俄罗斯补充人力资本、缓解劳动力短缺问题的重要措施。

保障一老一小。在2010年之后（如2018年至今的第二次人口负增长时期），俄罗斯从"保障一老一小"方面构建了社会支持政策体系。其一，降低生育和养育成本。为多子女家庭提供奖励、补贴和福利，2018年起政府为生育第一个孩子的贫困家庭发放津贴，在孩子18个月之前居民可以拿到1.05万卢布/月的津贴，为生育二孩以上的妈妈提供45.3万卢布的一次性津贴和申请年利率不高于6%的"特别贷款抵押计划"的机会，多孩家庭的孩子还可以接受免费高等教育，并获得金额至少为租金一半的租房补贴。同时，设立生育奖励，为生育/抚养4个及以上孩子的父母/养父母授予"光荣父母"勋章，为拥有10个以上年满一岁的孩子的母亲提供"英雄母亲"荣誉证书、勋章和100万卢布奖励。其二，延迟退休，为老年群体提供充分保障。政府在2018年起逐步提高退休年龄，预计到2028年男性和女性退休年龄将分别达到65岁和60岁；养老金待遇水平在2020年从15400卢布增加到16400卢布，确保养老金涨幅快于通货膨胀速度。

与俄罗斯相比，乌克兰应对人口负增长的措施较少，人口形势严峻。乌克兰出现人口负增长的时间与俄罗斯大致相同（1993年，见图15），但当时乌克兰人均GDP仅为2201美元，仅是俄罗斯进入负增长时期人均GDP的44%，不足典型国家出现人口负增长时人均

GDP 的 1/10，经济基础薄弱。乌克兰的人口问题同样与东欧剧变密不可分。1991 年，乌克兰脱离苏联独立，政局频繁更迭，经济陷入停滞，人口总量加速下降。2021 年末（俄乌冲突前），乌克兰人口数仅为 4379 万人，不及 60 年前的人口规模，2022 年末受冲突影响又骤降为 3654 万人。政府目前也无力应对人口负增长问题，基本未出台有效的社会支持政策及措施。

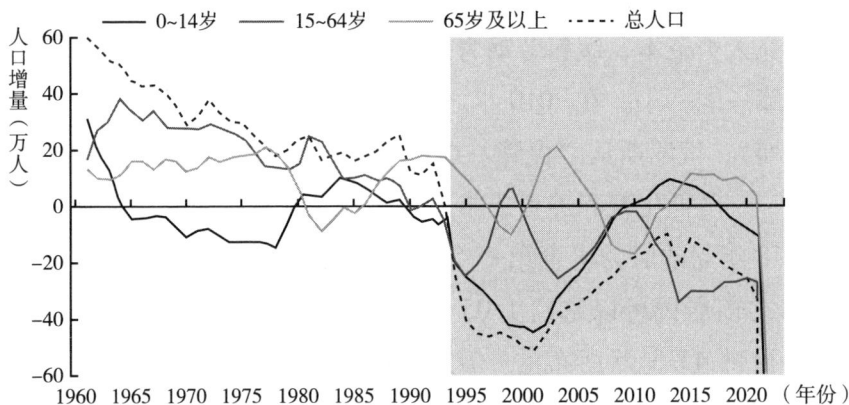

图 15　1960~2022 年乌克兰各年龄段人口增量

注：1. 受移民及战争因素的影响，乌克兰 2021 年、2022 年数据出现较大波动，因此未在图中展示。2. 阴影部分为总人口负增长时期。
资料来源：世界银行，https://databank.worldbank.org/source/population-estimates-and-projections#。

应对人口问题，需要政府快速决策、积极应对。30 年前，俄罗斯与乌克兰面临的人口形势十分相似。人口达峰时，虽然乌克兰的总和生育率（1.67）高于俄罗斯（1.40），扭转人口形势的可能性更高，但是由于频繁的政治更迭和经济冲击，政府未及时分配资源改善人口格局，从而走上了难以逆转的人口负增长路径。这启示我们，人口负增长阶段是人口政策改革的最后"窗口期"，一旦错过，将导致人口格局的被动局面，甚至给一国经济社会发展带来难以承受的巨大风险。

（四）经验与启示

人口负增长是与一国经济、政治、文化、环境等因素息息相关的综合性人口问题，需要一套完整的生育、教育、就业、养老、医疗、护理等方面的社会支持政策加以应对。

其一，人口达峰是一个具有系统性影响的人口转折点，以自然增长为主的内生性人口负增长与受机械变动影响的外生性人口负增长模式存在特征差异。由于外生性人口负增长受到战争、社会动荡、技术进步等偶然因素的影响，对于和平与稳定发展环境下的国家，不具有太多参考价值，本文重点关注了内生性人口负增长的主要特征。一是生育率下降是内生性人口负增长的主要原因。典型国家在总人口达峰前，0~14岁人口占比均经历了十年以上的快速下降，其间年均降幅超过0.5个百分点。随着时间的推移，青年、中年数量也开始减少，导致社会萎缩、经济活力下降，从而抑制了生育率的提升，造成恶性循环。二是劳动年龄人口达峰先于总人口达峰。总人口达峰前，大部分典型国家的15~64岁劳动年龄人口已达峰并进入小幅下降的平台期；总人口达峰后，劳动年龄人口平台期结束并进入快速下降通道，劳动力市场短缺现象明显。三是老年群体占比在人口负增长阶段抬升明显、高位运行，低龄老人数量快速增长。在人口负增长阶段，老龄化水平加速提升，社会由轻度老龄化快速向中度和重度老龄化转型，人口负增长早期60~69岁低龄老人是老年群体的主体，呈现"低龄老龄化"特征。

其二，应对人口负增长需要构建一套完整的社会支持体系。与发展中国家相比，发达国家的反应更为积极，政策更具有系统性，支持力度更强。若不加以干预，人口的快速减少将导致劳动力萎缩、经济增长率下降、国家财政及社会保障发生可持续性风险。进入人口负增长时代，人口发展战略应当相应调整，从"宏观数量调整"转向"微观个体需求满足"，从单一、直接的人口政策走向全方位、多层次的支持体系，以适应人口发展的内在规律。受限于发展水平低、执政能力弱、应对经验不足，许多发展中国家未能在人口负增长初期构建高效可行的社会支持体系，大多数发达国家具有良好的经济基础，针对人口负增长采取的措施涵盖了从"摇篮到坟墓"的整个过程，包括鼓励生育的家庭支持政策、积极的劳动力市场政策、退休制度改革与养老服务支持政策等。

其三，实施鼓励生育的家庭支持政策是扭转生育率的内在要求。产假、育儿假、育儿津贴、托育服务、儿童早期发展等家庭支持政策体系必不可少，但也要认识到，这些举措仅是必要条件，并非充分条件，生育率回升与人口复苏还需要多层次、多维度的有力支撑。可行的政策工具主要包括：提升妇女和家庭的医疗保健服务可及性，帮助其实现理想的子女数量和生育间隔；采用弹性工作制、兴建托育机构等方式缓解育龄妇女的就业焦虑，促进各领域的性别平等；加大生育津补贴、个税减免、教育学费减免等，提高家庭生育意愿。

其四，退休与社会保障制度的适时调整是缓解人口达峰冲击的必要举措。渐进式延迟退休改革是直接见效的应对举措。在人口负增长早期，60~69岁低龄老人占比高，渐进式推迟法定退休年龄能够促进低龄老人的社会参与和劳动供给，为应对人口负增长冲击赢得宝贵时间，延迟退休的窗口时间较短，应在人口达峰后尽快实施延迟退休政策。另外，完善养老、高龄医疗、长期护理等社会保障制度。通过扩大缴费群体覆盖面、逐步提高缴费率的方式缓解养老金财政收支不平衡问题，引入自动平衡机制以稳定养老金替代率，避免养老金支付的刚性增长。同时，完善医疗保障制度，推广老年人长期护理保险，加强健康教育和疾病预防，以实现积极老龄化和健康老龄化。

其五，积极的劳动市场政策与人力资本积累体系是应对劳动力收缩的切实之举。一是协调女性生育与劳动力市场发展，提高女性劳动参与率，从法律、政策、社会福利、企业工作制度等多层次着手保障女性就业权益。二是积极构建与产业结构转型升级相适应的职业教育培训体系，使工作需求与人才结构更加匹配，推动从"传统制造"向"智能制造""绿色制造"的转型升级，更加关注结构性失业问题，在技能培训、新型产业工人塑造等方面加大投入。三是更加包容的国际移民政策，鼓励高素质、高技术水平移民迁入，通过完善法律法规、减少居留障碍、加强社会服务、提供语言培训等方式，保障非本国国民的社会融入。

此外，应对人口负增长的专门组织机构是政策实施的重要保障。人口负增长对经济社会的方方面面产生了较大冲击，随之而来的各类经济社会问题需要各国举全国之力进行应对，建立高效的治理机构和管理机制非常重要。部分国家成立了"人口危机应对特别工作组""儿童家庭厅"等治理机构，旨在综合应对人口负增长、少子化、儿童贫困等问题，在提升人口生育率、扩充经济活动人口、破解老龄化问题等领域寻求解决方案，系统地制定和完善人口政策，消除不同部门间统筹协作的行政壁垒。

三 完善社会支持体系，积极应对人口达峰

人口达峰又一次敲响了中国人口问题的"警钟"，我们要做好全方位准备，推动积极应对人口老龄化国家战略的实施，加强顶层设计，提高资源配置效率，完善政策工具箱和政策储备，健全应对老龄化、少子化的组织机构与体制机制保障。

（一）健全生育养育服务体系，优化公共服务资源配置

1. 协调生育养育支持政策与劳动力市场政策

大幅提高 3 岁以下婴幼儿照护个人所得税专项附加抵扣额度是一个切实可行的政策工具，对于生育养育成本较高、收入水平较低的女

性及其家庭给予税收返还，既能够发挥鼓励生育的作用，同时也不影响女性职业发展。将普惠性的生育补贴政策作为国家人口政策调整转向的标志性信号，重点覆盖劳动力市场之外的女性以及劳动力市场中的低收入群体，确保她们能够享受普惠性的生育支持政策。

2. 通过财税政策激励生育养育服务创新发展

支持多种形式的托育机构发展，鼓励托育机构创新服务模式，以满足多样化的家庭需求。清晰界定公共或普惠托育机构与营利性托育机构之间的边界，慎重使用托位补贴、定向机构建设补贴等排他性政策，避免资源配置扭曲。营造良好的市场环境，规范托育行业发展秩序，鼓励社会资本进入，原则上不干预营利性托育机构的经营方式、服务范围和收费标准，也不给予托位、场地建设、投资运营等形式的财政补贴，让市场机制充分发挥作用。

3. 整合各类社会资源，加强政府、社区与家庭协调合作

鼓励各级政府机关事业单位、国有和集体企业、街道和社区等公共资源向社会开放，开展共建、互助、外包等多种形式的托育服务，充分发挥现有各类婴幼儿早期发展指导站（中心）、社区亲子活动室等资源的作用。加强高质量生育养育服务人才体系建设。加强育儿师资培训，补齐人力资源短板，通过地方政府探索新兴人才基地建设，支持职业教育、高等教育以及市场培训机构等多渠道壮大育儿师人才队伍。托育服务体系建设不仅要解决"托（照护）"的问题，同样要重视"育（教育）"的功能，引入科学和先进的养育理念和课程体系，吸纳更多具有较高人力资本的高校毕业生进入托育服务行业，为托育服务高质量发展奠定关键人才支撑。

4. 顺应人口形势变化，动态调整教育资源供给

当前超低生育水平决定了学位供给过剩局面将从幼儿园延伸到小学，再层层传递到中学和大学。进入"十五五"时期，小学的学位供给要采取总量控制，逐步削减学位规模。调整普通教育与职业教育

的学位结构，适当控制高职（专科）学位的快速扩张，避免职业教育资源闲置浪费。教育资源配置要重点解决结构性矛盾，注重城乡与区域之间的学校和学位合理布局，继续强化大城市教育资源供给能力，积极应对东北和中西部人口净流出地区尤其是典型收缩性城市的生源不足问题。在学位供给相对过剩阶段，控制学位规模与强化师资配置有必要同步推进，逐步控制各类教育阶段的生师比。

（二）加快养老医疗保障改革步伐，丰富养老资源筹资渠道

1. 尽快启动渐进式延迟退休改革

延迟退休改革是世界性难题，在各国都面临巨大阻力，但典型国家经验教训表明，改革的"窗口期"很短，问题越往后拖就越被动。我国延迟退休改革方案迟迟未向社会公布，当前必须果断破除阻力，尽快向社会公布最终方案并正式实施，充分做好改革方案的解读和宣传，积极引导正面舆论。

2. 按照"开源节流"的思路，增强社会保障体系的可持续性

完善养老保障多支柱体系，当前化解低收入群体的养老风险比优化中高收入群体的养老资产配置更加紧迫，需继续扩大城镇职工养老保险的覆盖面和遵缴率，完善养老金待遇计发办法和动态调整机制，控制养老金水平刚性增长，进一步提高国有资本划拨比例，扩充全国社会保障储备基金，制定启用储备基金实施方案。同时，积极做好政策储备，探索"房产税""机器人税""数字税"等新筹资渠道。医疗保险制度要遵循保险属性，改革要正面回应历史遗留问题。发展始终是解决问题的根本之道，任何有利于提升劳动生产率、促进经济增长的政策举措，对于积极应对人口老龄化都是大有裨益的。

3. 加强社会保障制度与劳动力市场体系之间的协调性，鼓励中老年人力资源继续活跃在劳动力市场

推进终身学习体系建设，建立面向中老年人的专门就业服务平

台，提升中老年人的技能与健康水平。通过社保缴费返还、税收减免等政策鼓励用人单位续聘或返聘退休人员，支持用人单位对即将退休员工开展健康干预。完善保障中老年人就业的法律法规，通过社保费豁免、个人所得税优惠等政策为其创造良好就业环境。

（三）加强人力资本投资，强化劳动力市场保护

1. 建立全生命周期人力资本积累体系

积极应对新技术革命的影响，关注"数字鸿沟"和"技术性失业"，教育培训体系要做好充分准备，更加重视科学、技术、工程和数学等基础学科建设。完善终身学习体系和终生职业技能培训制度，注重儿童早期教育和中老年人人力资源开发，关注容易被自动化取代的工作岗位，为受到冲击的人群提供有针对性的培训。

2. 针对不同类型失业精准施策

从"稳岗位"向"稳就业"转变，在经济结构调整中同步实现就业转换。应对结构性失业问题关键要建立自由流动的要素市场。妥善处理化解产能过剩和债务风险过程中积累的就业矛盾，稳岗补贴等政策是暂时保留低质量岗位的过渡性举措。摩擦性失业主要应对举措是加强劳动力市场体系建设，增强劳动者就业搜寻能力，减少搜寻就业的成本，提高供需匹配效率。探索劳动与资本、技术再平衡的社会保障制度，社保筹资来源从"人"转向"技术"和"资本"，探索适合我国的全民基本收入政策，在遭受外部严重冲击的情况下，向所有居民提供无条件收入补贴。

3. 将就业"蓄水池"从农业农村转移到城镇本地

农业"蓄水池"功能明显弱化，面对未来可能出现的大规模失业风险，新的就业"蓄水池"应该在城镇重建，依托城镇的社区、技能培训中心、职业学校、普通高等院校等平台，整合公共资源，当出现较大范围的就业冲击时，能够在就业地便捷地将失业人员吸纳到

本地教育和技能培训体系中。鼓励用人单位和市场培训机构面向青年开展以需求为导向的职业培训，支持用人单位对接培训并纳入员工储备计划。采取"教育券"或"培训券"等直接补贴举措，鼓励青年人持续投资人力资本，提升就业能力。

人口达峰与应对之策

Population Peaking and Policy Suggestion

G.14

积极应对人口负增长

都　阳*

摘　要：　人口负增长是中国人口形势在经历了一系列结构变化后的
又一次转折。人口问题具有长期性、战略性和全局性，要
从战略高度统筹人口与经济社会发展的关系，积极应对人
口负增长带来的挑战。一方面，要充分利用生育支持政
策，尽可能提高生育率水平；另一方面，要加强人力资本
积累体系建设，推动高质量充分就业。此外，协调生命周
期各个阶段的公共政策尤显重要。

关键词：　人口负增长　生育率　全生命周期人力资本积累　高质量
充分就业

---

* 都阳，中国社会科学院人口与劳动经济研究所党委书记、所长、研究员，主要研
究领域为劳动经济学、发展经济学、人口经济学。

人口负增长时代即将到来。这是中国人口转变历程在经历了一系列结构性变化后，出现的又一次重要的转折性变化。人口问题具有长期性、战略性、全局性特征，在人口形势发生重大变化的情况下，更需要坚持系统观念，从战略高度统筹人口发展与经济社会发展的相互关系，积极应对人口负增长可能带来的挑战。

一　准确把握人口与经济发展相互关系

人口问题既是经济发展的重要影响因素，同时，作为一个发展中国家，解决当前人口领域面临的很多问题在较长时期内还需要依靠持续的经济发展。在统筹解决人口问题、促进经济发展的过程中，以下几个方面需系统考虑。

（一）从人口与经济发展的动态变化中摸索应对方案

要以系统观念把握好人口与经济发展的辩证关系，既要防止"人口无关论"的思想，也要避免"人口决定论"产生的不利影响。人口因素在经济社会发展中之所以具有全局性、战略性的影响，就是因为"人"是经济社会发展中最积极、最具有能动性的因素，劳动是最具有创造性的生产要素。但是，将人口因素看成经济社会发展中唯一的、决定性的因素是完全错误的。这主要基于以下两个方面的原因。

其一，影响经济发展的因素众多，随着时间的变化，影响经济发展的因素也处于变化之中，各个因素在经济发展中的作用也在不断变化。不同因素之间的关系处于动态变化过程之中，因此，以一种静态的观点去评价某一个因素在经济发展中的作用是不恰当的。例如，劳动年龄人口减少与人口老龄化，不可避免地改变了经济中的要素禀赋结构，劳动的稀缺性会伴随着人口结构的变化而日益显现。在这种情况下，劳动的相对价格必然提升，资本替代劳动也成为必然的解决方案。从现实情况看，人口因素所引发的技术进步在很多发达国家已经发生[1]。从中国的现实情况看，劳动年龄人口达峰始于 2012 年，随后劳动供给的稀缺性日益增强，并引发了普通工人工资的迅速上涨。此后，企业纷纷对劳动力成本的上升做出反应，劳动密集型行业加大了机器替代人工的力度。从过去十年的发展情况看，由于对要素相对价格的快速反应，在市场机制的作用下，劳动供给的变化并未对中国经济发展产生明显的负面影响。相反，中国已经成为世界上最大的工业机器人使用国，制造业的劳动生产率和竞争力也有所提高。

　　人口变量具有较强的惯性，在短期内形成了一种特定的发展格局。从发达国家和中国已有的实践看，应对人口因素引起的变化，首先需要形成良好的反应机制，确保市场机制在要素相对价格发生变化时可以及时地发挥作用。从这个意义上说，持续深化改革，让市场在资源配置中起到决定作用，是应对人口因素给经济发展带来的各项挑战的保障。

　　其二，人口因素的变化不仅仅体现为人口结构、人口总量的变化，由于人口因素与经济社会发展相互作用，同一个因素在不同时期的含义也不尽相同，本身也在不断变化。例如，随着经济发展水平的提高和现代化水平的提升，人的健康余命也在不断变化，劳动年龄人口乃至老龄人口的定义都可能会不断被改写。例如，以不同年龄来定义劳动年龄人口，中国劳动年龄人口的总规模、达峰时间和变化趋势都有所不同。以 20~64 岁定义劳动年龄人口，则我国的劳动年龄人口在 2016 年达到峰值 9.16 亿人，到 2030 年，该年龄组的人口数量将由 2023 年的 8.80 亿人下降至 8.59 亿人，到 2040 年下降至 7.90 亿

① Acemoglu, D. and Pascual Restrepo 2017. "Secular Stagnation? The Effect of Aging on Economic Growth in the Age of Automation," *American Economic Review: Papers & Proceedings* 107 (5): 174-179.

人，到2050年下降至7.01亿人。随着预期寿命的不断提升、老年人口健康状况的不断改善，劳动年龄人口的上限也有可能不断提升。此外，经济转型升级和结构变化，也会使人力资源的投入越来越倚重于人力资本，而不是简单劳动，劳动的内涵会发生新的变化，劳动年龄人口也可能不断被重新定义。

因此，与人口数量和结构相关的政策和制度也需要因应这种变化不断调整。例如，与发达国家相比，中国的老年人口劳动参与率明显偏低。这与经济结构差异产生的劳动力需求结构不同有关，也与退休制度和养老金申领制度的设计有关，还与劳动力市场参与对不同年龄群体的包容性有关。根据人口因素的动态变化，不断调整与人口因素相关的制度设计，才能使应对人口因素变化的条件更具有弹性。

（二）人口因素与经济发展政策的系统性

随着人口因素和经济发展的相互作用越来越明显，更需要以系统观念审视人口因素变化引起的经济政策调整。如果把人口与经济看作一个系统，人口因素的重大转折必然会引起经济政策框架和体系做出相应的调整。这种现象在近年来频繁出现，既有企业行业层面针对人口作为约束性因素变化做出的反应，也有公共政策和发展战略因应人口因素变化做出的调整。前者如劳动力市场政策和技术进步结构因劳动年龄人口负增长引起的劳动供给变化而产生的变化，这种反应大多发生在企业、行业层面，主要的作用方式是通过相对价格变化作用的市场机制；后者如根据中国人口老龄化和未富先老的现实以及未来人口快速老龄化带来的挑战，及时提出了积极应对人口老龄化的国家战略等。

今后，人口负增长将会继续引起经济政策框架的调整，尤其是人口总量的转折性变化对于总需求的影响是发展环境的新变化，更需要予以特别的关注。正如本书前面文章已经分析的，在以往的政策框架中，需求侧因素都是短期决策考虑的内容，财政政策和货币政策干预的主要路径也是通过短期的需求管理实现经济的总量平衡。其实，以往宏观经济调控的思路有着一个隐含的假设，即人口不断增长在长期会形成实际有效需求的增长，需求缺口的存在只不过是短期的、周期性的现象。然而，人口负增长的出现使这一假设不复存在，需求侧因素和经济增长的关系既可能由于短期的、周期性的因素形成需求缺口，也可能由于总人口的持续减少而需求侧因素成为经济增长的长期制约。仅仅这一变化，就足以使我们重新思考既往的宏观经济政策框架是否仍然可以在人口负增长时代继续适用。更具体地看，一些以往驾轻就熟的政策工具在人口负增长时代的引用空间将受到制约。例如，以往面临经济增长低谷的时候，经常使用增加基础设施投资等公共工程手段刺激经济增长，既可以在短期创造需求，又可以在长期从供给侧发挥作用。然而，随着人口总量的下降，基础设施投资的长期有效性就需要重新评估，相应地，对宏观调控的工具箱也形成约束。面对这些即将发生的新情况，需要不断以系统观念理解并加以应对。

人口负增长时代，国内大循环和国际大循环之间的关系也需要以系统观念进行审视，才能更好地形成国内大循环和国际大循环的良性互动。在贯彻新发展理念的过程中，构建以国内大循环为主体、国内国际双循环相互促进的新发展格局是新发展阶段的关键一招，在人口负增长的条件下，更需要辩证地看待二者的关系。一方面，从人口存量规模看，在今后相当长的时期内，我国的人口规模仍然体量巨大，人口总规模仍将位于世界前列，具备以国内大循环为基础的基本条件。另一方面，在总人口负增长的情况下，进一步扩大开放并提高对外开放的质量和水平就显得更加重要。在人口因素成为国内需求增长直接制约的情况下，应尽可能利用外部需求的增长，抵消人口负增长对内需形成的不利影响。

（三）把握人口因素变化的"快"与"慢"

要辩证地认识和把握人口变量与经济发展相互作用的时间周期。一般来说，相对于经济发展过程中的其他因素，人们通常将人口变量作为一个"慢"变量来处理。人口因素在经济发展中的作用和地位虽然非常突出，是发展基本面的重要条件，但其变化的程度较小。当观察经济增长中的流量关系时，人口因素相对于其他短期的宏观经济变量，的确在短期具有更强的确定性，也具有更强的惯性。所以，在处理人口因素和经济发展的关系时，无论是经济学研究，还是宏观经济决策，常常把人口的数量、质量、结构等特征作为既定的约束因素考虑，并使经济政策顺应人口因素所形成的约束条件。

然而，也应当看到，人口因素的特性随着时间的推移，也在发生变化。其突出的特点就是人口转变的加速发展，成为世界范围内的普遍现象[①]，发达国家的人口老龄化不断深化、人口负增长的现象日渐普遍，发展中国家的生育率也开始下降，且出现加速演进的趋势。人口转变的加速推进在中国则表现得更为突出，例如，在世界主要经济体中，虽然和发达国家相比，中国目前的人口老龄化水平并不太高，但未来几十年人口老龄化的速度是最快的；正如本书 G2 所展示的，总人口达峰并经历一段波动期后，总人口的数量将呈加速减少的态势。在这种情况下，如果一直以静态的观点对待人口变量，不对人口转变加速发展进行及时的政策准备，就会在人口形势出现转折时措手不及。人口因素的变化对经济发展的约束表现得越来越明显，更需要以系统观念统筹经济发展与人口因素的相互关系。

---

① Delventhal, M., Jesús Fernández – Villaverde, and Nezih Guner. 2021. "Demographic Transition across Time and Space." *NBER Working Paper* no. 29480.

二 尽可能提升生育率

人口结构与人口总量变化及其产生的一系列问题，皆根源于生育率水平的持续下降。因此，遏制生育率不断下滑的趋势，并尽可能地提高生育率是当前紧迫的任务。要深刻认识中国人口转变中的特殊因素，并作为制定生育支持政策的基本依据，在生育和女性劳动参与、婴幼儿服务体系建设等关键领域发力。同时，要总结制约既有的生育支持政策发挥作用的因素，不断发挥政策的效力。

（一）抓住导致低生育率的特殊因素

当前，对通过生育支持政策遏制生育率下降趋势，存在一种悲观的情绪。其主要的理由是，很多国家已经施行了生育支持政策，但实际产生的政策效果大多不尽如人意。制定有效的生育支持政策当然需要吸收和借鉴其他国家的经验得失，本书的 G5 已对国际经验进行了系统梳理，并对什么样的政策更可能产生效力进行了总结。从世界范围看，人口转变的速度越来越快，中国的人口转变更有其自身的特点，突出体现为人口转变的结果大大领先于经济发展自发达到的人口结果。例如，死亡率下降、生育率下行、劳动年龄人口达峰和人口红利消失、未富先老和人口快速老龄化、总人口达峰及随之而来的人口负增长等都体现了上述特征。虽然中国的人口转变过程始于死亡率的下降，但使中国人口转变较之世界平均水平更快、表现出更明显的个性化特征，且产生超越经济发展水平的人口结果的根本原因在于生育率的过快下降。根据 2020 年人口普查数据，中国的总和生育率已经低至 1.3。

认识中国人口转变过程的独特性，对于我们理解什么样的政策可能更适合于中国的情形，有着重要的意义。独特的人口转变过程必然对应着促成这些独特性的因素，也必然产生了独特的政策着力点。从既往的人口发展历程看，中国的人口转变过程总是领先于经济发展水平所对应的人口发展结果。如图 1 所示，中国 2020 年时的总和生育率为 1.3，远远低于其经济发展水平所对应的拟合水平，也低于大多数发达经济体的水平①。

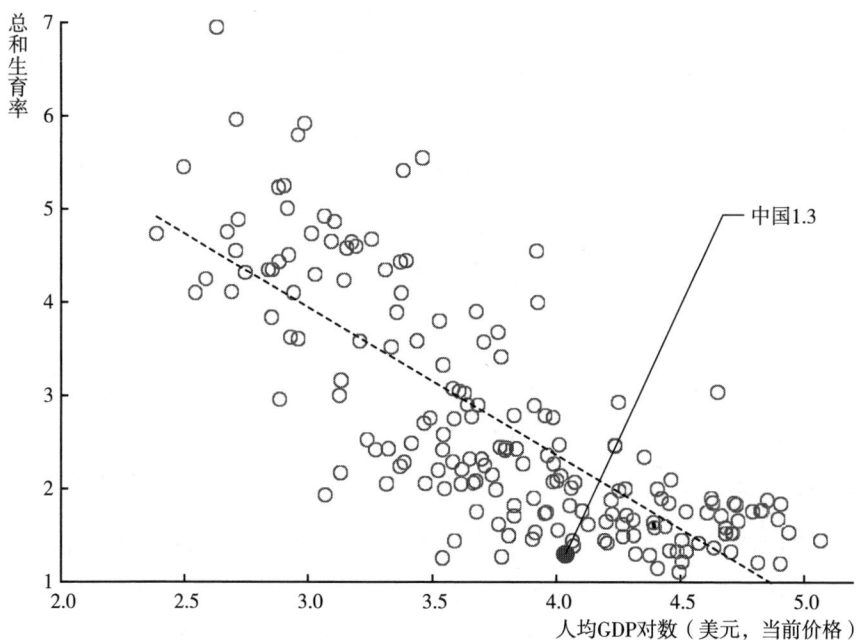

图1　各国的经济发展水平与总和生育率

资料来源：中国的生育率数据来自第七次全国人口普查，其他国家的生育率数据来自联合国《世界人口展望 2019》；人均 GDP 数据来自佩恩表（Penn World Table）。

---

① Vollset, Stein Emil, Emily Goren, Chun‐Wei Yuan, et al. 2020. "Fertility, Mortality, Migration, and Population Scenarios for 195 Countries and Territories from 2017 to 2100: A Forecasting Analysis for the Global Burden of Disease Study." *The Lancet* 396（10258）：1285–1306.

根据《世界人口展望2022》数据，中等收入国家的总和生育率平均为2.16，中国以外的中上收入国家平均为1.90，高收入国家平均为1.56。可见，低生育率已经成为中国人口发展中的突出矛盾，提升生育水平是今后实现人口高质量发展的重要前提。中国未富先老的特征和未来的快速人口老龄化，则充分说明了人口转变进程领先于经济发展过程的事实。生育率水平大幅度低于类似经济发展水平国家的平均值（拟合值），意味着存在一些特殊的因素，使得除了经济发展过程以外，还有一些其他因素使中国的生育率水平低于经济发展水平相类似的国家。从这个意义上说，只要抓住导致生育率下降的因素，遏制生育率下降趋势是有希望的。

已有的研究表明，中国的生育率下降较之发达国家和一些东亚国家虽然起步更晚，但速度反超很多东亚国家，其中一个突出的特点是中国的生育率决定因素更加多元化[1]。这个特点也给生育支持政策的设计带来了一定的难度。尽管生育率的下降被认为很难反转[2]，但根据Myrskylä等的观察，在一些高收入且人文发展程度高的欧洲国家，生育率出现了重新升高的迹象[3]。劳动力市场的灵活性加强、社会保障与个体福利完善、性别平等程度提高、收入差距缩小等可以提高人类发展指数（HDI）的因子，这些既是发展所需要追求的目标，也是在超低生育率下实现生育率回转的希望所在。

（二）在关键环节发力

有效提升生育率，就是要通过生育支持政策，干预甚至扭转经济发

---

[1] 郑真真：《生育转变的多重推动力：从亚洲看中国》，《中国社会科学》2021年第3期，第65~85页。

[2] Butler, D. 2004. "The Fertility Riddle." *Nature* 432, 38 - 39.

[3] Myrskylä, Mikko, Hans-Peter Kohler & Francesco C. Billari. 2009. "Advances in Development Reverse Fertility Declines." *Nature*, 460 (7256), 741 - 743.

展对生育行为产生的自然影响。鉴于中国生育率决定因素的多元化特征，生育支持政策的设计既要注重体系的完整性、兼顾多元化的决定因素，更要抓住决定生育行为的关键环节，以解决主要矛盾。要把提升生育率作为人口均衡发展的核心，抓住制约生育率提升的主要因素实施针对性的政策，努力提高生育率水平，以下两方面的政策有着突出重要的作用。

其一，要解决生育行为与女性参与劳动力市场的冲突，有效提升生育意愿。无论是早期文献对女性劳动参与同生育率之间负向关系的观察，还是目前高收入国家旨在推动的职业与生育行为的兼容，都体现了女性的劳动力市场活动与生育行为的关联，只不过随着收入水平的提高，在生育决策过程中，女性对劳动力市场行为考量的因素由以往仅仅关注收入，进而扩展到职业发展的各个方面。生育支持政策也由仅仅关注补贴，发展至更加全面的生育、养育的公共服务等社会化体系的建设。对中国当前的情况进行分析，实现生育行为和劳动力市场行为的兼容性，是促进生育的关键环节。目前，一些生育补贴、所得税抵扣等政策手段已经出台，但政策力度还有待进一步提升。

其二，加大0~3岁婴幼儿照料的社会化服务体系建设，通过增加公共服务的有效供给降低生育、养育的成本，提升生育率。0~3岁的婴幼儿照料是生育和养育成本集中体现的环节，也是制约生育行为最突出的环节，建设社会化的服务体系，有助于将家庭的照料行为社会化，降低生育女性的负担。同时，将家庭的养育行为社会化，就可以通过市场机制确定养育服务的价格，可以使养育行为的社会价值得到更明确的定价。社会化服务体系建设既需要公共投资的主导，也不能排斥市场机制的参与。

（三）注重政策设计的可行性与效率

任何政策都有代价，其可行性和有效性在于提供激励相容的机制。生育养育的高成本被认为是导致生育意愿下降的主要原因，切实降低生育成本也是提振生育率的重要政策抓手。要以系统观念统筹谋划生育支持政策，才能使政策真正产生实际的效果。例如，育龄妇女的生育养育行为与劳动力市场参与之间的冲突，是生育率下降内在的核心因素，只不过在发展中国家表现为生育对女性收入和劳动力市场参与时间的影响，在发达国家表现为对职业生涯发展的影响。如果不考虑不同领域政策的平衡，没有充分评估政策实施的内在机制与实际效果，简单地把生育政策成本转嫁给用人单位和社会，实际上最终还是由个人和家庭买单，生育支持政策的效果会大打折扣甚至违背初衷。

生育支持政策的设计要充分考虑生育行为的外部性。在经济欠发达的情况下，生育行为的外部性主要体现为生育成本的外部化，即马尔萨斯经济所具有的特征：由于人口密度过高，人口增长的速度快于社会生产力增长的速度，从而导致社会发展的停滞。然而，工业革命以后，生育行为的外部性则更多地体现为收益的外部性，即人口规模增长对经济社会发展产生的总收益大于全部家庭因生育而产生的收益的总和。生育支持政策能否反映生育行为的外部收益，并根据生育行为收益外部性的特点进行设计，是生育政策能否实现激励相容并产生真正效果的关键。

三　积极应对人口负增长时代的各项挑战

经济增长理论的最新研究成果表明，技术进步的速率内生于人口规模，无论是基于内生增长模型还是半内生增长模型，人口负增长将使得技术进步和人均收入收敛至稳态水平，而出现增长停滞①。换言

① Jones, Charles C. 2022. "The End of Economic Growth? Unintended Consequences of a Declining Population." *American Economic Review* 112 (11): 3489-3527.

之，人口规模的适度增长会对经济增长产生不可或缺的正外部性。应对人口负增长时代的挑战是一个长期的、动态的过程，也是一项系统工程。二十届中央财经委员会第一次会议强调，以人口高质量发展支撑中国式现代化，这一论断为如何积极应对人口负增长时代的各种挑战指明了方向。中国经济发展已经进入新的发展阶段，需要结合经济社会发展的总体目标和中国人口转变的具体特点制订人口高质量发展的方略，以应对人口负增长的挑战。从人口的队列效应看，人的发展经历各个生命周期，其发展过程在各个阶段产生了不同的人口高质量发展的需求。即使是静态地观察人口发展问题，处于不同生命周期的人口队列，也需要以系统观念制订总体的人口高质量发展规划。当前，从全生命周期推进人口高质量发展需要注意以下几个方面问题。

（一）加强高质量的人力资本积累体系建设

不断提升全民的人力资本水平是人口高质量发展的重要基础，也是推进中国式现代化进程的根本保证。人口素质的提升是人口高质量发展的主要内容，而包括教育、培训等在内的高质量人力资本积累体系建设是提升人口素质的重要制度保障。伴随着经济发展水平的不断提高，人力资本积累体系建设的形式、内容和难度都在不断变化，人口高质量发展对人力资本积累也提出了新的要求。

国民教育体系历来是人力资本积累体系最重要的组成部分，在提高人口素质的过程中承担着主要的角色。通过普及义务教育和扩展高等教育等一系列措施，中国已经建成了世界上规模最大的教育体系。2020年的第七次全国人口普查数据显示，15岁及以上人口的平均受教育年限已经达到9.91年，较之2010年第六次人口普查时的9.08年有明显增长，与发达国家的差距明显缩小。但是，随着经济发展水平的提升，在新发展阶段，贯彻新发展理念、构建新发展格局对人力资本积累提出了新的要求，不仅要继续提高国民的平均受教育水平，还需要在提升人力资本质量上下更大的功夫，使教育发展真正成为实现人的全面发展的重要环节。当前，围绕"办好人民满意的教育"这一重要目标，加快高质量教育体系建设还有很多事情要做，在提升素质教育、优化资源配置、统筹职业教育、推进学科建设、加强产学研融合等方面都需要持续深化改革，有些领域的改革任务还很艰巨。

不过，随着人口形势的变化，人力资本积累不再是仅仅与特定生命周期相关的问题，而应该在全生命周期予以关注。伴随着经济发展水平的不断提高、经济结构的转型升级，以及社会的不断发展进步，经济发展的各个领域和社会生活的各个方面对人力资本的要求也越来越高。与此相对应，人力资本积累体系建设的形式、内容和难度都在不断变化，人口高质量发展对人力资本积累也提出了新的要求。正如Heckman曲线所揭示的规律，0~3岁的人力资本开发对于终身的人力资本形成有着至关重要的影响，而人力资本公共投资的回报率随着年龄的增长而递减[1]。因此，加大对0~3岁年龄段人力资本的公共投资，不仅有助于提升生育意愿，也对提高全民的素质产生更有效的影响。

随着人口老龄化进程的快速发展，老年人口的规模日益增长，人力资本投资在生命周期后期阶段的作用也越来越重要。健康是人力资本的重要内容，不断提升老年人口的健康水平，不仅是发展的重要目标，也是人口高质量发展的重要体现。与此同时，人口健康余命的不断延长，为增加老年人口的劳动供给创造了条件，有利于在人口老龄化时代，仍然可以通过增加老年人的劳动供给扩大劳动力市场规模、促进经济增长、缓解应对人口老龄化经济资源不足的压力。

人力资本积累体系与劳动力市场的衔接不畅这一突出问题，制约了

---

① Heckman, James J. 2006. "Skill Formation and the Economics of Investing in Disadvantaged Children." *Science* 312（5782）：1900 - 1902.

人的全面发展。从短期看，其已经发展成为劳动力市场上面临的突出矛盾；从长期看，在人口总量逐渐下降的情况下，其不利于有效应对人口负增长。目前，青年失业率居于高位，既与周期性因素有关，也与高等教育和劳动力市场关联不够、人力资本形成难以适应劳动力市场需要等长期的体制性因素有很大的关系。因此，加强人力资本积累体系与劳动力市场体系的统筹与协调是以系统观念谋划人的全面发展的重要内容。

首先，教育体系的发展要结合经济社会发展的现实需求和长期需要深化改革，尤其是高等教育，需要在各个学科之间进行合理布局。这就需要教育体系内部先做好统筹与协调的工作，在充分考虑劳动力市场需求的基础上，把有限的教育资源在学科之间、地区之间合理分配和布局。同时，职业教育体系也需要更好地与劳动力市场需求相结合，改变目前供给主导的局面，提升职业教育公共投资的效率。

其次，人力资本积累体系要建立根据经济结构和劳动力市场变化灵活反应的机制，这也是以系统观念统筹谋划人口高质量发展的重点领域之一。一直以来，人力资本积累体系和就业服务体系并行发展于两个不同的部门，虽然各自都取得了很好的成就，但如何协调的问题一直没有得到很好地解决。从经济发展的现实情况看，技术进步的速率在加快，经济的结构变迁也呈加速发展的态势，因此，人的技能结构不仅需要顺应这些结构性变化，也面临着人力资本折旧加速带来的挑战。以系统观念为指导，打破体系之间的分割，以顶层设计协调不同部门间的政策体系势在必行。

（二）持续推动高质量充分就业

在总人口规模下降的情况下，更需要持续推动高质量充分就业，提高人力资源的使用效率。尽管面临劳动年龄人口减少、人口快速老龄化的人口形势，但劳动年龄人口仍然是总人口中占比最大的群体，在人口负增长的情况下更应该充分发挥这一宝贵的人力资源在经济社会发展中的作用。根据国家统计局公布的数据，2022 年 16～59 岁的劳动年龄人口总规模仍然达到 8.76 亿人，占全国人口的比重为 62%。这一群体中大部分人的生计需要依靠劳动收入，实现高质量充分就业是他们参与高质量发展的最主要的方式，也是促进经济可持续发展的动力所在。同时，劳动年龄人口实现高质量充分就业，也有助于解决处于生命周期其他阶段人群所面临的高质量发展问题。当前，促进劳动年龄人口实现高质量充分就业需要关注以下几个方面的问题。

首先，充分就业对于民生发展和经济增长具有突出重要的意义，在人口负增长的情况下其意义更为突出。就业是民生之本，是社会稳定的基石和经济发展的基础。人们往往更多地从发展和保障民生的视角，认识充分就业的重要意义。其实，充分就业以及劳动力市场规模的扩大对于保持经济增长同样重要。经济增长的来源有两个组成部分，首先是劳动力市场规模的扩大，其次是劳动生产率的提升，前者是经济的外延增长，后者则是内涵增长。改革开放以来我国经济的持续高增长，与劳动力市场规模的扩大有着紧密的联系。今后，在人口总量规模和劳动年龄人口规模持续缩小的情况下，仍然需要千方百计扩大就业规模，不能放弃这一重要的增长途径。

其次，要综合使用多种手段，提高劳动参与率、降低失业率，不断扩大劳动力市场的规模。自 2012 年我国 16～59 岁人口达峰以来，这一年龄组的人口规模呈现不断下降的趋势。根据国家统计局的数据，2012～2022 年的十年间，我国 16～59 岁劳动年龄人口数量累计减少了4642 万人。即便如此，扩大劳动年龄人口的就业规模仍然有较大的空间。当前迫切需要解决的问题是，充分发挥劳动力市场在人力资源配置中的决定性作用，遏制劳动参与下降的趋势，并切实降低失业率[1]。

---

[1] 都阳、贾朋：《劳动供给与经济增长》，《劳动经济研究》2018 年第 3 期，第 3～21 页。

虽然人口结构性变化和人口负增长对扩大劳动力市场规模造成了不利影响，但由于劳动年龄人口的存量规模依然巨大，提高劳动参与率所产生的效应仍会非常突出。当前，劳动参与率提高1个百分点，就意味着有超过800万人加入劳动力市场，可以抵消劳动年龄人口总量每年减少的数量。降低失业率对于充分就业和扩大劳动力市场规模同样重要，根据估算，城镇16~24岁青年人群的经济活动人口的规模超过3500万人，这意味着青年失业率每下降3个百分点，就可以使就业规模增加100万人左右。这些人口加入劳动力市场，就可以形成新的经济增长动力。

由于女性的劳动参与率与男性的差距有持续扩大的趋势，当前，提高劳动参与率的重点是提升女性劳动参与率，这就需要系统地安排人口发展各个领域的政策。例如，通过社会化的生育养育服务，缓解女性劳动参与和生育行为的冲突，是一举两得的举措，既可以提升劳动参与率，也对提振生育率有帮助。更重要的是，这一举措是人口负增长时代的重要政策取向，应该将其作为积极应对人口负增长的主要手段，纳入经济社会发展的重要战略选择。此外，消除劳动力市场上的性别歧视、促进公平就业等政策举措，也有助于提升劳动参与率。

最后，要因应人口形势的变化，把不断提高劳动者的技能作为实现高质量就业、提高劳动生产率的基础。当前世界的技术进步正呈加速发展的态势，并带来了就业的行业和职业结构加速变迁。要提高就业质量，就需要不断提升劳动者的技能，使其适应经济结构变化和技术变迁加速发展的需要。要改变目前就业培训体系自上而下的政策设计思路，以企业需求和劳动力信号为主导，使技能培训的供给体系能够迅速适应技能需求的变化。只有劳动者的技能可以与时俱进地提升，高质量就业才有实质的基础。与此同时，高质量就业的重要标志是劳动生产率的提升。在人口老龄化加速演进、已进入人口负增长时代的背景下，劳动力市场为积极应对人口老龄化所做出的最直接的贡献，就是通过劳动生产率的提升为人口老龄化社会积累更丰富的经济资源。

（三）统筹协调各阶段的政策体系

实现人口高质量发展的核心是实现人的全面发展，而人的全面发展体现于生命周期的每个阶段，不仅从个体的生命历程看，需要面对不同阶段的不同需求；从宏观层面看，也需要以不同的政策体系予以应对。因此，不断变化的人口数量与结构，决定了各项政策作用的对象与范围也在发生变化，需要因应人口形势的变化统筹协调。而且，生命周期的各个阶段是相互联系、紧密衔接的，这意味着相应的政策体系也需要互有照应，彼此支撑，才能发挥出更好的政策效能。

伴随着经济的快速发展，与人口高质量发展相关的各个方面政策也逐步形成。但由于政策体系的设计总是针对特定阶段、由不同的政府职能部门组织实施，生命周期不同阶段的人口发展政策难免存在衔接不畅、统筹不足的情况。当前，推进人口高质量发展的关键，并不在于扩大增量资源的投入，而是加强各个阶段政策体系的衔接，提高现有资源投入的产出效率。人口高质量发展政策体系的统筹协调主要包括以下几个方面。

首先，要做好婴幼儿照护体系与国民教育体系的统筹与协调。从人力资本积累的生命周期看，婴幼儿照护体系本身就是人力资本积累体系的重要组成部分。以系统观念统筹协调二者的关系，可以使人力资本的公共投资更有效率，获得更好的回报。其次，要做好教育体系与积极就业政策体系的协调。加强高等教育与劳动力市场之间的衔接，更好地利用劳动力市场信号配置人力资本积累投资，是解决目前存在的结构性失业问题的重要手段，需要不同的部门在政策设计和执行过程中加强统筹。最后，要处理好积极应对人口老龄化与扩大就业的关系。既要不断提高就业的质量，促进劳动生产率的增长，从而为积极应对人口老龄化提供更充实的经济资源，也需要建立更具弹性的养老金申领体系，使老年人力资源得到更充分的利用。

Abstract

The total population in China has reached its peak, followed by negative growth of population, which is another turning point of population development in China. At this crunch time demographic changes, from the perspective of sustainability of socioeconomic development, the policy orientations should be clear about the interactions between population changes and economic development. To promote high quality development in population, China has to strengthen reforms in related areas to support the Chinese modernization.

In the period of 14th Five Year Plan, the total population will fluctuate slightly. After this platform period, the total population will be declining rapidly. In the period of 15th Five Year Plan, the total population will decrease 2 million per annum. The pandemic caused the reduction of birth rate, directly or indirectly, combining with the effect of delaying the age of first marriage and birth. The educational gaps between male and female are shrinking, however, the inequality in the labor market and within families has not been improved. In an aggregate sense, gender equality is helpful to improve fertility.

From the pronatalist policies of worldwide practices, flexible work arrangement is a useful tool. In addition, low pricing, high quality, and comprehensive coverage of child care services are essential to increase fertility. On the contrary, it seems that the policies like direct income transfer only have limited effects. Culture has still played important roles in birth decision. Its modernization leads to declining fertility rates. China needs to construct more open and inclusive culture in birth and child care.

The top-level design of pronatalist policies has to be clear about the duties between the central and local government, and to ease the conflicts between child care and female's labor market participation. The policy tools like deduction of income tax, which facilitates both birth behavior and women's labor market participation, should be prioritized.

The decline of total population has impacts on economic growth by affecting consumption, investments, and direction of technological progress. Meanwhile, weighted by years of schooling, the total human resources in China will peak in 2040, but this indicator is sensitive to the returns to education and retirement age. The technological progress after the peak of total population relies on innovation to improve technological and allocative efficiency. Starting from the period of the 15th Five Year Plan, the decrease of population will have more substantial impacts on reduction in consumption, which has the most significant effects on service demand, followed by manufacturing goods and staple goods in turn. The reduction in consumption will induce the reduction in investments too.

The decline of total population has been accompanied by rapid population ageing, which increases the demand for elderly care and health care dramatically. In the meantime, the pronatalist policies to support families are urgent and of great relevance. To cope with challenges in the era of negative population ageing, China has to implement the National Strategy of Actively Coping with Population Ageing, strengthen the top-level policy design, and actively improve the social support system.

Keywords: Population Peaking; Aging Countries; High-quality Development

Contents

I General Report

Abstract: The first meeting of the 20th Central Commission for Financial and Economic Affairs (CCFEA) proposed supporting China's modernization with high-quality population development. High-quality population development is primarily reflected in the following aspects: first, a moderate fertility rate and stable population size that align with the current stage of development; second, population distribution and dynamic balance that meet the optimization requirements of national spatial planning; third, modern human resources adaptable to the new trends of technological revolution and the needs of high-quality development; fourth, an improvement in people's quality of life in line with the goal of common prosperity. To promote high-quality population development, efforts should focus on the following areas: first, enhancing the fertility rate throughout the entire life cycle; second, tapping into the potential of the demographic dividend and unleashing the talent dividend; third, synchronously improving the quality of population development and the quality of people's lives.

Keywords: New Normal of Population Development; High-Quality Population Development; Chinese-style Modernization

II   Population Peaking and Fertility Rate

G.2   The Demographic Trend after Reaching Peak

Zheng Zhenzhen, Feng Ting / 020

Abstract: After reaching its peak in 2022, China's population will fluctuate slightly at about 1.41 billion, and will be stable at the peak during 2022-2025, with an average annual population decline of about 500000. The population decline will be advanced during 2026-2030, with an average annual decline of about 2 million, and the total population is expected to decline by about 1% from 2020 to 2030. The working-age population has experienced a rapid decline since 2022. The peak year varies among different age groups, with the population under age 14 peaked first in 1977, followed by the working-age population in 2011, the population of women of childbearing age (15-49) in 2011, and the elder population after 2050. The rapid decline in the number of births is the main driving force for China's population reaching peak, and low fertility and healthy longevity jointly promote the further ageing of the population age structure.

Low fertility, population ageing and population decline will be the major trend of global population change in the 21st century.

Keywords: Population Peak; Population Decline; Population Ageing

G.3 The Impact of Pandemic to Childbearing Behavior

Zheng Zhenzhen, Feng Ting / 040

Abstract: The fertility has been low since 2010 and fell to an extremely low level in 2020, with the number of births declining year by year after 2017. The pandemic from 2020 to 2022 directly or indirectly affected the postponement of first marriage and childbearing, and the number of births decreased rapidly. It is estimated that there will be some compensatory births from 2023 to 2025, and the birth rate and number of births may rise slightly, but the trend of postponement of first marriage and of childbearing will continue.

Keywords: Low Fertility; First Marriage; Childbearing Behavior; Postponement Effect

G.4 Gender Equality and Fertility Level   *Wang Meiyan / 059*

Abstract: China has been at an extremely low fertility rate for a long time, and it is a long-term and important task for China to promote the fertility rate to rebound and rise to the replacement level. The education gap between women and men in China has narrowed in recent years, but gender inequality in the labor market and within the family has not improved significantly. At the macro level, China should strive to promote gender equality while developing, and reduce and eliminate discrimination against women in the labor market. At the household level, China should improve the concept of gender equality in the whole society, let man take more family responsibilities such as housework, childcare and family care, and promote gender equality within the family. Only when gender equality is achieved at both the macro and household level can fertility recover.

Keywords: Gender Gap; Gender Equality; Fertility Level

Ⅲ Fertility Culture and Policies for Boosting Birth Rate

G.5 Fertility Supporting Policies in Major Low-fertility Countries

Niu JianLin / 077

Abstract: This chapter reviews the fertility supporting policies implemented by major low-fertility countries in the world, and summarizes the main types, characteristics and trends of these policies. By evaluating the gains and losses of existing policies, and taking the demographic and socioeconomic reality in China into consideration, this study discusses potential policy choices to boost China's fertility level. The major findings are: (1) Flexible work arrangements and leave systems are cost-benefit to boost fertility level; (2) Low-cost, high-quality and comprehensive childcare services are of great significance in helping women of childbearing ages out of the work-family dilemma; (3) Direct cash transfers have very limited effects on boosting fertility, especially when the cohort or long-term fertility is concerned. And the administrative cost of such policies is high, which will induce significant fiscal burden and prohibit a sustainable policy program. This study suggests that effective policy should be comprehensive, multi-faceted, and feasible to solve the problems hindering marriage and reproduction effectively. In order to design effective policies, it is vital to conduct in-depth research on the marriage and fertility determinants in contemporary China, so as to facilitate young people to achieve personal development as well as family formation at the right ages. This is also inevitable in order to achieve a long-term balanced and high-quality population development.

Keywords: Work and Leave System; Childcare Service System; Cash Transfer; Family Support Policy

G.6 Building A New Era Fertility Calture   *Hou Huili* / 111

Abstract: In addition to the rapid decline in fertility caused by economic development, the disappearance of traditional fertility culture is also considered as an important reason. This article compares the fertility rates between countries in different cultural backgrond and those in the same cultural backgrond, and finds that in the overall trend of declining fertility rates, culture remains one of the important factors affecting fertility behavior. China is experiencing a sustained low fertility rate, but the family and marriage foundation of traditional fertility culture is still stable. The rate of unmarried infertility is very low, and childbirth in the marriage are still common choices for the younger generation. During the period when the traditional fertility culture foundation of the younger generation is still stable, it is urgent to provide fertility support policies aimed at reducing resistance to marriage and childbirth as soon as possible. This not only helps to improve fertility levels, but also further consolidates the marriage and fertility foundation of fertility culture. The decline in fertility rate is an inevitable trend in the modernization of fertility culture, and traditional

Chinese fertility culture is also undergoing modernization and self reconstruction. Under the co-existence of traditional and modern fertility concepts, in addition to providing economic and welfare support for childbearing friendly policies, it is also necessary to construct a social culture that includes the diversification of fertility forms brought about by the diversification of marriage and childbirth concepts, providing people with a space to fully choose marriage and childbirth forms, and creating an open and inclusive social fertility culture will help increase fertility rates.

Keywords: Low Fertility Rate; Fertility Concept; Traditional Culture; Fertility Friendliness

G.7 Pronatalist Policies: Polices Practices and Top-Level Design

Du Yang, Qu Yue and Cheng Jie / 128

Abstract: China's fertility rate is at an extremely low level. Population policies are undergoing adaptive adjustment. Local governments are actively exploring policies and measures to encourage childbirth. However, local policies vary widely and lack overall design. Policy cost-sharing mechanisms are unclear. The actual effect of the policy is not satisfactory. Childbirth has a positive externality, and its benefits mainly go to the state, which determines that the birth policy mainly reflects the power of the central government. Deviating from this principle would distort local government behavior, resulting in policy costs being passed on to employers and households. The top-level design of the fertility support policy system should clarify the relationship between the power and responsibility between the central and local governments, and grasp the main contradiction between female fertility and the development of the labor market. We need to resolve the main contradiction between women's fertility and labor market development, and give priority to policy tools that are conducive to childbearing and can improve women's employment competitiveness. Personal income tax deduction is a "kill many birds with one stone" policy. Meantime, we should encourage local governments to revitalize various stock public resources such as land, real estate, and human resources, and increase support for the fertility service system, so as to achieve the multiple goals of fertility recovery, the development of emerging service industries and regional economic growth.

Keywords: Fertility Rate; Externalities; Labor Market; Personal Income Tax Deduction

IV Technological Progress and Economic Growth

G. 8 The Scale of Equivalent Human Resources after the
Population Peak

Zhang Xi, Du Yang / 153

Abstract: Although the total population in China might reach its peak in 2022, the size and quality of working age population determine the economic growth indeed. In modern economy the human capital of labor is the factor that makes difference. The human resources combining the size and quality of working age population are essential foundation to realize China's modernization. Taking advantage of population census data, population projection data, and educational data, this chapter estimates the equivalent size of human resources by considering the marginal returns of education. In this case, the newly defined total human resources will peak in 2040, but the indicator is sensitive to the rate of return to education and

313

the setup of retirement ages. Some policy suggestions are proposed.

Keywords: Equivalent Human Resources; Human Capital; Rate of Return to Education; Retirement Age

G. 9   Technological Progress After the Population Peak

Qu Xiaobo / 180

Abstract: The impact of the population peak is mainly reflected on the demand side. Taking Japan's development experience as an example, this article uses statistical data to analyze the relationship between population growth rate, consumption demand, and technological progress from the demand side. It discusses the mutual influence and interaction between the population peak and technological progress. The negative growth of population has a significant impact on the total amount of consumption, consumption demand, consumption structure, income structure, and future expectations, which will bring about changes in the direction and content of technological progress. Technological progress will provide important support and solutions for economic growth after negative population growth. After the population peak, the direction of technological progress will shift towards improving technological efficiency and resource utilization through innovation, promoting an increase in consumption rates. The focus of policy adjustment mainly concludes the follow ways. Firstly, Enhance China's global value chain through technological progress and achieve a higher level and quality of opening-up to the outside world. Address the impact of negative population growth on domestic demand by the growth of external demand. Secondly, Promote the continuous emergence of new applications, new formats, new models to improve consumption levels and create new consumer demands. Thirdly, Promote enterprises to break through the forefront of existing production technology and achieve technological innovation. Fourth, Further play the human resources of the elderly through training and changing the career orientation of the elderly and protect the interests of the elderly through policies, so that they will dare to consume.

Keywords: Negative Population Growth; Consumption Demand; Income Expectation; Consumption Structure; Technological Progress

G. 10　Economilc Growth after the Population Peak

Du Yang, Feng Yonggang / 203

Abstract: The peak of total population is another turning point after the working age population reached its peak in 2012. Since then, the demand side factors would be long term constraints to economic growth, which requires changes in policy orientations. Through analysis, we find that the "14th Five-Year Plan period" is a plateau period for China's total population change, the scale of negative population growth during this period will be small, so it may have a small impact on economic growth from the demand side. After entering the "15th Five-Year Plan" period, as the scale of negative population growth gradually expands and the per capita consumption level continues to increase, the decrease in population will directly lead to a growing negative effect on consumer demand. By category of consumption, the negative growth of population would decrease the demand in service the most, and then the manufacturing goods and staple goods. It will also decrease the demand for investment through the reduction of consumption. To offset the negative impacts in demand side, China has to improve the level and quality of opening up and speed up the speed of technological progress, and it also important to narrow the income gap and improve the macro-control system.

Keywords: The Peak of Total Population; Economic Growth; Impact on Demand Side

V   Income Distribution and Social Support System

G . 11   Population Peak and Income Distribution   *Zhao Wen* / 217

Abstract: The population peak means that China's economy is facing the risk of a relative decline in total demand, which restricts economic circulation and hinders income growth for middle and low-income groups. The expansion of this income gap, as a result of long-term accumulation, may be reflected in changes in the distribution pattern of factor returns driven by the supply and demand relationship of factors, as well as the differentiation of living environment and quality among different income groups, ultimately reducing the fertility level of middle and low-income groups, bringing greater economic downside risks. Therefore, it is necessary to focus on exerting the trickle down effect, driving the income growth of ordinary workers through expanding employment, and also paying attention to and suppressing the negative effects of income distribution on population structure, in order to promote the achievement of moderate fertility levels and achieve long-term balanced population development.

Keywords: Population Peak; Income Distribution; Trickle Down Effect

G.12 The Expansion of Middle-incme Group after

Population Peaking   *Jia Peng*, *Du Yang* / 233

Abstract: In recent years, with rapid growth of residents' deposable incomes, the size of middle-income group in China totaled 400 million. After the total population peaked in 2022, China is going to face with some new challenges to increase the size of middle-income group. With decreasing size of working age population, it is more difficult to increase the group by making use of labor market. The induced demand, through population ageing, for labor saving technology, does not facilitate to increase the labor share in national income. Growing youth unemployment are not good to improve income distribution by using the cohort advantages in human capital. To keep increasing the middle-income group, China has to make efficient use of the economic resources for social programs by targeting the elderly, rural migrant workers, and low-income group more precisely.

Keywords: Middle-income Group; Population Aging; High-quality Development

G.13 Social Support System after Population Peaking

Cheng Jie, *Han Xiao* / 251

Abstract: Population peaking is an important indicator of demographic transition, and its impact is global and systematic. It is necessary to observe the risks and challenges faced by the social support system after population peaking from the perspective of the whole life cycle. Entering the stage of negative population growth, the pressure of social security payments has surged, the demand for family support policies such as childbearing and parenting is urgent, and the responsibility of human capital and labor market systems has increased. The formation pattern of negative population growth varies from country to country, and the countermeasures and their effects are also different. A complete social support system covers the entire process from "cradle" to "grave", including family support policies to encourage childbearing, active labor market policies, retirement system reform and old-age service policies. The population peaking has once again sounded the "alarm bell" of the population issues. We should implement a national strategy to actively respond to population aging, strengthen top-level design, improve social support systems, and actively explore new policy tools. These initiatives are critical to addressing the problems that come with population peaking.

Keywords: Population Peak; Total Population; Demographic Transition; Social Support

Ⅵ Population Peaking and Policy Suggestion

Abstract: The negative growth of total population in China is another turning point of demographic trend after a series of structural changes in population. The demographic issues are of long run, strategic, and global importance. They should be addressed from the strategic perspectives to synthesize the population development and socioeconomic development so as to actively respond to the challenges from declining population. From one hand, China has to make good use of the pronatalist polices to improve total fertility rates; one the other hand, China has to strengthen the construction of its human capital accumulation system and to promote full employment. In addition, the coordination of public polies at every stages of life-cycle is of great importance in the new era.

Keywords: Population Decline; Fertility Rate; Human Capital Accumulation Throughout the Life Cycle; High-quality and Full Employment

社会科学文献出版社

皮书

智库成果出版与传播平台

❖ 皮书定义 ❖

皮书是对中国与世界发展状况和热点问题进行年度监测,以专业的角度、专家的视野和实证研究方法,针对某一领域或区域现状与发展态势展开分析和预测,具备前沿性、原创性、实证性、连续性、时效性等特点的公开出版物,由一系列权威研究报告组成。

❖ 皮书作者 ❖

皮书系列报告作者以国内外一流研究机构、知名高校等重点智库的研究人员为主,多为相关领域一流专家学者,他们的观点代表了当下学界对中国与世界的现实和未来最高水平的解读与分析。截至2022年底,皮书研创机构逾千家,报告作者累计超过10万人。

❖ 皮书荣誉 ❖

皮书作为中国社会科学院基础理论研究与应用对策研究融合发展的代表性成果,不仅是哲学社会科学工作者服务中国特色社会主义现代化建设的重要成果,更是助力中国特色新型智库建设、构建中国特色哲学社会科学"三大体系"的重要平台。皮书系列先后被列入"十二五""十三五""十四五"时期国家重点出版物出版专项规划项目;2013~2023年,重点皮书列入中国社会科学院国家哲学社会科学创新工程项目。

皮书网

（网址：www.pishu.cn）

发布皮书研创资讯，传播皮书精彩内容
引领皮书出版潮流，打造皮书服务平台

栏目设置

◆ **关于皮书**

何谓皮书、皮书分类、皮书大事记、
皮书荣誉、皮书出版第一人、皮书编辑部

◆ **最新资讯**

通知公告、新闻动态、媒体聚焦、
网站专题、视频直播、下载专区

◆ **皮书研创**

皮书规范、皮书选题、皮书出版、
皮书研究、研创团队

◆ **皮书评奖评价**

指标体系、皮书评价、皮书评奖

◆ **皮书研究院理事会**

理事会章程、理事单位、个人理事、高级
研究员、理事会秘书处、入会指南

所获荣誉

◆ 2008 年、2011 年、2014 年，皮书网均
在全国新闻出版业网站荣誉评选中获得
"最具商业价值网站"称号；

◆ 2012 年，获得"出版业网站百强"称号。

网库合一

2014年，皮书网与皮书数据库端口合
一，实现资源共享，搭建智库成果融合创
新平台。

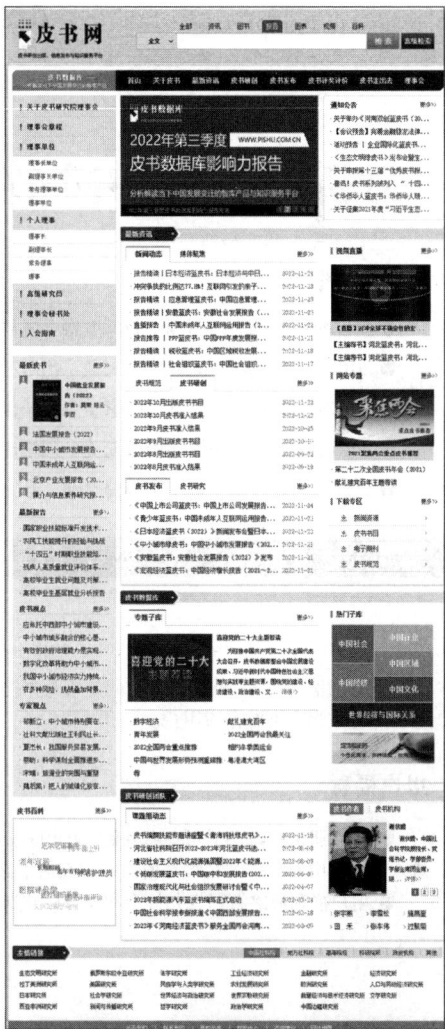

皮书网　　"皮书说"　　皮书微博
　　　　　微信公众号

权威报告·连续出版·独家资源

皮书数据库
ANNUAL REPORT(YEARBOOK)
DATABASE

分析解读当下中国发展变迁的高端智库平台

所获荣誉

- 2020年，入选全国新闻出版深度融合发展创新案例
- 2019年，入选国家新闻出版署数字出版精品遴选推荐计划
- 2016年，入选"十三五"国家重点电子出版物出版规划骨干工程
- 2013年，荣获"中国出版政府奖·网络出版物奖"提名奖
- 连续多年荣获中国数字出版博览会"数字出版·优秀品牌"奖

皮书数据库　　"社科数托邦"
微信公众号

成为用户

登录网址www.pishu.com.cn访问皮书数据库网站或下载皮书数据库APP，通过手机号码验证或邮箱验证即可成为皮书数据库用户。

用户福利

- 已注册用户购书后可免费获赠100元皮书数据库充值卡。刮开充值卡涂层获取充值密码，登录并进入"会员中心"—"在线充值"—"充值卡充值"，充值成功即可购买和查看数据库内容。
- 用户福利最终解释权归社会科学文献出版社所有。

社会科学文献出版社 皮书系列
SOCIAL SCIENCES ACADEMIC PRESS (CHINA)
卡号：214611859532
密码：

数据库服务热线：400-008-6695
数据库服务QQ：2475522410
数据库服务邮箱：database@ssap.cn
图书销售热线：010-59367070/7028
图书服务QQ：1265056568
图书服务邮箱：duzhe@ssap.cn

法律声明

"皮书系列"（含蓝皮书、绿皮书、黄皮书）之品牌由社会科学文献出版社最早使用并持续至今，现已被中国图书行业所熟知。"皮书系列"的相关商标已在国家商标管理部门商标局注册，包括但不限于LOGO（▧）、皮书、Pishu、经济蓝皮书、社会蓝皮书等。"皮书系列"图书的注册商标专用权及封面设计、版式设计的著作权均为社会科学文献出版社所有。未经社会科学文献出版社书面授权许可，任何使用与"皮书系列"图书注册商标、封面设计、版式设计相同或者近似的文字、图形或其组合的行为均系侵权行为。

经作者授权，本书的专有出版权及信息网络传播权等为社会科学文献出版社享有。未经社会科学文献出版社书面授权许可，任何就本书内容的复制、发行或以数字形式进行网络传播的行为均系侵权行为。

社会科学文献出版社将通过法律途径追究上述侵权行为的法律责任，维护自身合法权益。

欢迎社会各界人士对侵犯社会科学文献出版社上述权利的侵权行为进行举报。电话：010-59367121，电子邮箱：fawubu@ssap.cn。

社会科学文献出版社